UNTERWEGS MIT BODIE

Belinda Jones

Unterwegs mit
Bodie

Eine Frau, ein Hund, eine Reise,
ein neues Leben

Aus dem Englischen von Nadine Lipp

SALZBURG – MÜNCHEN

Die Originalausgabe erschien 2017 unter dem Titel
»Bodie on the Road. Driving the Pacific Coast Highway with my Rescue Dog«
bei Summersdale Publishers Ltd.
© Belinda Jones, 2017

Sämtliche Angaben in diesem Werk erfolgen trotz sorgfältiger
Bearbeitung ohne Gewähr. Eine Haftung der Autoren bzw.
Herausgeber und des Verlages ist ausgeschlossen.

1. Auflage
© 2018 Benevento Verlag bei Benevento Publishing,
eine Marke der Red Bull Media House GmbH, Wals bei Salzburg

Medieninhaber, Verleger und Herausgeber:
Red Bull Media House GmbH
Oberst-Lepperdinger-Straße 11–15
5071 Wals bei Salzburg, Österreich

Satz: MEDIA DESIGN: RIZNER.AT
Umschlaggestaltung: b3K design, Andrea Schneider, diceindustries
nach einem Originalentwurf von Jarmila Takač
Printed in Czech Republic
ISBN 978-3-7109-0035-8

Für Winnie

Bodies erste und größte Hundeliebe
2007-2017

Inhalt

Portland
Lincoln City
Mount Tabor
Newport
Silverton
Oregon Dunes
Bandon
Eugene
OREGON
Port Orford
IDAHO
Gold Beach
Klamath Falls
Tour Thru Tree
Weed
Eureka
Mount Shasta
PACIFIC
OCEAN
Benbow Inn
NEVADA
Santa Rosa
Napa Valley
San Francisco
Sunol
Salinas
Carmel
CALIFORNIA
Big Sur
Cambria
Pismo Beach
Solvang
San Ysidro Ranch
Santa Barbara
Los Angeles

Er mag Autoreisen!
Pryor's Planet über Bodie

Prolog

Vor Bodie war ich mir absolut sicher, ein totaler Katzenmensch zu sein. Im Alter von fünf Jahren hatte ich zwar eine kurze Spitzmaus-Episode, das aber nur, weil mein getigerter Kater Tibbles sie aus dem Blumenbeet ausgegraben hat, woraufhin ich versucht habe, das zierliche Nagetier durch Mund-zu-Mund-Beatmung wiederzubeleben.

Meine Mutter war entsetzt. Eine Katze mit dreckigen Pfoten im Haus war schon viel zu viel für sie.

»Hast du Tibbles gesehen?«, fragte sie jeden Abend, wenn sie mich ins Bett brachte.

»Es sah so aus, als ginge er raus …«, antwortete ich vage, als hätte ich ihn dabei erwischt, wie er seine Schnurrhaare mit Kölnischwasser betupft und seinen Filzhut zurechtgerückt hätte – dabei lag er festgeklemmt unter der Decke, an meinen Füßen.

Sobald meine Mutter das Zimmer verließ, hob ich den oberen Teil der Bettdecke an, und er robbte sich durch den Deckentunnel zum Licht. Er atmete einen Moment lang die kühlere Luft ein, dann legte er seinen Kopf auf mein Kissen, und wir schliefen Nase an Nase ein.

Ich war selten von ihm getrennt. Als meine Eltern sich scheiden ließen, bestand ich darauf, ihn jedes Wochenende zu meinem Vater und wieder zurück zu transportieren. Ich nahm ihn auch bei Wohnungsbesichtigungen mit, denn »ihm musste das neue Heim ja auch gefallen«.

Als ich mit neunzehn Jahren nach London ging, um Journalismus zu studieren, war ich gezwungen, mir meine Dosis an Straßenecken zu holen: Es gab keine unter parkenden Autos versteckte Katze, die ich nicht für eine Liebkosung herauslocken konnte. Zehn Jahre später, als mich meine Arbeit für verschiedene Magazine nach Los Angeles führte, engagierte ich mich ehrenamtlich als Katzenbetreuerin in einem Tierheim, der Glendale Humane Society. Die amerikanischen Kätzchen waren ebenso süß wie die britischen, aber jedes Mal, wenn ich an den Hundegehegen vorbeiging, sah ich weg und schreckte wie ein Gefängnisneuling zurück, während die hartgesottenen Verurteilten an den Eisentüren klapperten und Blechnäpfe gegen die Stangen stießen, spotteten und schrien und heulten.

Warum veranstalteten sie immer so ein Spektakel? Es fühlte sich sehr bedrohlich an, dieses Hervorstürzen und Zähnefletschen. Ich war immer sehr erleichtert, wenn ich im Katzenraum angekommen war, wo meine Katzenschwestern gemächlich herumschlichen und sich im Sonnenlicht dehnten – es war wie in einem Wellnesscenter. Ich suchte mir das bedürftigste Kätzchen aus, streichelte es, genoss sein Schnurren und blickte aus dem Fenster zu den Hunden: diese ganze angestaute Energie, das Gehen und Laufen, nach dem sie sich sehnten. Aber ich war ihnen nicht behilflich. Ich hatte nicht nur Angst und war ungeschickt, ich konnte mich darüber hinaus viel besser mit dem Tagesprogramm der Katzen identifizieren – auch ich lag gerne den ganzen Tag herum.

Doch als der Frühling sein frisches Grün entfaltete, begann der Wandel.

Teil eins
Findet Bodie

Kapitel 1
Liebe auf das erste »Sitz«

Es war schon fast unheimlich, wie es sich anbahnte.

Jedes Mal, wenn ich vor die Tür trat, fühlte ich mich angezogen von jedem vorbeilaufenden Hund, sei es ein stapfender, watschelnder Koloss oder ein zierlicher, stolzierender mit Stecknadelbeinen. Sobald ich mich ihnen näherte, drehte sich die Welt nur noch im Zeitlupentempo, und ich fühlte mich wie in einer dieser Shampoowerbungen, in der die Frau ihre kaskadenartig fallenden Locken schüttelt – nur dass es in diesem Fall ein goldenes Schwingen von Spanielohren war oder die Gräser-im-Wind-Bewegung eines Schäferhundfells, das mich verzauberte.

In einem Comic würden sich die Augen der Hunde schließen, und ihr Gesichtsausdruck würde mir wissend bedeuten: »*Es ist Zeit …*«

Zunächst konnte ich diese plötzliche, dringende Anziehung nicht verstehen. Normalerweise reagiere ich nach dem Ende einer Beziehung sehr sensibel auf jedes Pärchen, das ich sehe – sehnsuchtsvoll denke ich an das Gemeinschaftsgefühl, an öffentliches Liebkosen und die verträumten Blicke –, aber dieses Mal war alles, was ich in den Pärchen sah, bevorstehender Schmerz. Wussten sie denn nicht, dass Glück nur eine Phase war und der Herzschmerz gleich um die Ecke wartete? Die Verbindung, nach der ich mich am meisten sehnte, war die zwischen Mensch und Hund.

Vielleicht auch, weil sie sicherer und ehrlicher zu sein schien. Hunde verlassen einen nicht. Man kommt nicht eines Tages nach Hause und findet einen Koffer vor der Tür oder einen Lebewohl-Zettel am Kühlschrank. Hunde entlieben sich nicht. Und vor allem verlassen Hunde einen nicht, um Piraten in Somalia zu bekämpfen.

Im Vergleich zu anderen Schlussmach-Strategien vermute ich, dass Nathans eine richtig gute war. Man kann mit dem Personaleinsatzprogramm der US-Marine nicht diskutieren. Man kann aber dennoch darüber klagen, dem Himmel mit den Fäusten drohen und fragen, warum-warum-warum man nach zwanzig Jahren voller Blindgänger endlich einen guten Mann trifft und er einem weggenommen wird.

Selbstverständlich überstehen viele Paare diese sechsmonatigen Trennungen. Und ich hatte mir das auch vorgenommen. Sogar als es eine anschließende Mission nach Russland geben und er danach fast fünftausend Kilometer von mir entfernt in Virginia stationiert werden sollte, mit der Folge, dass wir nur zwei oder drei Wochen im Jahr hätten zusammen sein können.

Während ich dabei war, die Angst vor einer Fernbeziehung zu mildern, indem ich sie zu einer künstlerischen Lebensform erklärte, sagte Nathan, er könnte mir angesichts einer solchen Unsicherheit keinerlei Versprechungen machen. Er war nur realistisch. Sogar verantwortungsbewusst. Aber alles, was ich hörte, war die Abweisung. Er sagte, ich sei die Liebe seines Lebens, aber er ließ mich los.

Ich ging in die Knie, als ich dabei zusah, wie sich meine Träume vom Liebesglück, von einem quietschenden Baby und jemandem, bei dem ich mich nachts geborgen fühle, im Smog von Los Angeles auflösten. Ich war einundvierzig Jahre alt und hatte gerade angefangen zu glauben, dass meine Zeit endlich gekommen war. Und nun fühlte ich mich wie das Mädchen, das ihr Glück nicht fassen kann, weil der Schulhengst sie ausführen will, nur um dann herauszufinden, dass alles auf einer Wette basiert. Erniedrigt durch meine eigene Hoffnung.

Dennoch wollte ein Teil von mir nicht akzeptieren, was geschehen war. Warum sollten sich die Dinge endlich in meiner Reichweite aufstellen, nur um dann weggerissen zu werden? Musste ich jetzt tatsächlich wieder zu dem Weg zurückkehren, auf dem ich mich zuvor befunden hatte? Plötzlich war alles, was ich mir jemals erhofft hatte, weg. Mein Leben war noch nie so leer. Nicht einmal das Schreiben, das sonst immer meine Rettung war, konnte mich trösten.

Während ich in eine düstere Welt der Desillusion und Verzweiflung abtauchte, waren alle um mich herum der Meinung, dass ich gerade rechtzeitig den Absprung geschafft hatte – das Leben an der Seite eines Marineoffiziers wäre kein Zuckerschlecken gewesen. Das konnte ich nicht leugnen. Das Jahr, das wir zusammen verbracht hatten, war bereits eine Herausforderung, und ich war sehr weit davon entfernt, Militär-kompatibel zu sein. Also war es vielleicht besser so. Irgendwann würde auf den Schmerz Erleichterung folgen, nicht wahr? Ich hatte in so vielen anderen Bereichen Glück. Nur in der Liebe nicht. Irgendwann würde dieses Gefühl, eine lebensverändernde Liebe erlebt zu haben, nicht mehr echt erscheinen. Irgendwann würde auch ich auf die seltsame Vorstellung, es hätte halten können, pfeifen. Irgendwann würde ich dazu zurückkehren, einfach ich zu sein.

Aber im Moment ging es darum, wie ich den nächsten Tag überleben sollte.

Eine Sache war mir klar: Diesmal würde ich das nicht alleine überstehen. Ich brauchte Hilfe von einem metaphorischen Heiligen Bernhard, wenn nicht sogar von einem echten. Vorzugsweise mit einem riesigen Whiskybehälter um den Hals.

Es ist Zeit …

Man sagt, man soll sich nach einer Trennung keinen Hund zulegen, weil man zu bedürftig und emotional aus dem Gleichgewicht ist, um eine ausgewogene, wohlüberlegte Entscheidung zu treffen.

Das stimmt. Ich habe jedoch erst davon erfahren, *nachdem* ich es getan habe.

Alles, was ich zu der Zeit wusste, war, dass ich mich fühlte, als würde ich auf der Stelle verglühen, wenn ich keinen Abnehmer für all meine versetzte Liebe fände. Mir war nicht klar, dass mein Motiv so eindeutig zu durchschauen war.

»Oh, ich verstehe, sie versucht, ihren Freund zu ersetzen!«, krähte mein Vermieter, als der lokale Ableger des Tierschutzbundes anrief, um zu überprüfen, dass in meinem Wohnhaus Tiere erlaubt sind.

Das Gefühl, entblößt zu werden, wuchs, als ich das Bewerbungsblatt durchlas.

Grund für die Adoption. Bitte umkreisen Sie einen der folgenden Punkte:

- *Spielpartner, Familienhund*
- *Wachhund*
- *Sport-/Bewegungsmotivation*
- *Gefährte*

Mein Kopf wurde bei der letzten Option heiß.

Sie wissen Bescheid. Sie wissen, wie alleine ich mich fühle. Sie wissen, dass ich keine Beziehung zu einem Menschen aufbauen kann und deshalb auf einen Hund zurückgreife.

Und dann dämmerte mir: Wenn es schwarz auf weiß in einem amtlichen Formblatt steht, dann bin ich nicht alleine mit meinem Alleinsein, dann bin ich nicht die einzige Person, die auf diese Art die Hand ausstreckt. Vielleicht muss man sich dafür überhaupt nicht schämen. Gewiss, auf eine bestimmte Weise fühlte ich mich durch diese Auflistung in meinem Vorhaben auch unterstützt – diese Leere, die ich zu füllen hoffte … Es konnte funktionieren! Und ein Hund wäre genau das Richtige.

Aber welcher Hund? Bei über einer halben Million ungewollter Hunde in den USA, aus denen man wählen kann, wie würde ich da wissen, welcher für mich bestimmt ist? Und würde ich ihn finden, bevor er sich in der Euthanasie-Statistik einreiht? (Ernüchternde sechzig Prozent der Streuner werden getötet.)

Ich begann mit dem Auswahlprozess im Internet.

Ich wusste: Ich wollte keinen Handtaschenhund – nichts, worauf ich mich aus Versehen setzen oder das ich mit dem Staubsauger aufsaugen könnte. Was ich wirklich wollte, war ein Exemplar, das mich umstoßen konnte. Je größer und haariger, desto besser. Im Grunde ein Chewbacca auf allen vieren.

Tagelang war ich auf einen Tibetischen Mastiff namens Dharma fixiert, ich war fasziniert von den zusammengekniffenen Alte-Seele-Augen und dem fluffigen Schwanz. Die Idee, meine Arme um diesen warmen Körper zu legen und dabei vollkommen eingehüllt zu werden, gefiel mir. Dann aber las ich, dass der Tibetische Mastiff nachts bellt und dass dies zu Problemen mit den Nachbarn führen kann.

Akitas gefielen mir gut, aber irgendetwas an ihrer würdevollen Haltung deutet darauf hin, dass sie ihr makelloses Fell lieber so makellos behalten und es nicht mögen, wenn man es ordentlich zerzaust. Ich habe auch gelesen, dass sie einen dominanten Charakter haben und einen Besitzer brauchen, der Kontrolle ausüben kann. So jemand bin ich nicht.

Also ging ich zu Huskies über.

Schlittenhunde fand ich schon immer sehr beeindruckend – das präzise Muster ihres zweifarbigen Fells, der Schwung der weiß-blauen Augen –, aber sie passen natürlich nicht ins ewig sonnige Kalifornien, und wenn sich mein Bedürfnis, Menschen zufriedenzustellen, auf Hunde übertragen sollte, könnte das Ganze damit enden, dass ich dem Hund zuliebe nach Sibirien auswanderte.

Es gab da noch eine Rasse, die mir gut gefiel: der Chow-Chow. Diese Hunde sehen wirklich aus wie eine Mischung aus einem Teddybären und einem Löwen. Sie sind so rund und weich und haben zur Krönung diese wie eine Haarhalskrause abstehenden Haare. Ich mochte vor allem die Bernsteinfarbtöne ihres Fells im Kontrast zu den bläulich-schwarzen Zungen, die aussehen, als hätten sie Schwarze-Johannisbeere-Hustenbonbons gelutscht. Es war mir egal, dass sie als reserviert gelten und »nicht so motiviert sind wie andere Hunde, ihre Herrchen/Frauchen zufriedenzustellen«, da ich Katzen gewohnt war und ihre Missachtung sogar liebenswert fand.

(Diesen Punkt der Liste »In der Therapie ansprechen« hinzufügen.)

Doch dann erfuhr ich, dass mein Vermieter keine Chow-Chows erlaubte. Dabei hatte er sie mal gezüchtet. Ich vermutete, dass es etwas mit ihrem Ruf »Zuerst beißen und erst dann Fragen stellen« zu tun hatte. Offenbar liegt es daran, dass sie über kein peripheres Sehen verfügten, aber diese Erklärung wird der Person mit der Zahnmarkierung im Schenkel kein Trost sein.

Also sah ich mir jede andere Rasse an – von drahtigen Windhunden bis zu glatten Weimaranern –, aber egal, wie verführerisch die Pose war, Chow-Chows blieben mein heimlicher Favorit, und ich fand immer wieder einen Weg zurück zu Chow-Chow-Onlinelisten und verliebte mich so sehr in einen zotteligen alten Kerl, dass ich tatsächlich zum Tierheim Pasadena Humane Society fuhr, um ihn zu treffen.

Als ich freudig dort ankam, sagte Kerry, die Mitarbeiterin, die damit beauftragt war, mir zu helfen, Leo sei keine gute Wahl für eine unerfahrene Erstbesitzerin, und bestand darauf, dass ich mir eine wacklige Aufstellung von Streunern ansah. Mein Blick kehrte immer wieder zu Leos Käfig zurück. Er war neun Jahre alt, also nicht wirklich unter den Begehrtesten bei einer Adoption. Konnte ich ihn denn nicht wenigstens treffen? Schließlich gab sie nach und ließ mich im Spielbereich warten. Sobald er reinkam, bäumte er sich auf und umklammerte mich mit seinen zerlumpten Pfoten.

»RUNTER!« Sie zog ihn zurück.

»Oh, das macht nichts!« Ich freute mich tatsächlich über seine Zuneigung.

»Er hat ein ernsthaftes Bums-Problem.«

»Oh«, erschrak ich.

Ich hatte nicht verstanden, was seine Umklammerung bedeutet hatte; ich dachte, er wollte mich nur umarmen. Die alte Geschichte …

»Glauben Sie mir, Sie sind das bald satt«, sagte Kerry, während Leo es sieben weitere Male in ebenso vielen Minuten versuchte.

Die Wahrheit ist: Wenn sie nicht so vehement darauf bestanden hätte, dass er eine schlechte Idee für mich ist, wäre er jetzt bei mir zu Hause. Ich befand mich tatsächlich nicht in der Lage, scharfsinnig und objektiv zu urteilen. Alles, was ich wollte, war, das Tierheim als eine andere Person zu verlassen, als die ich es betreten hatte. Eine andere als die traurige, zurückgewiesene. Ich wollte mich dreimal im Kreis drehen und eine hüpfende, neue Hundebesitzerin sein und lachend über Gänseblümchenfelder laufen. Ich wollte etwas Positives und Überraschendes zu erzählen haben, wenn ich gefragt werden sollte, was es Neues gab. Ich wollte mich selbst aus dem Sumpf herausziehen, indem ich etwas Großes tat, etwas Irreversibles und Herausforderndes.

Das letzte Kriterium klingt vielleicht seltsam – wer braucht zusätzliche Herausforderungen in seinem Leben? Aber nach all den Jahren, in denen ich die Freiheit über alles gestellt hatte, fühlte ich mich nun ohne Wurzeln und ohne Bindung – und das war das Problem. Ich wollte Verantwortung. Ich wollte in der Lage sein zu sagen: »Oh, würd ich total gern, aber ich kann nicht, ich muss nach Hause und den Hund füttern.«

Ich konnte also nicht mit leeren Händen fahren, das ging einfach nicht. Ich fragte sie, ob ich mir die Käfige alleine anschauen konnte, nachsehen, ob es andere Optionen gab, die wir bisher übersehen hatten. Ein Paar kam gerade herein, also ließ sie mich unbeaufsichtigt herumlaufen. Was für eine Erleichterung! Nun konnte ich mich von meinem Instinkt leiten lassen. So komisch das auch klingen mag, aber man muss seinen Hund auch physisch attraktiv finden. Das Gute ist, dass jeder einen ganz anderen Geschmack hat – manche mögen eingedrückte Gesichter, andere eine aristokratisch anmutende, knochige Ästhetik oder erhöhte Backenknochen. Es gibt einen Hund für jeden – aber wo war meiner?

Während ich zwischen den Käfigen herumlief, hatte ich das Gefühl, ich scrolle durch die Fotos eines Datingportals. Nein, nicht dich … Hmmm, vielleicht … Und dann sah ich diesen rauflustigen gelb-weißen Kerl, der aussah wie eine frühe Bleistiftskizze für einen Comic. Als sich unsere Augen trafen, bekam ich das Herzrasen, auf das ich gewartet hatte. Ich kniete mich neben den Käfig, und er kam direkt zu mir, ganz sanftmütig, aber mit einer klaren Botschaft: »Ich bin einsam und muss gerettet werden.« Und ich schmolz dahin.

Ich wollte loslaufen und Kerry finden, aber ich hatte Angst, er könnte mir in meiner Abwesenheit weggeschnappt werden, also bewachte ich zehn Minuten lang seinen Käfig. Ich blickte immer wieder den Gang hinunter, in der Hoffnung, Kerry zu sehen, und dann wieder zur anderen Seite, ob sich Neuankömmlinge auf Beutezug näherten. Endlich tauchte sie auf.

»Tadaaa!« Ich gestikulierte wild.

»Oh, nein.«

»Nein?« Meine Mundwinkel fielen herab.

»Nicht für eine Erstbesitzerin.«

»Wirklich?«, seufzte ich verzweifelt. *»Aber warum?«*

Sie sah sich um, beugte sich zu mir: »Er hat eine Katze getötet, eine mannshohe Mauer erklommen, einen Mann gebissen.«

Ich schaute zu diesem kleinen Fellbüschel: »Du hast all das getan?«

»Was soll ich sagen«, schien er zu antworten, »wir haben alle mal einen schlechten Tag.«

»Er braucht einen erfahrenen Besitzer«, insistierte Kerry.

Ich war dennoch angetan. Das mit der Mauer konnte man als athletisch betrachten. Der Mann, um den es ging, war wahrscheinlich ein Dieb. Aber die Katze … Ich könnte mir nie verzeihen, wenn er das in meiner Anwesenheit wiederholen würde.

»Okay«, murmelte ich. »Ich schau mich weiter um.«

Und das tat ich. Jeden Abend durchforstete ich das Internet auf der Suche nach der Hundeliebe meines Lebens. Jedes Mal, wenn ich dachte: »Er ist es!«, wurde ich zurückgewiesen. Wie bei meinem Männergeschmack sah es so aus, als würde ich fatalerweise ausschließlich von Typen mit dunkler Vergangenheit und asozialen Angewohnheiten angezogen werden.

Eines Tages kam eine Freundin vorbei und fand mich mit tränenverschmiertem Gesicht vor.

»Hör dir das mal an«, schniefte ich. »Irgend so'n Typ, der Zwangsversteigerungshäuser bewertet, geht in dieses dunkle Haus, benutzt den Blitz, um das Badezimmer zu fotografieren, denn da ist kein Licht, und als er zu Hause ankommt und sich die Bilder ansieht, stellt er fest, dass da ein Hund in der Ecke versteckt war. Er wusste nicht, dass er da war, er hatte keinen Ton von sich gegeben. Also kehrt er zurück und findet das schwache kleine Hündchen, so dünn, dass man sein Gerippe sehen kann. Es hat einen Monat lang kein Fressen oder frisches Wasser bekommen, denn seine Besitzer haben es im Badezimmer angekettet, als sie das Haus verlassen haben. Kannst du dir das vorstellen?«

»Das ist ja schrecklich.«

»Es wird noch schlimmer!« Ich fuhr mit weiteren Verlassens- und Missbrauchsgeschichten fort, bis meine Freundin keine weitere mehr hören konnte und verzweifelt fragte: »*Warum legst du dir nicht einfach einen glücklichen Hund zu?*«

Das war ein Aha-Erlebnis.

Bis zu diesem Zeitpunkt ging ich davon aus, dass man sich einen Hund aus dem Heim zulegte, um aufgrund seiner tragischen Geschichte Mitgefühl anzuhäufen und ihn dann mit Liebe zu überschütten, bis es ihm besser ging.

Das war immerhin meine Herangehensweise an menschliche Beziehungen. Meine (eindeutig fehlerhafte) Theorie war: Wenn ich ein trauriges Herz glücklich machen kann, wird es mich nie verlassen.

Die Idee, mich mit einem Lebewesen zusammenzutun, das bereits glücklich war und keine Reparatur brauchte, sondern nur ein Zuhause, das war eine Offenbarung.

Am nächsten Tag fuhr ich zum Farmers Market in Studio City und sah, dass gerade eine Straßenadoption abgehalten wurde. Das ist ziemlich populär in Kalifornien – Rettungsgruppen bekommen die Aufmerksamkeit der Passanten, indem sie einen vorübergehenden »Laden« eröffnen, oft vor einem der großen Tierbedarfsläden, mit deren Erlaubnis selbstverständlich. Dieser »Laden« war neben einer Bank an einer geschäftigen Fußgängerkreuzung und bestand aus ungefähr einem Dutzend mit Tüchern abgedeckten Hundeboxen, um die Tiere vor der Sonneneinstrahlung zu schützen. Ich wusste bis zu jenem Zeitpunkt nicht, dass die Hunde- und Tierrettung Pryor's Planet durch den Comedian Richard Pryor gegründet wurde und dass die attraktive Frau mit dem kurzen schwarzen Haar, die neben dem Laufgitter stand, seine Witwe Jennifer war.

Während ich mir die größeren Hundeboxen anschaute, machte mein Herz einen kleinen Sprung als ich einen Chow-Chow entdeckte. Mit nur einem Auge. Doppelter Sprung. Sofort vergaß ich meinen Schwur, die Mitgefühlstimme zu unterdrücken. Ich fiel auf die Knie neben seine Box und wollte dieser ältesten aller Rassen meinen Respekt zollen. Selbstverständlich ignorierte er mich. Neben ihm stand ein stämmiger Mischling mit kurzem Fell, den ich ignorierte.

Eine andere Frau, Trudy, stellte mir beide vor. Der Chow-Chow drehte mir plötzlich den Rücken zu, und da gab es ja auch noch das Verbot meines Vermieters, aber ich war dabei, keins dieser Details wirklich ernst zu nehmen. Ich hörte, wie Trudy erzählte, dass der andere Hund, Bodie, ideal wäre für eine Erstbesitzerin, ideal für jemanden, der in einer kleinen Wohnung wohnt, ideal für jemanden, der gerne reist – er würde sehr gerne im Auto reisen.

»Hmmmm …«

»Möchten Sie ihn kennenlernen?«

Ich sagte nur Ja, um höflich zu sein und um dem Chow-Chow ein bisschen mehr Zeit zu geben.

Sie führte Bodie zu einer niedrigen Ziegelwand. Ich setzte mich hin, er tat es mir nach und lehnte seinen pelzigen Rücken an meinen nackten, in einem Flip-Flop steckenden Fuß.

Und das war alles, was es brauchte. Eine Bewegung und er hatte mich rumgekriegt.

»Er ist so ein gelassener Kerl«, sagte Trudy und faltete und knitterte sein Gesicht, bis er aussah wie ein Shar-Pei. »Man kann alles mit ihm machen, es macht ihm nichts aus.«

Verkauft – und ein zweites Mal verkauft. Ich mochte diese leicht reizbaren Tiere nicht, die sich windeten und drehten, sobald man sie anfassen wollte.

»Wissen Sie, welcher Rasse er angehört?«

Sie zögerte.

»Sie können mir alles erzählen, und ich glaube es; ich bin noch sehr neu in der Hundewelt.«

»Die Ohren lassen auf einen Hirtenhund schließen«, antwortete sie und forderte mich auf, die samtige Dicke zu fühlen.

Groß, schlau und sehr wachsam. Das klang gut.

»Der breite Körper?«

»Pitbull«, sagte sie leise.

»Ist schon okay«, versicherte ich ihr, »ich verfolge die Hundeflüsterer-Sendung *Dog Whisperer*. Ich habe keine Vorurteile.«

»Jeder sieht etwas anderes in ihm: Akita, Australian Cattle Dog ...«

Und dann gähnte er ausgiebig und rollte dabei die Zunge heraus wie einen Hubba-Bubba-Streifen. Und da sah ich die bläulich-violetten Streifen unter der Zunge und die Punkte auf ihr.

»Ist auch ein wenig Chow-Chow in ihm?«

»Höchstwahrscheinlich.«

Ich grinste. Ein Chow-Chow, der nicht wie einer aussah und nicht als einer eingeordnet wurde. Das war so durchtrieben, dass es mir ausgesprochen gut gefiel. Wir hatten einen Gewinner!

Während ich jeden Fleck seines Fells verinnerlichte, erzählte mir Trudy ein bisschen etwas über seine Geschichte, wie er als Streuner in den Hauptstraßen von South Central L. A. aufgegriffen wurde, wahrscheinlich weil seine Besitzer ihr Haus verloren hatten. Da die Obdachlosenheime keine Tiere aufnehmen, wurde er wohl ausgesetzt und war auf sich selbst gestellt. Man kann sich kaum vorstellen, wie dieser lächelnde Kerl durch L. A.s Unterwelt gewandert ist, in der brennenden Sonne und ohne einen Grashalm weit und breit. Wo hat er geschlafen? Was hat er zu fressen gefunden, als er im Straßenmüll gewühlt hat? Als er von der Tiernothilfe Animal Control aufgegriffen wurde, hatte er Husten und einen Schnupfen. Sie haben ihn in ihren Transportwagen gepackt und in ein Heim gebracht, wo die Aufnahme auf einen Monat beschränkt ist. Niemand kam, um ihn zu reklamieren. Niemand wollte ihn mit nach Hause nehmen. Also wurde er in den Todestrakt geschickt. Buchstäblich Stunden bevor er umgebracht werden sollte, hat Pryor's Planet ihn befreit. Seitdem war er bei verschiedenen Pflegefamilien, zuletzt bei Musikern.

»Sie haben erzählt, er läuft sehr gern.«

Ich blickte zu ihm hinunter wie er ruhig in der Sonne saß, mit geschlossenen Augen; vielleicht träumte er wie ich von einem Gänseblümchenfeld.

»Was meinen Sie?«

Mein Herz raste. Ich wusste, dass ich ihn haben wollte. Pryor's Planet wollte, dass ich ihn nehme. War ich vorschnell? Plötzlich wurde mir das Ausmaß meiner Entscheidung bewusst. Das hier bedeutet: ab jetzt jeden Tag den ganzen Tag für die nächsten etwa zehn Jahre für ihn da zu sein. Es geschah so schnell! Ich hatte längere Zeit darauf verwendet, meine letzte Zahnbürste auszusuchen. Und dennoch hörte ich mich sagen: »Sagen Sie mir, was ich machen muss, und ich tue es.«

Kapitel 2

Im Hundetollhaus

Und so kam der Tag für den Hausbesuch. Pryor's Planet besteht darauf, das zukünftige Zuhause des Hundes zu überprüfen, bevor die Adoption genehmigt wird. Ich finde, das ist ein hervorragender Grundsatz, und um ihren Standards zu genügen, war meine Wohnung so sauber wie nie zuvor.

Ich schritt die glänzenden Dielen ab, ordnete die Vase mit den Frischblumen neu und fragte mich, ob er meine Wohnung mögen würde, wie er reagieren würde. Es war drei Tage her, dass wir uns getroffen hatten – würde er mich wiedererkennen?

Ding-dong!

Und da kam er, eifrig schnüffelnd, kein bisschen vorsichtig, was ich für ein gutes Zeichen hielt. Noch besser wurde es, als ich mich in der Nähe des Fensters hinsetzte, um den Rest der Papiere auszufüllen, und er zu mir tappte und sich gewissenhaft neben mich setzte, als wüsste er genau, warum er hier war: »Du bist also mein neues Frauchen. Das ist toll! Ich bin einverstanden.«

Und dann fing ich an, Tausende Fragen zu stellen, die mir plötzlich einfielen.

»Um wie viel Uhr wird er morgens wach?«

»Er wird sich Ihrem Rhythmus anpassen.«

»Und dann bringe ich ihn gleich zum Pinkeln raus?«

»Genau. Am besten Sie legen sich die Klamotten abends schon hin, Klamotten, die man einfach und schnell überziehen kann.«

Ein kurzer Moment des Unbehagens überkam mich – ich verlasse das Haus nie, ohne geschminkt zu sein.

»Und wo sollte er schlafen?«

»Wo auch immer es für Sie okay ist.«

»Und während ich arbeite …«

»Wird er wahrscheinlich einfach an Ihren Füßen liegen.«

Oh, diese Vorstellung gefiel mir. Stille Gesellschaft.

Und wann sollte ich ihm zu fressen geben? Wie viel Auslauf braucht er? Ist es okay, ihn zum Hundepark zu bringen? Kann man ihn alleine in der Wohnung zurücklassen?

Auf die letzte Frage antwortete Trudy, ich sollte mir am besten eine Hundebox besorgen.

»Wirklich?« Das überraschte mich, denn ich dachte, er hätte schlechte Erfahrungen mit dem Eingesperrtsein gemacht.

»Hunde finden es gemütlich, ihren eigenen Raum zu haben«, versicherte sie mir. »Sie können eine Decke darüberlegen, damit es geschützter und gemütlicher wirkt.«

»Und ich schließe ihn dort einfach ein?« Ich war immer noch nicht überzeugt.

»Das ist okay für ihn.«

Wir gingen den Pryor's-Planet-Vertrag durch; es ging darin vor allem darum, dass ich ihre Telefonnummer – und meine – an sein Halsband heften sollte, und wenn ich ihn loswerden wollte, sollte ich mich zuallererst bei ihnen melden.

Trudy erklärte mir dann, dass er gerade kastriert wurde und ich darauf achten sollte, dass er nicht an den Fäden zupfte. »Sie fallen einfach ab, wenn die Naht verheilt ist«, versicherte sie mir.

Und dann stand sie auf und ging zur Tür.

»Also …«, zögerte ich.

Sie drehte sich um.

»Gehört er jetzt mir? Kann er bleiben?«

Sie lächelte und nickte. »Er ist ganz der Ihre.«

Ich konnte es kaum glauben. Ich dachte, sie käme nur für eine erste Runde, ginge wieder und … aber das war's schon! O Grundgütiger!

In dem Moment, in dem die Tür zufiel, fragte ich mich, was zum Teufel ich getan hatte. Ich beobachtete Bodie, wie er hin und her lief, seine Nägel klapperten auf dem gelackten Holz, und es hörte sich an, als hätte ich einen wilden Keiler in meiner Wohnung herumlaufen – ungewohnt und fremd. Ich war die schleichende Lautlosigkeit der Katzen gewohnt. Und er war so robust und stämmig. Meine Wohnung war ziemlich klein, und er schien überall zu sein: im Schlafzimmer, im Badezimmer, in der Küchenecke und dann wieder zurück im Wohnzimmer. Was genau sollte ich mit ihm *tun*? Wäre er eine Katze, würde er bereits schlafen. Stattdessen schauten mich seine braunen Augen erwartungsvoll an. Ich schaute zurück, ohne zu verheimlichen, dass ich planlos war.

Da fiel mir ein, dass ich keinerlei Hundeausstattung besaß – ich wollte nicht vermessen sein und hatte mich mit dem Kauf eines Hundebettes und Napfes zurückgehalten. Ich hatte nicht einmal Hundefutter. Wie schrecklich! Das war, wie ein Neugeborenes nach Hause zu bringen und weder ein Kinderzimmer eingerichtet zu haben noch eine Rassel zu besitzen.

Also beschloss ich, dass uns unser erster Spaziergang zu einem Tierbedarfsladen führen würde.

Es stellte sich heraus, dass man keine Expertin im Gassigehen wird, wenn man die Sendung *Dog Whisperer* schaut. Ich wusste, er sollte nicht vor mir herlaufen, ich wusste, ich musste das Tempo bestimmen. Er sollte auch nicht ziehen. Aber Bodie war so überdreht aufgrund seiner neuen Umgebung, dass er ständig im Zickzack vor mir herlief, die zu lange Leine verwickelte sich im Gebüsch, dann schoss er nach vorne, nur um ganz plötzlich wieder stehen zu bleiben. Es war nur ein zehnminütiger Weg, aber auf diese Art konnten wir froh sein, wenn wir bis zum Sonnenuntergang ankommen würden. Meine Vorstellung von einem netten Spaziergang im Gleichschritt war anders.

»O nein! Nicht in das Blumenbeet!«

Er begann den Torf herauszuwühlen – ohne ersichtlichen Grund.

Als ich ihn wegzog, fing er an umherzuspringen und zwang mich dazu, ständig die Leine von einer Hand in die andere zu nehmen, um mich zu entknoten, dann zog er mich mit einer Kraft, die Schultern auskugeln konnte.

Da verstand ich die Vorteile eines Spitzes oder die eines Bichon Frisé. Wenn sie Amok laufen, hebt man sie einfach hoch und tut sie in die Tasche. Bodie war aber so kräftig! Zum Glück hatte ich mir keinen Größeren geholt, ich wäre …

»Oh mein Gott!«

Er hat gerade auf meinen Fuß gepinkelt. Und ich habe Flip-Flops an.

Ich legte einen Zahn zu, um schneller zu den Experten zu gelangen.

Zwischen einem Frozen-Joghurt-Laden und einem Nagelstudio befindet sich das *Catts & Doggs,* und es hatte mich mit seinem besonderen Stil schon seit Längerem neugierig gemacht. Würden Sie einen Tierladen schwarz ausmalen? Das Logo ist aus handgebogenem Metall. Als wir eintraten, nahm Bodies Aufregung zu – seine Nase zuckte bei der berauschenden Geruchsmischung aus Erdnussbutter und (wie ich später herausfinden sollte) getrockneten Bullen-Penissen, auch bekannt als Bully Sticks.

Ein unfassbar süßer Typ namens Andy kam mir direkt zu Hilfe, begrüßte Bodie wie seinen lang vermissten Sohn und half mir, eine leichtere, kürzere Leine auszusuchen. Eine, die meine Hände nicht so aussehen ließe, als hätte ich Vieh mit dem Lasso eingefangen.

»Ich weiß nicht, warum sie so schwarz geworden sind«, sagte ich mit einem Stirnrunzeln und blickte auf die blaue Leine, mit der mir Bodie gebracht wurde.

Doch dann hielt Andy seine rußigen Handflächen hoch.

»Ich denke, es kommt von seinem Fell.«

Da erblickte ich die Full-Service-Hundewäsche hinter den Regalen mit den Schweineohren.

»Wäre gerade ein Termin frei?«

Andy sah im Kalender nach, und wir hatten Glück.

»Kommen Sie einfach in einer Stunde wieder.« Andy griff nach Bodie.

»Oh.« Ich zögerte. »Wäre es okay, wenn ich die ersten Minuten noch hier stehe, einfach nur, um sicherzugehen, dass er okay ist? Ich hab ihn erst heute bekommen.«

»Ja klar, kein Problem.«

Ich sah zu, wie er Bodie in den schwarzen Bereich führte, der mit hüfthohen Wannen und riesigen Trockenhauben ausgestattet war. Nach einigen Minuten hatte Bodie einen weißen Schaumkopf, was seine pechschwarze Nase betonte. Er wirkte nicht, als würde er sich dem Prozedere widersetzen, er sah nur leicht gedemütigt aus.

Ich beschloss, dass es wohl das Beste war, ihn der Sache zu überlassen, und ging in den Laden nebenan, um einem Granatapfel-Frozen-Joghurt samt Topping zu frönen. Ich war dankbar für die Atempause und fragte mich, wann er wohl seinen ersten Haufen macht. Vielleicht sollte ich mehr Tüten besorgen. Wer weiß, wie oft er muss. Ich schüttelte mich ein wenig – es würde so eklig werden. Ich konnte kaum glauben, dass ich mich in eine Situation gebracht hatte, in der ich mich nun täglich darum kümmern musste. Was, wenn ich dabei würgen müsste? Oje, was für ein Pärchen wir abgeben werden.

Ich schaute auf die Uhr. Es war noch viel Zeit.

Ich hoffte wirklich, dass ich das Richtige getan hatte. Ich hoffte, ich würde eine fähige Hundebesitzerin sein. Plötzlich überkam mich das Gefühl, dass da so viel war, das ich nicht wusste. Ich musste unbedingt mehr darüber lesen. Ich fragte mich auch, wann ich herumerzählen sollte, dass ich ihn offiziell adoptiert hatte.

Meiner Mutter hatte ich gesagt, das sei nur vorübergehend. Warum? Tja, sie klang so entsetzt. Als wäre ich mir der Verantwortung nicht bewusst.

»Du weißt, Hunde brauchen jeden Tag Auslauf?«

»Ja.«

»Und Futter. Jeden Tag.«

»Ja.«

»Sie machen viel mehr Arbeit als Katzen.«

»Ich weiß.«

»Und was, wenn du mal verreist bist?«

»Na, ich werde ein paar Futtereinheiten in der Tiefkühltruhe hinterlassen, und er sollte sich dann in der Nachbarschaft bereits gut auskennen.«

Mein Vater hingegen war total dafür: »Besser so als eine weitere schlechte Entscheidung in Sachen Männer.«

Was sollte ich sagen? Er hatte den Nagel auf den Kopf getroffen.

Zum Glück dachten alle meine Freunde aus L. A., dass es eine gute Idee war.

»Jaaaa! Mach's!!!!«, ermutigten sie mich.

Das mag ich so an Kalifornien – alle sind so übereifrig und zupackend! Handle jetzt, nachdenken kannst du später!

Mein Handy surrte. Der Hundesalon im *Catts & Doggs* – Bodie war fertig!

Wie nach allen professionellen Verschönerungen stolzierte das Subjekt mit neu entdeckter Zuversicht und Selbstachtung.

»Sieh mich an!«, sagte Bodie ganz energiegeladen und stolz. »Sieh nur, wie hübsch ich bin!«

»Er hat ja eine komplett andere Farbe!«, staunte ich über seine Verwandlung von Rostig-Braun zu Honigblond. »Und wie weich er ist! Fühlen Sie mal, er ist so weich wie ein Teddybär.«

Andy lächelte. »Er ist ein guter Hund.«

»Wirklich?« Ich schaute zu ihm hoch, in Erwartung einer weiteren Bestätigung.

»Vertrauen Sie mir. Sie können sich ja vorstellen, wie viele Hunde wir hier zu sehen bekommen. Alles unterschiedliche Temperamente. Sie haben einen guten.«

Nun war es an mir, mich vor Stolz aufzuplustern.

Freudig aufgeregt suchte ich eine Grundausstattung zusammen – ein Bett, zwei Näpfe, einen großen Sack gesundes Futter und eine lange orange Spielschlange. Und dann stellte ich fest, dass ich all das unmöglich zu Fuß nach Hause bringen konnte und also den Wagen holen musste. Bodie war tatsächlich ein toller Mitfahrer. Im Grunde wuchs meine Bewunderung für ihn mit jeder Stunde. Bettelten und winselten nicht alle Hunde beim Abendessen am Tisch? Bodie schaute nicht einmal in meine Richtung, während ich aß. Ich hatte keine Probleme damit, dass er auf Möbel sprang, aber jedes Mal, wenn ich ihn aufs Sofa oder Bett lockte, sprang er gleich wieder runter, um ergeben neben mir auf dem Boden zu liegen. Schuhe blieben unzerkaut, Türen unzerkratzt. Er war einfach tiefenentspannt.

Und dann lief die Wirkung der Medikation aus.

Kapitel 3
Eine ganz neue Welt

Am ersten Morgen, an dem ich aufwachte und Bodie mit irre funkelnden Augen und einem im Zeichen höchster Alarmbereitschaft ausgestreckten Schwanz sah, dachte ich, ich würde träumen und ließ meine Lider wieder zufallen. Dann begann jedoch das Jaulen, und mir wurde klar: »Dieser Hund ist real, und er muss mal!«

Ich sprang aus dem Bett und zog mir das an, was ich mir hingelegt hatte, wie von Trudy empfohlen. Dann beging ich den Fehler und sah in den Badezimmerspiegel. Die dunkelvioletten Schatten unter meinen Augen ließen mich im Kontrast zu der blassen Haut aussehen wie ein Junkie, und quer über der Wange hatte ich tiefe Druckspuren vom Kissen. Kurzum, ich sah fürchterlich aus.

Bodie winselte wieder.

Ich denke nicht, dass ich eine besonders eitle Person bin – ich will nur nicht mutwillig Menschen erschrecken. Deshalb schminke ich mich immer, bevor ich das Haus verlasse. *Immer.* An jenem Tag aber nicht.

Ich verzog das Gesicht, öffnete die Hintertür und eilte hinunter zum Grasstreifen vor dem Haus. Bodie schnüffelte herum, hob dann sein Bein an einen Baum und begann einem ordentlichen Strahl seinen Lauf zu lassen. Ich blickte nur kurz auf, in der Hoffnung, dass keine Nachbarn auf dem Weg zur Arbeit an mir vorbeiliefen, und da sah ich, dass ich nicht alleine war. Die ganze Straße entlang standen Menschen in Pyjamahosen und Kapuzenpullovern, das Haar durcheinander, die Augen gerötet, manche mit einer Kaffeetasse in der Hand, und alle warteten, dass sich die Blase ihrer Hunde leerte.

Ich lächelte. Das waren meine neuen Gefährten.

Da ich nun schon wach war und auch die passenden Schuhe anhatte, beschloss ich, ich könnte auch ein wenig weitergehen, auf einen morgendlichen Spaziergang.

Früher waren meine Ausgangsrunden immer zielgerichtet – den Hügel hinunter zu *Trader Joe's Supermarkt*, einige Blöcke nach links zu *Little Dom's* zum Abendessen –, heute aber ließ ich Bodies Nase den Weg finden.

Und was für eine Nase das war! Seine olfaktorische Faszination für jedes Blatt, jede Straßenlaterne, jede Gehwegplatte begeisterte mich. Alles schien einen besonderen Reiz zu haben. Sieh nur, diese Messingnägel an dieser Tür sind bestimmt aus Marokko. Und da, der spitze Kamm dieser Paradiesvogelblume! Wow, das ist ja ein cooler Oldtimer-Mustang – an diese Reifen würde ich gern pinkeln. Okay, ich weiß, dass dieses Straßenschild eine Sackgasse anzeigt, aber lass uns trotzdem hier hochlaufen, wer weiß, was wir dort finden?

Während er mich hierhin und dorthin führte, hatte ich ein zunächst unerklärliches Gefühl der Vertrautheit. Nach vierzig Minuten dämmerte es mir: Ich war auch mal so. Neugierig und eigenwillig-enthusiastisch, immer nach vorne ziehend, begierig bis zur Ungeduld, immer auf der Suche nach dem nächsten Abenteuer. Nathan hatte sogar gesagt, dass ihn mein »Überschwang« als Erstes an mir angezogen hatte. Dieses Ich erschien mir nun sehr weit weg zu sein. Ich fragte mich, ob es möglich war, dieses Level an Vitalität zurückzugewinnen oder ob ich für immer ermattet und erschöpft bleiben würde.

Plötzlich versetzte das Sichten eines Eichhörnchens Bodie in Aufruhr. Als das lebhafte graue Tierchen den nächstbesten Baum hochschoss, sprang er ihm nach und tänzelte dann aufgeregt auf seinen Hinterbeinen. Sogar als wir um die Ecke gebogen waren, hüpfte er noch aufrecht und brachte einen Morgenjogger zum Stolpern. Es war, als würde ich meinen Hund zu einem vertikalen Spaziergang ausführen.

Und das war lustig!

Das einzige Problem war das Häufchen. Beziehungsweise sein Ausbleiben. Nichts an jenem Morgen, auch nicht am Abend und nichts am folgenden Tag. Zuerst konnte ich mein Glück nicht fassen, ich hatte den einzigen nicht kackenden Hund der Welt abbekommen! Aber am dritten Tag begann ich mir ernsthaft Sorgen zu machen. Während unserer morgendlichen Runde hinterließ ich Trudy eine Nachricht auf dem Anrufbeantworter. Ich wollte wissen, ob das normal war – und in dem Moment, in dem ich das Telefon ausschaltete, machte er es. Ich war so erleichtert, dass ich einen triumphierenden Freudentanz veranstaltete, gleich dort auf dem Los Feliz Boulevard, zu Stoßverkehrszeiten.

»Guter Junge, Bodie!«

Es fühlte sich wie eine Ehre an, alles nun hinter ihm aufzuheben, und ich hüpfte den ganzen Weg nach Hause, schwang das blaue Plastiktütchen, als wäre es ein Geschenk von Tiffany.

Das viel Seltsamere war aber, dass er den Gefallen unbedingt zurückgeben wollte: Jedes Mal, wenn ich zum Badezimmer ging, folgte er mir hinein und wartete dienstbeflissen, während ich auf dem Klo saß. Ich hätte ihn verscheucht, aber er schien sehr zufrieden mit seiner Wache.

»Siehst du, du kannst auf mich zählen. Sogar auf dem Klo!«

Vielleicht musste sich sein ehemaliger Besitzer ein Bad mit anderen teilen, und das Schloss war kaputt, sodass Bodie gezwungen wurde, Wache zu stehen. Nichts konnte ihn von seinem Posten wegbringen – nicht einmal wenn das Klo so eng war, dass er mit dem Kopf in meinen heruntergelassenen Schlüpfer rutschte, sich darin verfing und aussah, als trüge er einen Mundschutz.

»Es ist so schön, dich wieder lachen zu hören«, seufzte meine Mutter am Telefon. »Bodie scheint das Tonikum zu sein.«

»Oh, das ist er«, bestätigte ich.

Seine Tollpatschigkeit war purer Slapstick. Es gab nur drei Holzstufen an meiner Hintertür, und es verging kein Tag, an dem er sich nicht auf ihnen langlegte, vor lauter Vorfreude und Ungeduld vor seinem Spaziergang. Er machte Scooby-Doo-Geräusche, wenn jemand die Briefkästen in der Nähe meiner Vordertür befüllte oder leerte. Er streckte seine Vorderbeine aus wie Superman, wenn er sich auf den Bauch legte und sein Gesäß abflachte wie ein Frosch oder ein gegrilltes Hähnchen. Vielleicht war es eine Art, die Innenseite seiner Oberschenkel zu kühlen, aber es amüsierte mich jedes Mal. Vor allem, wenn seine Oberlippe einseitig an seinem Zahnfleisch festklebte und er aussah wie ein Comic-Bösewicht, der die Zähne fletscht.

Hin und wieder ertappte ich mich dabei, wie ich laut gluckste und dachte, »Mensch, ich kann es noch! Ich kann mich immer noch amüsieren und freuen. Wer hätte das gedacht?«

Im Wesentlichen kreisten alle meine Gedanken im wachen Zustand um Bodie – alles, was ich wollte, war, ihm einen schönen Tag zu machen und zu versuchen, jeden seiner Seufzer oder Augenbrauenrunzeln zu entziffern. Ich konnte nicht hinter ihm hergehen, ohne mich hin und wieder runterzubücken, um ihn zu streicheln. Aber ich würde nicht sagen, dass es zu diesem Zeitpunkt schon Liebe war. Ich hatte ihn erst seit zwei Wochen, und wir waren beide vorsichtig; wir fragten uns scheinbar beide, ob diese neue Präsenz in unseren Leben genauso flüchtig sein würde wie die anderen. Ich konnte sagen, dass er sich immer noch vorbildlich benahm. Er starrte mich weiterhin nicht an, während ich aß. (Auch wenn er sonst jede meiner Bewegungen grundsätzlich überwachte, was mich verwirrte, denn es war, als hätte ich die Crew einer Reality-TV-Show im Haus, die mich ständig verfolgte.) Auch schlief er weiterhin nicht auf meinem Bett …

Aber eines Tages war mein Freund Tezz aus Vegas in der Stadt und kam auf einen kurzen Drink vorbei. Wir waren so stark in ein

Gespräch über seine letzte Show vertieft, dass wir nicht bemerkten, dass Bodie aus dem Weinglas trank, das Tezz auf dem Boden abgestellt hatte. Ich weiß nun, dass Trauben wahres Gift für Hunde sind, aber zu dem Zeitpunkt war alles, was ich wahrnahm, ein Hemmungsverlust – Bodie schlief die ganze Nacht auf meinem Bett. Am nächsten Morgen wachte er mit einem erschrockenen Gesichtsausdruck auf, vergrub sein Kinn wieder in der Decke und keuchte, als würde er sagen: »Was habe ich getan?«

»Ich weiß, Bodie, du bist nicht die Sorte Hund. Wir werden es nie wieder erwähnen.«

Ab diesem Zeitpunkt schlief er nachts immer neben mir. Oder, genauer, er lag diagonal auf der Matratze, was schräge Verdrehungskünste meinerseits erforderte, damit wir beide genug Platz hatten.

Danach fühlte ich mich ihm definitiv näher. Die Sehnsucht nach Nathan wog schwer in mir, aber es war tröstlich, Bodies warmen Körper in den Armen zu halten. Es beruhigte mich. Es dämpfte den Schmerz. Meine Tränen träufelten nur noch, statt zu fließen. Und meist dachte ich, ich sollte sein Fell oder seine Seele lieber nicht wegen dieser Sache befeuchten. Nicht weil er so wirkte, als würde sich meine Melancholie auf ihn übertragen. Er war so stabil, dass er mich einfach gewähren ließ. Und ich war ihm sehr dankbar dafür. Dankbar, nicht so tun zu müssen, als würde ich etwas fühlen, was ich nicht tat. Seit Nathan und ich uns getrennt hatten, versteckte ich mich vor fast allen meinen Freunden, weil ich Angst hatte, dass mein Elend zu aufwühlend wirken könnte. Aber während meiner täglichen Spaziergänge merkte ich, dass ich nicht mehr im Zentrum der Aufmerksamkeit war – sondern Bodie.

»Er ist ein ziemlicher Akrobat!«, bemerkte die Besitzerin eines Pyrenäenberghundes, als Bodie wie ein Fisch an der Leine zappelte und versuchte, ihren Hund zum Spielen aufzufordern.

»Ja, nicht wahr?«, spiegelte ich ihre Ungläubigkeit. »Ihrer scheint eine sehr süße Art zu haben.«

Sie zuckte mit den Achseln. »Ich wünschte mir, er würde nicht so viel haaren. Ich könnte aus den Haaren, die ich täglich sauge, einen zweiten Hund machen.«

Mir gefiel diese einfache Kameradschaft zwischen Hundebesitzern – direkt ins Gespräch einsteigen, ohne irgendwelche Formalitäten auszutauschen. Eine kurze Nimm-mich-wie-du-mich-vorfindest-Begegnung ohne Hintergedanken. Wie erfrischend.

Und dann fiel mir auf, dass andere Personen gar keinen Hund brauchten, um ins Gespräch einzusteigen – Menschen, die joggten oder das Gras in ihrem Garten mähten, hielten inne und fragten, was Bodie für eine Rasse war, wie alt er war und ob es okay war, ihn zu streicheln.

Das war großartig! L. A. ist keine unfreundliche Stadt, die Menschen in Los Feliz grüßen immer, wenn sie einem auf der Straße begegnen, aber das war nun mehr als ein höfliches »Guten Morgen!«. Der bloße Anblick von Bodies albernem Grinsen und seinem schiefen Gang erhellte ihre Gesichter und öffnete ihre Herzen. Ich hatte noch nie zuvor solch eine spontane Wärme von Fremden erfahren. Es war, als würde das Spazierenführen eines Hundes es einem ermöglichen, das Beste in den Menschen zu erfahren – ihre weniger zynische, liebenswerteste Seite, die normalerweise den Menschen vorbehalten ist, die sie seit Jahren kennen und denen sie vertrauen.

Eine ältere Frau fragte, ob ich ihn aus dem Heim hätte, und als ich bejahte, sagte sie »Gott beschütze Sie!« mit einer solchen Ehrlichkeit, dass ich zum ersten Mal nach sehr langer Zeit das Gefühl hatte, etwas Gutes getan zu haben.

Und so kam es, dass ich ermutigt eine Einladung zu einer sonnigen Poolparty in Studio City annahm und vorbereitet war, ihn dem Clan vorzustellen.

»Oh, du hast einen *Hund*-Hund!« war die erste Reaktion meines Kollegen Brit Tony.

»Im Gegensatz zu …?«

»Ich dachte, du holst dir etwas Flauschiges in Handtaschengröße. Wie Josh und Sindy.«

Josh und Sindy haben einen Papillon, eine Rasse, die nach dem französischen Wort für Schmetterling benannt ist, da er Ohren hat, die an kleine Propeller erinnern. Der kleine Jimmy wiegt nur vier Kilo, aber er bewegt diese permanent, wie ein kleines Kind, das für immer in der Zweijährigen-Phase stecken geblieben ist.

An jenem Tag sah Sindy etwas durcheinander aus.

»Alles in Ordnung?«, fragte ich.

Sie schluckte schwer. »Ich habe gerade herausgefunden, dass von allen Rassen Papillons am längsten leben.«

»Wie lange?«

»Vierundzwanzig Jahre«, sagte sie mit einem Glucksen, das reines Grauen verdeutlichte.

»Wahnsinn! Das ist eine lange Zeit.«

Tony, der gelauscht hatte, konnte es nicht glauben; er startete eine schnelle Google-Suche und fand heraus, dass ein Papillon in Großbritannien sogar neunundzwanzig Jahre alt geworden war.

»Sie wird bei uns sein, bis wir in Rente gehen«, stellte Sindy fest und goss sich ein weiteres Glas Wein ein.

Tonys damalige Frau Gretchen schien entzückt von Bodies neugieriger Haustour. Sie stellte fest: »Er ist sehr stämmig. Wie ein Schwein.«

»Wie bitte?«

»In einer positiven Art.«

»Gibt es eine positive Art, einem Schwein zu ähneln?«, fragte ich zweifelnd. Ich dachte eher, er sah aus wie ein Reh, vor allem wegen der hellen Flaumbüschel an seinem Hinterteil und der Art, wie seine übergroßen Ohren sich in einem Fünfundvierzig-Grad-Winkel biegen konnten.

Amy hatte die beste Reaktion. Sie nannte ihn schlicht »Du Hübscher« und das immer und immer wieder, und er hatte überhaupt keinen Grund, an dieser Aussage zu zweifeln – Bodie ist ein selbstsicherer Hund, glücklich in seinem Pelz. Er wirkt nicht so, als hätte er aufgrund seiner Vergangenheit ein Trauma davongetragen, während Jack, der Shepherd-Rhodesian-Ridgeback-Mischling, der hinter dem Sofa hervorschaute, mehr von einer zwiespältigen Persönlichkeit hat. Sein Frauchen Leslie beschreibt ihn als »abwechselnd selbstsicher und misstrauisch. Wild überschäumend, doch lieb. Beschützerisch, aber das Geräusch eines Feuerwerks bringt ihn dazu, sich niederzukauern … Er ist ein Zwilling, genau wie sein Frauchen!«

Ich kann vollkommen nachvollziehen, warum sie sich zu diesem Hund hingezogen fühlt. Er hat etwas an sich, das das Herz rührt. Und eine so attraktive Linien-, Fell- und Knochenstruktur, dass er aussieht wie die Hundeversion von Hugh Jackman. (Bodie sehe ich eher als einen gedrungenen Matt Damon.)

Wenn ich es mir recht überlege, ist Jacks gesamter Haushalt gut aussehend. Sein Herrchen ist ein Hipster-Musiker und sein Frauchen Leslie eine Pilates-Lehrerin mit einer entsprechenden Figur. Sie wohnte in der Nähe, und für den Tag nach der Poolparty lud sie mich und Bodie ein, sie und Jack auf einer Tour im Griffith Park zu begleiten.

Auf dem sandigen Weg, der stets aufwärtsführte, konnte sich Leslie ohne Probleme unterhalten, während ich nach Atem rang und merkte, wie mein Gesicht durch die Anstrengung pink wurde. Aber der Aufstieg zum Gipfel hat sich für das verblüffende Panorama der Stadt der Engel gelohnt.

Es war schwer, nicht inspiriert zu sein bei der Sicht über die Stadt und runter zum Ozean. Ich kam auf die Idee, meinen ganzen Herzschmerz zu nehmen und ihn den Berg runterzuwerfen, aber sein Griff war zu hartnäckig. Oder vielleicht war *mein* Griff zu eng? Ich hatte darüber nachgedacht, jemanden aufzusuchen, der Bindungen durchtrennen konnte. Es mutet nach einer leicht unheimlichen spirituellen Praxis an, aber es gibt Menschen, mit denen man wirklich nicht mehr verbunden sein sollte. Doch ich war noch unwillig, Nathan für immer loszulassen. Ich wollte nicht ohne die Gefühle sein, die ich für ihn hatte. Ich wusste, es konnte nicht gesund sein, aber ein Teil von mir *wollte* daran festhalten.

Ich hatte mir vorgenommen, mit Leslie darüber zu sprechen, aber davor brauchte ich ihren Rat in einer dringenderen Angelegenheit …

»Ich kann Bodie nicht alleine im Haus zurücklassen«, erklärte ich. »Nicht weil ich Angst hätte, er könnte etwas kaputt machen – er wirkt nur so unglaublich aufgeregt, wenn ich versuche wegzugehen.«

Bei meinem ersten Versuch stellte er sich auf die Hinterbeine und kratzte an dem empfindlichen Glas der Hintertür. Ich weiß, dass es empfindlich ist, weil ich es einmal zerbrochen habe, als mir eine Einkaufstasche vom Handgelenk gerutscht ist, während ich am Schloss fummelte. Ich hatte diese schreckliche Vision, dass ich nach Hause komme und überall sind Blut und Glasscherben, aber kein Bodie, sodass ich nur einmal um den Block lief und wieder reinkam.

Beim nächsten Mal stellte ich eine Barriere auf, um ihn davon abzuhalten, zur Hintertür zu gelangen, war aber besorgt wegen seines herzzerreißenden Bellens, sodass ich mein Handy auf Aufnahme stellte und zurückließ. Ich wollte sichergehen, dass er sich nur ein paar Minuten lang bellend beschweren würde. Aber er bellte eine Stunde lang durchgehend und stark – bis ich wieder nach Hause kam.

Schließlich gab ich nach und gab hundertzwanzig Dollar für eine Hundebox von PetSmart aus.

»Nun hast du deine eigene Höhle!« Ich versuchte, enthusiastisch zu klingen, konnte mir aber gut vorstellen, wie ich mich so eingepfercht fühlen würde – ich schaudere immer noch, wenn ich mich an die Menschenkäfige erinnere, die ich auf einem Schulbesuch im Londoner Dungeon gesehen habe.

Selbstverständlich habe ich mich beim Vorstellen seiner »privaten Suite« völlig falsch verhalten. Ich habe ihn reingelockt wie der Kinderfänger in *Tschitti Tschitti Bäng Bäng*, habe die Tür zugeknallt und auf das Beste gehofft.

Ich kann kaum in Worte fassen, zu was für einer Szenerie ich dieses Mal nach Hause zurückkehrte. Der arme Bodie hatte vor lauter Stress in die Box gekackt, ist dann in dem engen Raum auf und ab gegangen, hat sich gedreht und gewunden, bis er sich selbst und jeden Zentimeter der Kiste mit dem stinkenden Zeug verschmiert hat. Ich war mehr als beschämt. Ich konnte kaum darüber nachdenken, wie lange er wohl in diesem Zustand ausharren musste.

»Nun gehe ich also nicht mehr weg«, erzählte ich Leslie. »Es sei denn, ich kann ihn mitnehmen.«

Leslie schüttelte den Kopf. Sie hatte mit Jack nie Hundeboxen ausprobiert und wusste nicht recht, was sie mir raten sollte. Aber, Moment mal! Ihre Nachbarin Molly – zufälligerweise der beliebteste Hundename für Hundedamen in Großbritannien – war offenbar eine Autorität in solchen Fragen.

»Wirklich?« Meine Augen glänzten hoffnungsvoll.

Innerhalb weniger Minuten war ein Treffen organisiert, und obwohl ich es zu dem Zeitpunkt noch nicht wusste, bekam mein Leben dadurch eine komplett neue Wendung.

Kapitel 4
Als Bodie Winnie traf

Ich hatte Molly einmal auf einer Party getroffen, und sie ist mir als eine schelmisch-lustige, mannequinhafte Blondine mit einem Gefühl für die erlesenen Dinge im Leben in Erinnerung geblieben. Was ich damals noch nicht wusste: Sie besaß eine riesige Mastiff-Dame namens Winnie.

Sie wirkten wie ein ungleiches Paar, Molly geht optisch eher in die Richtung blonde Afghanin – Sie wissen schon, diese eleganten, feingliedrigen Hunde, deren langes Fell aussieht, als sei es mit Pantene-Shampoo gewaschen und dann glatt geföhnt worden. Molly gibt selbst zu, dass sie eine absolute Sauberkeitsfanatikerin ist. Jedes Mal, wenn Winnie Wasser trinkt, muss sie den Sabber wegwischen und den Lappen in die Waschmaschine schmeißen.

Aber wie sie diesen Hund liebt! Aus gutem Grund – Winnie ist außerordentlich gutmütig und lieb. Sie würde keiner Fliege etwas zuleide tun. Jedenfalls nicht mit Absicht … Denn sie ist ein Hund, der einen leicht umschmeißen kann. Sie muss sich dafür nicht einmal anstrengen, braucht keinen Anlauf. Wenn sie sich einfach nur an einem vorbeischiebt, wirkt es schon, als würde man von einem Wrestler angerempelt.

Bodie und Winnie haben einen Gewichtsunterschied von über fünfunddreißig Kilo. Wenn man eine Bulldogge und einen Beagle an Bodie bindet, würde er ungefähr an ihr Gewicht herankommen. Und dennoch war es Liebe auf den ersten Blick. Kaum hatten wir den Innenhof von Mollys Wohnhaus betreten, waren sie schon dabei: fröhlich und ausgelassen herumtollen, sich mit schnaubendem Enthusiasmus balgen. Molly und ich setzten uns an den runden Gartentisch, und da begannen sie, sich gegenseitig zu jagen, immer im Kreis, als wären sie Magnete an einem Rouletterad – Winnie mit ihrem schweren, hoppelnden Gang und Bodie mit seinen kurzen Beinen, die sich viel schneller bewegen mussten. Mir wurde so schwindlig, während ich ihnen zusah, dass ich mehrere Male die Augen schloss. Offensichtlich ging es Bodie ähnlich; mehr als einmal schlug er gegen ein schweres schmiedeeisernes Stuhlbein, war kurz benommen und sah aus, als ob Comicsternchen um seinen Kopf kreisten.

»Vorsicht Bode-ster!« Molly setzte ihn wieder gerade, verabreichte Leckerlis oder warf einen Knochen oder ein Gummispielzeug in die Runde. Dann ermunterte sie die beiden, am Wasserhahn Wasser zu trinken – Winnies große Zunge flatterte im kalten Wasserstrom, Bodie kämpfte sich vor zu ein paar Schluck.

Und dann ging das Rennen weiter.

Ich konnte nicht entzückter sein. Bodie hatte offensichtlich sein Gegenstück gefunden. Und ich erfreute mich ebenfalls an der Gesellschaft. Molly ist so ein schlauer Kopf, dass ich merkte, wie mein Gehirn richtig wach wurde, während sie sprach. Sie gab mir tolle Hundetipps, hatte gerade mit einem Hundememoire angefangen mit dem Titel *Von Dior zu Sabber* und war eine »Militär-Göre« – ihr Vater war ein großes Tier in der Marine, und sie hatten in Virginia Beach gewohnt, Nathans aktuellem Standort. Da gab es einfach so viel zu besprechen!

Das war ein doppelter Freundschaftstag!

Und dann sagte sie: »Es ist so schade, dass wir nicht für längere Zeit Nachbarinnen sein werden.«

»Wie bitte?«

Sogar Bodie hielt in diesem Moment kurz an.

»Wir ziehen nach Oregon.«

»*Wie bitte?*«, wiederholte ich.

»Portland ist ein Hundeparadies. Und für das Geld, das ich hier für eine Wohnung ausgebe, kann ich dort ein ganzes Haus mit riesigem Garten mieten.«

Auch wenn das sicher stimmte, schien es mir völlig unbegreiflich, L. A. verlassen zu wollen. Im Gegensatz zu seinem Ruf als oberflächliche, versmogte Stadt ist es in Wirklichkeit ein wunderbarer Ort zum Leben. Sonnig und pulsierend und vor allem die Los-Feliz-Gegend ist auf eine entzückende Art dörflich. Außerdem hatte sie so viele Freunde hier, würde sie sie nicht vermissen?

»Leslie begleitet uns vielleicht auf der Fahrt, wir haben überlegt, mit den Hunden über die Küstenstraße zu fahren, den ganzen Weg hoch.«

Und da schwankten meine Gefühle um, von Verwirrung und Verlust zu Neid.

Ein Roadtrip! Sie machen einen Roadtrip *mit ihren Hunden.*

Ich konnte mich gerade so zurückhalten und nicht losschreien »Können wir mitkommen?«, stattdessen sagte ich: »Vielleicht kommen wir euch mal besuchen …«

Und dann klingelte Mollys nächste Verabredung an der Tür und wir verabschiedeten uns.

Bodie war zu diesem Zeitpunkt so benommen, dass er taumelte und kaum eine Pfote vor die andere setzen konnte, aber ich summte auf dem Weg nach Hause. Reisen war schon immer meine fiebrige Leidenschaft. Mein Londoner Mitbewohner James pflegte gerne zu erzählen, er musste nur sagen: »Salzburg sieht zu dieser Jahreszeit sehr schön aus …«, und innerhalb weniger Minuten präsentierte ich ihm vier Hoteloptionen, den günstigsten Flug und eine Übersicht der lokalen Restaurants. Ich konnte nie zweihundert Dollar für eine Designerhandtasche oder ein paar Schuhe ausgeben, aber ich würde sie ohne zu zögern für eine Nacht in einem schicken Hotel verpulvern. Manchmal fragte ich mich, wie viel Geld ich in den vergangenen zwanzig Jahren für Flüge und Unterkünfte ausgegeben hatte – wie viel würde es zusammen ergeben? So viel wie der Preis eines neuen Autos oder eine Anzahlung für ein Haus? Das tue ich nur so, rein rechnerisch, denn wenn man mir das Geld zurückgeben würde, würde ich es wieder komplett fürs Reisen ausgeben. Und da wundere ich mich noch, warum ich so wenig von meinem Verdienst nachweisen kann. Im Materiellen jedenfalls. Was ich habe, sind fabelhafte Erinnerungen. Und ich konnte nun vor meinem inneren Auge sehen, wie sich eine solche Reise perfekt in die bisherige Sammlung einreihen würde.

Ich war verblüfft, dass ich mich plötzlich so begeistert und motiviert fühlte. Was war mit meinem Trübsal? Konnte die Kombination aus einem neuen Hund und einem neuen Horizont das ultimative Gegengift zu Kummer sein? Sicherlich, ich sollte eigentlich an Ort und Stelle bleiben und mit dem Schreiben meines Romans vorankommen, aber es konnte ja nicht schaden, einen Blick auf die Karte zu werfen, oder? Einfach nur aus Neugier. Ich war mir ja nicht mal sicher, wie weit Portland von Los Angeles entfernt war …

Etwa tausendsechshundert Kilometer, je nach Weg.

Wenn ich diesen Roadtrip machen würde, was ich ja nicht tue, dann würde ich einen leichten Umweg nehmen und in Napa stoppen. Ich wollte schon immer Kaliforniens Weinanbaugebiet sehen. Und ich würde definitiv beim Redwood National Forest anhalten – ist das nicht der Ort, wo sie diese riesigen Bäume haben, durch die man durchfahren kann? Wie toll das wäre. Oh, und mir war ja gar nicht klar, wie nah Portland an Seattle war – nur eine dreistündige Fahrt. Ist es dort wohl auch so regnerisch?

Und dann begann ich zu googeln. Und dann googelte ich ein bisschen mehr. Ich erfuhr, dass Portland mehrfach zu Amerikas hundefreundlichster Stadt gewählt wurde, zum Teil wegen seiner zweiunddreißig leinenfreien Hundeparks, seiner über zwanzig Hundebäckereien und dem jährlichen Doggie Dash, wo über zweitausend Hundebesitzer zu einem Fundraising-Lauf-Spaziergang entlang dem begrünten Flussufer zusammenkommen. Wäre das nicht großartig? Wetten, ich habe es gerade verpasst. Aber nein – es sind noch perfekte sechs Wochen bis dahin, am 15. Mai.

Das ist ein Zeichen! Ein Zeichen!

Ich musste vom Sofa aufstehen und im Raum auf und ab gehen – ich war so berauscht. Bei jedem weiteren Reiseziel, zu dem ich recherchierte, tauchte ein neues Event auf: die jährliche Klamath-Falls-Hundeshow, die Silverton-Tierparade, die Graduation Ceremony für Blindenhunde – alles einige machbare Tage voneinander entfernt.

Ich konnte kaum glauben, wie sich alles ineinanderfügte.

Bis dahin hatte sich alles wie ein Kampf angefühlt, aber die Ziele dieser hypothetischen Reiseroute verbanden sich so mühelos miteinander wie ein Kiesel, der über die Wasseroberfläche eines Sees springt.

Warum dem also nicht folgen? Warum eigentlich nicht? Schließlich fühlte es sich so gut, so überzeugend an. In den letzten sechs Monaten hatte ich gespart, weil ich dachte, Nathan und ich würden ein gemeinsames Leben aufbauen. Da das nun gestrichen war, verfügte ich über genug Mittel, um die Reise zu finanzieren.

Nein, nein, nein. Ich verhalte mich lächerlich. Ich bin emotional instabil. Ich habe Bodie erst seit einigen Wochen. Ich muss diese Idee loslassen.

Oh mein Gott, es gibt eine Stadt in der Nähe von San Francisco, in der ein Hund zum Bürgermeister gewählt wurde! Wirklich. Und nur zwei Stunden von dort entfernt ist ein Museum, das sich ausschließlich Snoopy widmet!

Stopp! Einfach anhalten.

Und so ging ich wieder zum normalen Leben über. Tagein, tagaus vor dem Laptop sitzen, und Bodie schaute mich an, als würde er fragen: »War das schon alles?«

»Ich weiß nicht, was ich dir sagen soll«, seufzte ich. »Das ist mein Job, das ist mein Leben.«

»Und die Tränen?«

Ich wischte mir die salzigen Ströme von den Wangen. Ich bemerkte sie kaum noch. Ich ließ sie einfach laufen und sehnte das Stadium »trocken geweint« herbei. Ich kam aber nicht weiter, auch nicht mit dem Schmerz. Es schien, als hätte er sich für immer festgesetzt, und er wog Tag und Nacht schwer in mir. Ich denke, ein Teil von mir stand noch unter Schock. Die Liebe hatte so lange gebraucht, um sich zu zeigen, konnte sie wirklich so schnell wieder vergangen sein? Gab es wirklich keine Hoffnung?

»Willst du Tauziehen spielen?« Ich hielt ihm das angefeuchtete Spielzeug hin, dessen Füllmaterial er rausgerissen hatte.

Er seufzte nur.

»Du vermisst Winnie, nicht wahr?«

Er wandte die Augen ab.

»Ich weiß, dass du es tust. Und, vertrau mir, ich weiß, wie es ist, wenn die Geliebten weit, weit weggehen.«

Eine Weile lang saß ich da und dachte über all die Gründe nach, die mich an dieser Reise hinderten. Sie waren alle gültig. Ich wusste, wenn ich ginge, würde man mir vorwerfen, vor meinen Problemen wegzulaufen, aber das wäre weder das erste noch das zehnte Mal. Aber was wäre, wenn ich die Sache aus einem anderen Blickwinkel betrachtete, was, wenn es eine Reise im Namen der und im Glauben an die Liebe wäre? Wir mussten ja nicht beide an einem gebrochenen Herzen leiden – eine gewisse Mastiff-Dame war nur eine Autofahrt weit entfernt.

Ich setzte mich auf den Boden und beobachtete Bodie.

»Was hältst du davon, wenn wir zu einem Abenteuer aufbrechen?«

Er neigte neugierig seinen Kopf.

»Jeden Tag ein anderer Park, Strand oder Wald, den du erkunden kannst … Vielleicht gibt's auch mal eine professionelle Hundemassage oder einen Hundekuchen?«

Er blinzelte zurück, seine Augen bekamen einen erstaunten Ausdruck.

»Würde dir das gefallen?«, fragte ich ihn, zog sein goldenes, samtiges Ohr an meine Lippen und flüsterte: »Wir könnten sogar Winnie besuchen.«

Er gab ein ungeduldiges Geräusch von sich, das klang wie: »Führe mich nicht so in Versuchung! Du solltest das, was du sagst, auch so meinen!«

Teufel noch mal. »Ich werde diese Reise mit ihm unternehmen – *aus Liebe zum Hund!*«

Teil zwei

Highway zum Glück

Kapitel 5
Der Roadtrip

Der Tag X ist gekommen!

Nur einen Monat nach unserem Treffen mit Molly und Winnie sind wir bereit, die auf Hunde bezogene Reise bis zur hundefreundlichsten Stadt Amerikas anzutreten!

Das wird ein riesiger Spaß.

Ich habe gerade Bodies Tasche gepackt (habe dafür die Zebrastreifenlook-Kühlbox auf Rädern umfunktioniert) und streiche Punkte auf der To-do-Liste durch: Wasser für ihn, Wasser für mich, Essen für ihn, Essen für mich … als eine E-Mail von meiner besten Freundin Sam aufploppt, die mir aufgeregt mitteilt, dass ihr neuer Mann sie zu einer großzügigen Reise zum Comer See nach Italien eingeladen hat.

»Erinnerst du dich, wie wir damals auf dem Balkon der Villa d'Este standen und sagten: ›Eines Tages werden wir hier mit unserer großen Liebe stehen!‹? Ich fahre nun also mit Markus hin! Es wird alles wahr!«

Für dich, will ich hinzufügen. *Für dich.*

Ich sacke zusammen. Ihr Reiseplan stellt meinen in den Schatten – ich hatte mich dazu gebracht, vollkommen davon überzeugt zu sein, dass ich nichts lieber wollte als verregnete Hundeparks in Oregon, aber neben diesem romantischen Ideal …

Ich fühle, wie sich meine Augen mit heißen Tränen füllen. Ich freue mich für Sam, sie hat es verdient. Aber ich werde einfach das Gefühl nicht los, zurückgelassen worden zu sein. Alle, die ich kenne, schienen mit ihrem Leben vorwärtszukommen, fanden einen Partner, vermehrten sich, und ich stand kurz vor der Reise meines Lebens – *mit einem Hund.* Ist es wirklich so weit gekommen?

Okay. Ich sollte mich mal entspannen. Das ist nur eine reflexartige Reaktion. Ich will immer noch alles sehen und machen, was wir geplant haben. Und dennoch … Ich lasse meinen Kopf in meine Handflächen fallen. Wieso kann ich nicht geliebt werden wie alle anderen auch? Ich bekomme immer nur diese flüchtigen Einblicke, wie es sein kann, wenn man jemanden hat. Und dann sind sie wieder weg.

Ich versuche, meinen Atem zu kontrollieren, aber ich fühle, wie sich das Elend wieder über mir zusammenbraut.

Bodie tappt zu mir rüber.

Ich schaue auf zu seinen besorgten und dennoch ruhigen braunen Augen. Ich weiß nicht, was ich ihm sagen soll.

»Komm schon, du kannst jetzt doch nicht aufgeben«, stupst er mich an.

Ich streichle seinen pelzigen Kopf und kraule dann die samtigen Ohren, die mein Ersatzschmusetuch geworden sind.

Er reißt seine Kinnlade hoch.

»Lass uns einfach losfahren«, scheint er zu sagen. »Lassen wir diese ganze Traurigkeit hinter uns. Probieren wir etwas Neues aus.«

Ich sitze noch ein wenig länger da und denke über die Alternative nach.

»Okay«, nicke ich und atme tief ein, »ich tue es für dich.«

Ich habe einen dunkelorangen Honda Element für unsere Reise gemietet, da er zum hundefreundlichsten Auto des Jahres gewählt wurde. Er hat spezielle Hundefeatures, inklusive einem Hundegitter im hinteren Teil des Autos, mit eingebautem Ventilator und Wassernapf sowie einer herunterfahrbaren Rampe für ältere oder schwerere Hunde. Sogar die Gummimatten haben ein Knochen-motiv. Das ist ein ziemlich beeindruckendes Ensemble, und ich kann es kaum erwarten, mich hinters Steuer zu setzen.

Neues Auto, neues Ziel, neues Ich (hoffentlich) und die Chance, eine engere Bindung zu Bodie zu entwickeln – es heißt ja, dass man jemanden erst wirklich kennenlernt, wenn man mit ihm verreist …

Während wir den breiten, belaubten Los Feliz Boulevard ent-langfahren, denke ich darüber nach, wie Bodie mein Leben be-reits verändert hat – und nicht zuletzt meine Garderobe. Vor Bo-die besaß ich gerade mal eine Jeans, die ich wahrscheinlich zwei-mal getragen habe. Ich trug sonst ausschließlich Röcke und Klei-der mit Volants. Aber die waren im Hundepark nicht so praktisch. Ich erkannte dieser Tage mein Spiegelbild in den Fensterläden kaum, so verkleidet, wie ich war, in abgeschnittenen Jeans und karierten Hemden. Meine Handtaschen sind zu Umhängetaschen geworden, damit ich beide Hände frei habe, um Bodie einzufan-gen; aus jeder Tasche ziehe ich Reste von Hundekotbeuteln wie bei einem nie endenden Taschentuchtrick, und meine Schuhe sind immer dreckig und abgewetzt von unseren Ausflügen. Ich habe sogar den Schrank im Flur, den Nathan benutzt hatte, zum Hundeausrüstungsschrank umgewandelt. Aber im Moment ist er selbstverständlich leer, denn alle meine kaki Fleece-Klamotten reisen mit uns. Zusammen mit ein paar Kleidern, für alle Fälle. Das ist das Schöne, wenn man ins Ungewisse fährt – man weiß nie, was einen erwartet.

Wir sind nun auf dem Freeway 101 und fahren an der Aus-fahrt nach Studio City vorbei, die ich an jenem zufälligen Tag ge-nommen hatte, an dem ich Bodie bei der Straßenadoption das erste Mal getroffen habe. Dann fahren wir durch Hidden Hills, Thousand Oaks und das Outlet-Imperium von Camarillo. Nach etwa einer Stunde ist meine Erschöpfung von einer Heiterkeits-welle hinweggespült: Wir nähern uns dem Pacific Coast Highway!

Die See, die See, die schöne See!

Ich schnappe nach Luft, als die Straße beginnt, parallel zum Ozean zu verlaufen. Er ist einfach so glitzerig-umwerfend, dass man unmöglich deprimiert sein kann. Während die Straße sich zu schlängeln beginnt und Felsen auftauchen, fühle ich, wie mein Herz nach vorne katapultiert wird und wir in ein Rennen geraten, uns gegenseitig einzuholen.

»Jetzt geht's los, Bodie!«

Auf dieser Welle reiten wir für eine weitere halbe Stunde, dann nehmen wir die Ausfahrt Montecito. Schilder, die Mimosa Lane, Bolero Drive und Laguna Blanca School ankündigen, verweisen auf die üppige und duftende Schönheit, die hier sichtbar wird, in einem der reichsten Orte der ganzen USA.

Es werden wohl noch einige Motels auf dieser Reise auf uns warten; wir beginnen aber mit Stil im legendären *San Ysidro Ranch*. Ich kann diese Extravaganz einigermaßen vertreten, da sie als Rechercheort für *California Dreamers* – den Roman, an dem ich im Moment zu Hause schreiben sollte – durchgeht. Ich habe nach einem exklusiven Versteck gesucht, wo sich eine Berühmtheit mit ihrem geheim gehaltenen Mann außer Reichweite neugieriger Paparazzi entspannen kann. (In dem Buch ist der Ehemann ein Marineoffizier, und ihr Hund heißt Bodie – ein weit gespannter Bogen, ich weiß.)

Ich war schnell hingerissen von der romantischen Geschichte dieser Ranch: Vivien Leigh und Laurence Olivier haben hier geheiratet. John Huston schrieb hier während eines dreimonatigen Aufenthalts sein Buch *African Queen*. Es ist sogar ein von Oprah abgesegneter Ort – sie wohnt am Ende der Straße und ist häufig Gast im hoteleigenen Kellerrestaurant *Plow & Angel*. Und er ist weniger als eine Stunde vom Marinestützpunkt Port Hueneme entfernt. Super für die Story, aber was ist für Bodie drin, werden Sie sich fragen?

Also, da ist schon auch einiges. Hinter dem Hotelgelände befinden sich kilometerlange Wanderwege, es gibt ein spezielles

Hundemenü, und da der Besitzer, Ty Warner, der Erfinder von Beanie Baby ist, liegt in jedem Zimmer, in dem ein Hund übernachtet, ein Bow Wow Beanie, eines dieser sich speziell an Hunde richtenden Kuscheltiere.

Aber die größte Hundeüberraschung (in meinem Kopf auf jeden Fall) ist die Tiermassage. Für fünfundsiebzig Dollar würden Bodies Muskeln gelockert und sein Fell von professionellen Händen gestreichelt werden. Beneidenswert.

»Hier sind wir!« Ich inspiziere das Hotelschild – die Buchstaben sind im Westernstil gehalten und in vom Wetter ergrautes Holz eingebrannt. Ich spüre flatterige Vorfreude in mir aufkommen, während wir die lange Auffahrt, die von Olivenbäumen gesäumt ist und vor spanischem Lavendel überstrotzt, entlangfahren.

Der Pförtner winkt uns durch und unsere Reifen reiben sich am goldenen Kies, während wir uns dem Hauptgebäude nähern. Es ist ein weißes Landhaus wie aus dem Märchenbuch, umrankt von kirschfarbener Bougainvillea.

Die benachbarten Rosengärten verströmen ein gewisses britisches Flair, aber die Kulisse ist mit den sonnenverwöhnten Santa-Ynez-Bergen und dem kobaltblauen Himmel pures Kalifornien. Bodie winselt vor Entzücken, er ist ungeduldig und will herausspringen und seine wellige Nase an die ganze Schönheit pressen.

»Gleich ist es so weit«, sage ich ihm.

Es ist das erste Mal, dass ich mit einem Hund in einem Hotel einchecke, also kenne ich die Hunde-Etikette noch nicht. Darf er überhaupt schon mit in die Lobby kommen? Ich nähere mich langsam, aber der mit Leckerlis gefüllte Napf in Knochenform und ein ausliegendes Registrierungsbuch für Tiere sprechen eine eindeutige Sprache.

Da ist nur noch das kleine Problem der gescheckten Katze, die all unsere Bewegungen beobachtet.

»Das ist Bentley«, sagt die Frau an der Rezeption. »Er ist der Hauskater.«

»Ein reizender Name, sehr raffiniert.«

»Er war ein Streuner, der sich unter einem Bentley versteckt hatte.«

»Ahhh«, lächle ich und blickte mich mit noch größerer Zuneigung nach ihm um. Er sieht so zu Hause angekommen aus auf dem mit Leder überzogenen Schreibtisch. Zwischen einem Lampensockel aus Messing und einem silbernen Blumenkübel ist er nun Teil des Mobiliars.

Und los geht's: Bodie hat die Präsenz des Katers registriert und wallt sich gegen ihn auf, aber Bentley hat offensichtlich schon alles gesehen – das Fell auf seinem Rücken bewegt sich kein bisschen.

»Ich werde dich nicht ärgern, wenn du mich nicht ärgerst«, impliziert sein ruhiger Blick.

»Faires Spiel.« Bodie geht weiter, angelockt von den Hundekeksen, die ihm das Begrüßungspersonal in Aussicht stellt.

»Möchtest du einen weiteren?«

Man muss ihn nicht zweimal fragen.

»Und noch einen? Wie wäre es mit ein wenig Wasser, um sie runterzuspülen?«

Es wird ihm in einem glänzenden Napf hingestellt, und Bodie schlürft, als sei Happy Hour. Noch mehr Kekse, noch mehr Wasser, oh, die Aufregung ist einfach zu groß – und mit einem mordsmäßigen Stoß speit er plötzlich alles auf den unbezahlbar teuren, hellbeigen Perserteppich.

Oh. Mein. Gott. Ich traue meinen Augen nicht. Ich möchte etwas sagen, aber meine Stimme versagt.

»Und das ist der Rezeptionsbereich …«

Ich schaue hoch und sehe ein wahnsinnig glamouröses Pärchen, das sich auf seiner Hotelführung uns nähert. Neeiiin! Ich versuche, den Fleck mit dem schmierigen Zeug abzuschirmen, indem ich mich, Bodie und meine Tasche davorstelle und den Vorbeigehenden direkt in die Augen schaue, damit sie nicht nach unten blicken.

»Es tut mir so leid«, flüstere ich zu den Mitarbeitern an der Rezeption, nachdem das Pärchen sich den Gärten zuwendet. »Er hat so etwas noch nie gemacht.«

Ihre Manieren und ihr Training sind so einwandfrei, dass man denken könnte, Bodie hätte nichts anderes getan, als zu niesen. Sie sagen mir, ich solle mir keine Sorgen machen und meinen Aufenthalt genießen, als ich mich aber umdrehe, um ihnen einen letzten reumütigen Blick zuzuwerfen, sehe ich, wie der riesige Teppich weggerollt wird. Die Summe der Kosten für die Trockenreinigung liegt sicher im Bereich des Unvorstellbaren.

Anstatt direkt zu unserem Cottage zu gehen, beschließe ich, Bodie zu einem kurzen Spaziergang in den Wald zu führen, einfach um sicherzugehen, dass jede weitere Schmiere ausgespuckt ist, bevor wir unsere Luxusresidenz beziehen.

Die Sonne ist ganz sanft, und es fühlt sich an, als würden wir durch die Buchseiten des Blumenmärchenbuchs, das ich als Kind so mochte, spazieren, während wir an Cottages mit Namen wie Feige, Mandarine, Eiche und Weide entlanggehen, die alle liebevoll von Blattwerk umrankt sind.

Dieser Ort ist wirklich etwas Besonderes. Es ist kein Wunder, dass Oprah, ihr Mann Stedman und ihre Hunde Montecito unter allen Gegenden der Welt ausgewählt haben, um hier zu Hause zu sein. Ich kann nicht umhin, als mich zu fragen, ob wir hier eine Art kultische Grenze oder einen »spirituellen Pfad«, wie die Peruaner es nennen, überqueren. Es ist dieses besondere Gefühl, wenn Stille auf ein Strahlen trifft. Das klingt vielleicht ein wenig verrückt, aber was ich sicher weiß, ist, dass alle Spuren meines morgendlichen Selbstmitleids meinen Körper verlassen haben. Plötzlich fühle ich mich wie das glücklichste Mädchen auf der Welt.

»Komm, Bodie!«

Um zu den Wanderwegen zu kommen, gehen wir weiter und steigen auf einen Hügel mit vielen sehr großen Häusergrundstücken. Beim ersten steht vermerkt: »Sehr privates Grundstück«. Als Gegensatz zu »Halbwegs privat«, oder wie? Beim nächsten Grundstück erwarte ich so etwas wie »Noch privater« und beim nächsten »Das Privateste von allen«.

Ich frage mich gerade, wer hier wohnen mag, als Bodie zu einem mit Gras bewachsenen Plateau abbiegt, das wie ein Ort für Events in großen Zelten wirkt. Es ist ganz leer, sodass ich mich wundere, was Bodie hierhergelockt haben mochte, und da beginnt er, auf etwas rumzukauen.

»O nein, aufhören!« Instinktgetrieben öffne ich seinen Kiefer, greife tief in seinen Schlund und ziehe eine Art Dreieck heraus. »Himmel noch mal!«

»Was?« Er schaut mich an.

»Ein Würstchen hätte ich ja noch verstanden, aber *Pita*?«

Während ich mir den Sabber von den Händen reibe, wird mir klar, dass ich gerade meine erste reflexartige mütterliche Reaktion hatte. Es ist mir keine Sekunde durch den Kopf gegangen, dass er mich beißen könnte. Ein seltsames Gefühl der Erfüllung stellt sich ein. Ich wusste nicht, dass ich so was in mir habe. Vielleicht wäre ich gar keine so schlechte Mutter geworden. Vielleicht hätten sich bestimmte Fähigkeiten einfach so gezeigt, ohne dass ich sie vorher hätte erlernen müssen.

»Oh, Bodie!«, schreie ich verzweifelt, als er wieder nach der ausrangierten Pita schnappt. Vielleicht hat er griechische Wurzeln, von denen ich nichts weiß. Ganz sicher hat er aber Schweizer Wurzeln denke ich, als er mit einer bewundernswerten Neutralität auf das wilde Bellen eines Boxers reagiert, der gegen das Tor eines der größeren Anwesen springt. Bodie klimpert nicht einmal mit den Wimpern. Das mag ich so an ihm. Wie Bentley steht auch er einfach über den Dingen und macht einfach sein eigenes.

Während wir weitergehen, streife ich mit den Händen die Lavendelbüsche, reiße ein paar Knospen ab und atme den beruhigenden Geruch ein, der so oft in ganzheitlichen Beruhigungsmitteln verarbeitet wird. Ich halte Bodie meine Handflächen hin, aber er scheint eher daran interessiert zu sein, seinen letzten Urinstrahl zu beschnüffeln, der an einer Steinwand heruntertröpfelt. Der faszinierendste aller Gerüche ist jedoch der des Geldes. Ich bleibe an einem Vorsprung des Hügels stehen und genieße die unbezahlbare Sicht – in der Ferne der Ozean und der blasse Übergang zu einem diesigen Himmel.

Es fällt mir schwer, auf den Ozean zu schauen und mich nicht zu fragen, wo Nathan gerade ist. Er ist irgendwo dort draußen. Umgeben von unendlichem Blau. Oder vielleicht von allen Orange- und Gold-Nuancen? Er könnte sich gerade den Sonnenuntergang ansehen. Was für ein Panorama sich ihm da bieten muss. Ich frage mich, ob er jemals an mich denkt …

»Hey!« Bodie zieht mich weg. »Dafür sind wir nicht hier.«

Er hat recht. Und so kehre ich dem Ozean den Rücken und ziehe los in den Wald.

Innerhalb von Minuten stecken wir tief im Wald, schlängeln uns an Eukalyptusbäumen mit ausgefranster Schalenrinde entlang, steigen über moosbewachsene Baumstämme, inspizieren Distelborsten und fedrige Farne. Bodie wirft abgefallene Blätter in die Höhe. Das ist richtiges Hunde-Territorium – ich fühle mich, als sollte ich Tweed-Kniebundhosen tragen und jeden Schritt mithilfe eines knorrigen Spazierstockes tun.

»Ist es nicht idyllisch?« Ich bleibe kurz stehen, um das durch die Baumkronen gedämmte Licht zu bewundern, dann das glänzende Rinnsal des Baches hinter uns, die Klarheit des kalten Wassers, das über die Felsen läuft.

So oft war ich an schönen Orten und hatte mir gewünscht, ich könnte diese Schönheit des Augenblicks mit jemandem teilen – und nun tue ich es. Mit jemandem, der jede Sekunde liebt, der hin und her flitzt, beschäftigt und fasziniert schnüffelt. Er verhält sich wie ein Straßenjunge, der zum ersten Mal in der Natur ist und den die Neugier zu immer neuen Entdeckungen führt. Und dann kommen wir zu einer Lichtung, und die Sonne verleiht Bodies Fell eine goldene Aura. Mein Engel.

Ich atme tief ein, sauge Harmonie auf.

Dann schlingert Bodie zu einem herumkrabbelnden Insekt.

»Okay, wir sind nun weit genug gelaufen.« Ich ziehe ihn zurück. »Wir haben eine Verabredung.«

Aber wie finden wir jetzt den Weg zurück? Ich hatte mir einen riesigen Felsblock gemerkt – der müsste hier entlang sein … Der Bach zu unserer Linken, das stimmt. Aber Moment mal, der Boden scheint sich verwandelt zu haben. Statt einer gitterartiger Ästeschicht liegt da nun eine metertiefe Blätterschicht. Es fühlt sich an, als laufe man auf einer Art Waldmatratze – es kracht und knirscht unter den Füßen und ist dennoch außergewöhnlich elastisch.

Als Bodie mich weiterzieht, beginnen die Äste sich über uns zusammenzuziehen, ich muss mich bücken und hin und her drehen, um durchzukommen. Selbstverständlich hat Bodie kein Problem damit, biegsame Äste nach hinten schnellen zu lassen, die mich dann am Schienbein treffen. Ich sorge mich eher darum, dass er sich selbst ins Auge stechen könnte – die Stacheln kommen jetzt von allen Seiten, bleiben an meiner Jacke hängen und piksen mir in die Oberschenkel wie Waldakupunkturstiche.

Vielleicht ist es am besten, wir kehren um, denn es ist ziemlich sicher, dass wir vom offiziellen Weg abgewichen sind. Ich drehe mich um, aber nichts scheint mir bekannt. Es ist, als hätte der Wald uns eingeladen und einen stacheligen Drahtzaun um uns gezogen. Und da hören wir Stimmen von weiter oben.

»Dort muss ein Weg sein!«, juble ich.

Ich hoffe, dass die Leute weiterreden, und als ich ihre Stimmen als weiblich identifiziere, bin ich sicher, dass die Unterhaltung fortdauern wird. Wir bewegen uns in Richtung der Stimmen, kommen aber zu einer steilen, feuchten Böschung. Ich würde sagen, sie sind etwa zwei Wendeschleifen über uns. Wir müssen nur zum ersten Level gelangen. Für Bodie ist das Klettern kein Problem, aber ich rutsche bei jedem Schritt, den ich vorwärts mache, zwei Schritte zurück, und nun bin ich so nah mit dem Gesicht am Boden, dass ich Gefahr laufe, was abzubekommen. Ich setze mir die Sonnenbrille zum Schutz auf. Genau, wir Menschen können das ja.

»Du musst nun nur den Weg finden, Bodie«, sage ich und greife nach der Leine. »Schau, ob du mich hochziehen kannst!«

Er ist dabei so heldenhaft, wie er mich in Sicherheit zieht, dass ich mich frage, ob er nicht auch ein wenig Huskyblut in sich hat; das zusätzliche Gewicht scheint ihm nichts auszumachen.

»Gott sei Dank!«

Ich war nie zuvor glücklicher, Kies zu sehen. Und nun weiß ich auch, wo wir sind: Wir haben uns an den Anfang des Wanderweges zurückgerobbt.

»Gut gemacht, Bodie!«

Er grinst mich zuversichtlich an. »Gehört zum Service mit dazu!«

Der Hotelführer, der uns unser Häuschen zeigen soll, ist zu höflich, um über unseren Zustand zu witzeln, wobei wir aussehen, als wären wir mehrfach durch eine Hecke gezogen worden – und das wurden wir in der Tat ja auch.

Quasi um unseren Mangel an Glanz zu unterstreichen, liegt unser Cottage mit dem schönen Namen Rose direkt neben dem

Kennedy-Cottage, in dem der ehemalige Präsident und die First Lady 1953 ihre Flitterwochen verbracht haben. Modeikone Jackie ist hier sicher nicht mit schlammverkrusteten Schienbeinen und in alle Richtungen abstehenden Haaren erschienen. Aber wir sind ja auf dem Land, sage ich zu mir selbst, nicht an einem Louboutin-beschlagenen Sonnenuntergangslaufsteg. Außerdem ist das Montecito-Matsch und enthält sicherlich fantastische, verschönernde Mineralien.

»Das glaub ich nicht!«, johle ich.

Unser Hotelführer hat unser privates Tor geöffnet und bittet uns, die Treppen hinaufzusteigen, und dort, neben der Eingangstür, ist ein Holzschild angebracht und darauf steht: JONES und BODIE.

Ich schaue ihn begeistert an. »W… Wie …?«

Erst als ich näher rangehe, sehe ich, dass das Schild aus einzelnen Buchstaben zusammengesetzt ist. Sehr clever. Sie werden einfach ineinandergesteckt. Was für eine schöne Willkommensgeste; es fühlt sich wirklich an, als wäre dies nun unser privater Ort. Und was für ein Ort das ist!

Kennen Sie das, wenn reiche Leute ihrem exquisiten Geschmack exzentrische Noten beimischen? Da sind also der luxuriös gepolsterte Fenstersitz und der antike Kronleuchter, aber auf einem Seitentisch steht ein kleines, handbemaltes, schlafendes Porzellanschweinchen mit dem Kopf auf einem weichen Kissen. In diese Richtung geht auch die Einrichtung hier, klassisch-nobel, garniert mit »Reisemitbringseln«, als wäre dies ein echtes Zuhause, bis hin zu dem weichen, rotweinfarbenen Teppich vor dem Kamin.

Bodie entdeckt eine Evian-Flasche neben seinem knochenförmigen Napf (der Begriff Knochenporzellan bekommt hier eine neue Bedeutung). Seine Leckerlis stecken in kleinen Stoffsäcken mit aufgesetzten schwarzen Samtpfoten. Sein Hundebett sieht so weich aus, dass man gleich Lust bekommt, sich zusammenzurollen und ein kleines Schläfchen zu halten. Sein Hunde-Beanie-Kuscheltier ist der Springtime Bear, weiß mit pastellfarbenen konfettiartigen Punkten. Der hätte vielleicht besser zu einem weichen, kleinen Bichon Frisé gepasst, aber Bodie nimmt ihn und veranstaltet ein kleines Freudentänzchen. Es verblüfft mich immer wieder, wie ein Hund instinktiv weiß, welche Geschenke ihm zugedacht sind.

Er bringt sein Kuscheltier mit, während wir das Badezimmer besichtigen – es ist lang genug, um Apportierspiele zu spielen, vor allem, wenn man die Außentür zur Terrasse öffnet. Das muss das schönste Bad sein, das ich je gesehen habe, Magazinbilder inklusive. Es ist rundum mit weißem Holz vertäfelt, die Balken sind zimtfarben, und durch die Bäume grünlich schimmerndes Sonnenlicht scheint durch die Bilderbuchfenster. Es hat eine frei stehende Badewanne mit Füßen, einen beigen Perserteppich und geflochtene Körbe voller zusammengerollten weißen Handtüchern. Die seidigweichen Bodenfliesen erwärmen sich sogar; wir könnten uns später einfach darauflegen wie in einer Innenarchitektur-Version der Hot-Stone-Massage.

Anschließend könnten wir uns einfach in die heiße Badewanne setzen. Ich sehe Bodie vor mir, wie er einen Cocktail in der Pfote hält und ein wenig hechelt, wenn der Badeschaum ihn am Bauch kitzelt.

Der Hotelangestellte lässt uns den Rest der Terrasse bewundern: eine Außendusche mit Bulgari-Pflegeprodukten, Jasmin, der von den Wänden herabfällt … Ich habe Bodies Augen noch nie so strahlen sehen. Ich beobachte ihn, während er den Vögeln zuhört – bei jedem Zwitschern oder Gurren legt er den Kopf zur Seite und spitzt die Ohren. Einfach reizend!

Wenn man bedenkt, dass er noch vor einigen Monaten auf der Todesliste stand – und nun ist er hier! Apropos amerikanischer Traum.

Ich muss ihn nun nur für die Massage waschen.

So gerne ich ihn in die Badewanne mit Füßen setzen, sie mit Badeschaum füllen und seinen Rücken bürsten würde, beschließe ich, dass die Außendusche doch die beste Art ist, ihn zu entschlammen. Nur dass er mich dann mit dreckigem Wasser bespritzt, und während ich ihn trocken rubble, seine ausfallenden Haare an mir hängen bleiben und mich in blondes Fell einpacken. Hmmm, ich frage mich, ob die Masseurin uns dann auseinanderhalten kann …

Ding-dong!

Bodie begrüßt das Läuten an der Tür mit einem Wolfsheulen. Oje, ich hoffe, die Masseurin weiß, worauf sie sich da einlässt.

Kapitel 6
Die Hundemasseurin

Glenys ist eine etwa sechzigjährige südafrikanische Frau, die man auf der Stelle ins Herz schließt. Sie ist von Kopf bis Fuß in Weiß gekleidet, hat einen grauen Wuschelkopf, rosa Wangen und einen festen Händegriff. Ich will ihr Bodie vorstellen, aber sie hält mich zurück und sagt: »Ich habe mich ihm schon vor etwa einer Stunde vorgestellt.«

Ich bin verdutzt. Sind sie sich etwa im Wald begegnet, und ich habe nichts davon mitbekommen?

»Ich habe meditiert, um ihn für unsere gemeinsame Zeit vorzubereiten.«

Interessant. Das ist wahrscheinlich der Grund, warum Bodie sich so entgegenkommend verhält. Glenys schlägt vor, dass wir auf die Terrasse gehen, und Bodie folgt ihr. Sie legt ein weißes Handtuch auf eine Sonnenliege, und bevor ich ihr sagen kann, dass Bodie da sicher nicht draufspringt und liegen bleibt, tut er genau das.

Mit großem Staunen beobachte ich, wie er sich ihren Berührungen unterwirft. Er ist sonst so ein Zappelphilipp, springt immer nur rum und schlängelt hin und her, aber nun ist er binnen Minuten in einem Zustand tiefster Meditation. Seine Augenlider sind schwer, sein Körper vollkommen ausgestreckt, er hält jede Position perfekt, wie ein Yogameister. Ich setze mich auf die andere Sonnenliege und beobachte mit offenem Mund, wie sie an seinen Beinen arbeitet.

»Wie haben Sie herausgefunden, dass Sie diese Gabe haben?«, frage ich.

Sie zuckt mit den Achseln. »Ich mochte Hunde einfach schon immer. Meine Freunde nennen mich die Hundeflüsterin!«

»Ich muss Sie das fragen: Wurden Sie jemals gebissen?«

»Nein, nie. Alle Hunde mögen es, massiert zu werden.«

Sie arbeitet nun an Bodies mittlerem Rücken, und er antwortet darauf mit einer Art »Stehender Hund«-Pose: Die Hinterbeine sind ganz gerade nach oben gereckt, die vorderen weggestreckt, die Brust ausgestreckt, der Kopf ganz nach hinten, sodass seine Ohren zu den Schultern reichen und seine Nase zum Himmel zeigt, während seine Augen eine gurrende Glenys fixieren.

»Das war toll«, seufzt Glenys, als sie die halbstündige Massage beendet. »Er ist ein sehr besonderer Hund.«

»Ich wette, das sagen Sie allen Hundebesitzern!«, lächle ich.

»Wirklich, es war mir eine Freude.«

Bodie und ich sind beide ganz vernarrt in Glenys und sind traurig, dass sie geht.

»Und was nun?« Bodie schaut zu mir hoch.

»Nun essen wir zu Abend.«

Eine der Annehmlichkeiten in einem Hotel ist, den Zimmerservice bestellen zu können. Bodie ist mit seinem knochenförmigen Napf mit Hühnchen und Reis beschäftigt, während ich mein Steak Diane nebst einem guten Glas Wein genieße.

Wir essen vor dem Kamin – eine Klappe erzeugt leuchtende gelbe Flammen, die hochreichen bis zu dem rußgeschwärzten Kamin. Während ich jeden einzelnen Happen genieße, inhaliert Bodie sein Essen in zwei Minuten bis auf den letzten Krümel.

Danach setzt er sich zu mir aufs Sofa. Ich genieße die zunehmende Schwere auf meiner Brust, während er in einen dem vollen Magen geschuldeten Tiefschlaf fällt. Mit der linken Hand streichle ich sein Fell, in der rechten halte ich eine kleine Anthologie mit

Hundegedichten von Carmela Ciuraru. Es sind Gedichte von William Wordsworth, Elizabeth Barrett Browning und Rudyard Kipling dabei. Und sie lag in Armeslänge vom Sofa entfernt. Ich weiß nicht, wann ich das letzte Mal einfach nur zum Vergnügen gelesen habe. Es ist so beruhigend, vor allem in diesem Setting.

Meine Lieblingszeilen sind aus Siegfried Sassoons »Man and Dog«. Er reflektiert das gemeinsame Draußensein in der Natur und fragt:

Was macht uns zu mehr als Staub?
Mein Vertrauen in ihn und seins in mich.

Ich lege das Buch weg und blicke erneut zum Feuer. Ich fühle mich so sicher und behaglich, als wäre ich in meine Kindheit zurückgekehrt und hätte alles genau so wiedergefunden, wie ich es hinterlassen habe: ein hölzernes Schaukelpferd, eine handgestrickte Decke, eine gutmütige Nanny, die mehr als nur eine flüchtige Ähnlichkeit mit Glenys hat. Nicht, dass ich diese Dinge gehabt hätte, aber diese Vision gibt mir das Gefühl, zurückgeführt zu werden in eine Zeit, in der ich fern von allem Kummer und Leid war.

Ich habe sicher nicht erwartet, mich so schnell so gut zu fühlen. Wenn ich einen Roman schreiben würde, würde meine Protagonistin eine Menge Hürden überwinden müssen, um den Punkt dieser gesättigten Befriedigung zu erreichen. Konnte es wirklich so einfach sein? Ich dachte, nach ein paar Reisewochen könnte es beginnen, besser zu werden – aber nach ein paar Stunden?

Was, wenn ich nur bis hierher gegangen sein müsste? Wenn ich hierbliebe, würde das Gefühl dann anhalten? Vielleicht ist ständige Bewegung auch nicht die Antwort auf alles. Vielleicht geht es eher darum, zu wissen, wann man am richtigen Ort angekommen ist, um dann anzuhalten.

Während ich das denke, fällt mir auf, dass ich, wenn ich nicht im Schlaf einen Bestseller hervorzaubern würde, nicht das Geld hatte, um den Aufenthalt hier auf ewig hinzuziehen, also sollte ich besser diese eine Nacht genießen.

Ich stehe vor dem großen Baldachinbett, befühle das dunkle Holz und bewundere das endlose Weiß der Bettwäsche. Ich habe das Gefühl, ich werde in dieser Nacht sehr gut schlafen.

Aber da täusche ich mich.

Sobald ich mich hinlege und bereit bin, in einen Fünf-Sterne-Schlaf zu versinken, fängt Bodie an, umherzulaufen.

Das ist kein Schnüffeln spät in der Nacht. Er ist auch nicht im Sicherheits-Kontroll-Modus – nein, er ist vollkommen aufgeregt und ängstlich.

Ich stütze mich auf, um seine Gedankenblasen lesen zu können.

»Es war schön hier, aber nun bin ich bereit, nach Hause zu gehen«, scheint er zu sagen.

»Wir bleiben über Nacht«, sage ich und schenke ihm ein »Sind wir nicht privilegiert«-Lächeln.

»Du machst Witze.« Sein Gesicht verdüstert sich, und sein nervöses Auf und Ab verstärkt sich. »O nein, nein, nein.«

»Bodie!« Ich versuche seine manische Routine zu unterbrechen, aber er ignoriert mich.

Ich lasse mich aufs Kissen zurückfallen und merke, wie eine Kälte in mir aufsteigt – ich habe diesen ganzen Trip für ihn ausgeheckt, und es ist nicht das, was er will. Bei den täglichen Ausflügen ist er voll dabei, aber abends will er in seinem eigenen Bett sein.

»Aber es ist doch so schön hier, Bodie«, argumentiere ich, während ich versuche, ihn in meiner eigenen Seligkeit einzulullen.

Er zappelt herum, schnaubt und schaut mich flehend an. »Hörst du nicht all die seltsamen Geräusche da draußen?«

»Das ist nichts Schlimmes, wir sind auf dem Land. Es wird uns nichts passieren, das verspreche ich dir.«

»Es gefällt mir nicht. Es gefällt mir überhaupt nicht!«, regt er sich noch mehr auf.

Und dann wird aus seinem Wimmern ein leises Knurren.

Da ist etwas – oder jemand – im Garten.

»Würdest du dich besser fühlen, wenn wir mal nachsehen?« Ich ziehe die Jalousie an der Glastür hoch, erschrecke vor meiner eigenen Spiegelung und schaue dann in das blättrige Dunkel.

Bodies Knurren nimmt zu. Ich vermute, er reagiert auf einen Hasen oder aufs Mondlicht, als er Furcht einflößend aufheult und mich fast zu Tode erschrickt. Plötzlich fühlt sich dieses idyllische Bilderbuch-Cottage an wie aus einem Horrorfilm. Ich lasse die Jalousie wieder herunter und gehe mit pochendem Herzen zurück ins Bett. Das war nicht ganz der Plan. Nun zittern wir beide. Ich atme tief ein und schaue auf die Uhr – acht weitere Stunden bis zum Sonnenaufgang. Ich kann nicht umhin, als mir zu wünschen, Nathan wäre hier. Er ist so ein Beschützer – professionell trainiert, um Wache zu stehen gegen jedes Unheil. Nicht zu vernachlässigen sind seine Bizepse, wie in Seide verpackte Felsblöcke.

Ich seufze.

Und noch einmal. Vielleicht ist Bodie erschrocken über einen Eindringling, der noch eine mutige Tat zu erledigen hatte und eine in Schokolade gewälzte Mandel aufs Kopfkissen gelegt hat.

Was nun?

Ich war noch nie zuvor in einer solchen Situation. Ich nehme meinen Laptop und google alles rund ums Reisen mit Hunden und Angst in Hotels.

Dem Hundetrainer und Star der Serie *Dog Whisperer* Cesar Millan zufolge hätte ich jeden Raum vor Bodie betreten und ihn so mit meinem Geruch imprägnieren müssen, damit Bodie auf etwas Vertrautes unter all den neuen Gerüchen trifft. Dafür war es nun zu spät.

Ich beruhige mich mit der Tatsache, dass wir nur neunzig Minuten von zu Hause entfernt sind. Wir können jederzeit umkehren. Einfach das Auto packen und alles vergessen. Es aufs Konto der Unerfahrenheit schreiben. Ich hätte nicht gedacht, dass er so reagieren würde. Ich dachte, dies wäre der Traumplan, aber wenn er sich hier so verhält, an einem Ort mit diesen ganzen Oprah-zertifizierten guten Schwingungen, was wird da im Folgenden passieren?

Enttäuscht sehe ich all die tollen Dinge, die ich geplant hatte, sich in Luft auflösen. Es geht dabei nicht nur um das *Doris-Day-Hotel* oder das Wiedersehen mit Winnie und Molly, es geht um den Verlust dieses neu gefundenen Sinngefühls. Diese Reise zu planen hat mich Wochen gekostet, und sie hat mich gezwungen, nach vorne zu schauen. Der Gedanke daran, zurückzusetzen, zurückzukehren zu all der Traurigkeit … Ich wüsste nicht, was ich tun würde. Ich fühle, wie die Schatten der Verzweiflung sich wieder über mich legen. Eine bleierne Schwere bemächtigt sich meines Herzens. Warum habe ich das nicht kommen sehen?

Ich schaue zu Bodie rüber und hoffe, einen Hinweis auf den nächsten Schritt zu finden, und sehe, wie er auf dem Teppich vor dem Bett liegt und schläft.

»Oh. Mein. Hund«, sage ich in den schwach beleuchteten Raum hinein.

Hat er sich wirklich beruhigt? Ich traue mich nicht einmal, das Licht auszuschalten, aus Furcht, dass das Klicken eine neue Bell-Episode heraufbeschwören würde. Ich lege den Laptop auf die andere Seite des Bettes und tauche unter die Decke, dankbar, dass ich begnadigt wurde.

Aber ganz so schnell geht es auch nicht, nun bin ich an der Reihe mit der Nachtwache. Ich liege bis drei Uhr morgens wach, warte, dass die Nerven sich beruhigen, sorge mich wegen absolut *allem*, bis der Schlaf endlich kommt.

Kapitel 7
Abenteuer in Santa Barbara

Ich frühstücke sehr gerne in Hotels. Das ist schon Grund genug, auch nach einer unruhigen Nacht früh aus dem Bett zu steigen. Ich beschließe, dass Bodie und ich beide Bacon mögen. Ich sehe ihm zu, wie er – mampf, mampf, mampf – die knusprigen Streifen, die ich zu seinem Fressen dazugelegt habe, verschlingt, und freue mich sehr darauf, heute Abend mit ihm ins Autokino zu gehen – ein lang gehegter Wunsch, seit ich *Grease* gesehen habe. (Wobei ich nie erwartet hätte, dass mein Danny ein Hund sein würde.) Davor habe ich Bodies erste Wanderung ohne Leine geplant, in einem Naturschutzgebiet, dem achtundzwanzig Hektar großen Douglas Family Preserve.

Laut meinem Reiseführer sollten auf diesem Gebiet der Santa Barbara-Parklandschaft – auf einem malerischen Tafelberg über Arroyo Burro Beach gelegen – Luxushotels gebaut werden, aber die Anwohner griffen ein und durchkreuzten diese Pläne, indem sie zwei Millionen Dollar zum Schutz des Landes einsammelten. Die größte Spende kam vom Schauspieler Michael Douglas, daher auch der Name des Naturschutzgebietes.

»Entschuldigen Sie?«

»Ja, bitte?« Ich schaue zum Kellner.

»Darf ich Douglas mitnehmen?«

»Ähm …« Diese Frage überrascht mich. Habe ich etwa mit lauter Stimme gelesen? Was genau meint er?

Er wiederholt seine Frage.

»Ohhh! *Daaas Glaaaas!*«, wiederhole ich, als der Groschen fällt. »Ja, ja, selbstverständlich!«

Es schmerzt, das Paradies so schnell wieder verlassen zu müssen. Ich ertappe mich dabei, wie ich noch einmal in jeden Raum schleiche und so dankbar bin für all die schönen Gefühle, die dieses Cottage in mir erweckt hat. Optimismus ist ebenfalls so eine tolle Sache, die ich vermisst habe.

Ich gehe zur Rezeption, um allen für einen solch traumhaften Aufenthalt zu danken, und halte am Ende der Auffahrt für ein letztes olfaktorisches Lavendelerlebnis an. Aber Bodie schaut nicht zurück. Er ist bereit für sein nächstes Abenteuer.

Es ist eine zwanzigminütige Fahrt nach der Ausfahrt zum Hotel *Vier Jahreszeiten* und an der Santa-Barbara-Version der Promenade de la Croisette in Cannes entlang. Überall begegnet man dem amerikanischen Traum mit seinen von der Sonne geküssten Fahrradfahrern und Joggern in ordentlich aufeinander abgestimmter Sportkleidung und mit Hightech-Sportschuhen. Direkt hinter dem Pier drehen wir ins Landesinnere und kommen auf den vielversprechenden Cliff Drive – und da sagt uns das Navi, dass wir am Ziel angekommen sind.

Wirklich? Es erscheint mir unwahrscheinlich, dass ein achtundzwanzig Hektar großes Wunderland zwischen diese Bungalows passt. Aber dann sehe ich einige verlockende Äste, und ein paar Minuten später haben Bodie und ich eine andere Welt betreten.

Das Douglas Family Preserve ist riesig – ein breiter, sandiger Weg schlängelt sich an dünnen Gräsern, struppigen Bäumen und dornigen Kakteen entlang, in einer solch entzückenden, wilden Art, dass ich selbst ohne Leine laufen will.

Das ist offenkundig ein besonderer Ort und zwar nicht nur für Hunde: Kleine Künstlergruppen stellen ihre Leinwände zwischen den wilden Blumen auf, und weiter hinten sehe ich abfliegende

Gleitschirme; strahlendfarbig vor dem blauen Himmel sehen sie aus wie angereihte Obstschalen: apfelrot, bananengelb et cetera.

Als ich kurz anhalte, um das alles in mir aufzunehmen, stelle ich fest, dass ich das Rauschen des Ozeans hören kann und auch die salzige Luft in der Nase kribbeln fühle, ich kann ihn nur noch nicht sehen.

Ich biege nach links ab, wo der Park abrupt zu enden scheint, und mein Herz macht einen Sprung. Es gibt keine Abzäunung, nichts, das einen aufhält, ins Nichts zu stolpern. Okay, es ist nicht ganz das Nichts. Indem ich mich so weit nach vorne biege, wie es meine Nerven erlauben, sehe ich eine verlockende Kurve von elfenbeinfarbenem Sand, die das Aquamarin verziert. Ich frage mich, wie man von hier runter zum Strand kommt. Es gibt keinen sichtbaren Weg. Ich habe eine Vision von Bodie und mir, wie wir hinunterkraxeln mit aufeinander abgestimmten Schutzhelmen.

Bodie ist immer noch angeleint. Ich fühle mich so sicherer und frage mich, ob die Leute, die an uns vorbeigehen, denken, dass ich ein Kontrollfreak bin oder ihn quäle, indem ich ihn an einen solchen Ort bringe, wo seine Kameraden frei herumlaufen können. Selbstverständlich wollte ich ihn freilassen, aber ich habe gehört, dass Hunde schier durchdrehen, wenn sie wissen, dass ein Strand in der Nähe ist. Was, wenn Bodies Nase ihm sagt, dass das Nirwana direkt hinter der Felskante ist, und seine Aufregung über seinen Verstand siegt und er in den Tod springt?

Fünf Minuten später rührt sich eine andere Stimme in mir: »Wenn nicht jetzt, wann dann? Wann wirst du ihm vertrauen? Wie willst du wissen, wann er bereit ist, wenn du ihm nicht die Chance gibst, sich selbst zu beweisen?«

Ich beruhige mich mit dem Gedanken, dass ein Hund, der einer Person so aufmerksam von Raum zu Raum folgt, nicht wie irre losflitzen würde, schon gar nicht über eine Felskante. Er würde bei seiner primären Bacon-Lieferantin bleiben, sage ich mir. Ganz sicher.

Ich atme zur Beruhigung tief ein und versuche, mein Vertrauen und meine Führungsqualitäten zu stärken.

Und weg ist er! Er läuft wie wild geworden durch die Büsche, springt über umgestürzte Baumstämme und wühlt in Holzspänen.

Ich bemühe mich, vertrauensvoll und lässig zu gucken, aber ich überwache jede seiner Bewegungen. In einem Hundepark würde ich ihn nie rufen, um nicht als vollkommen untauglich als Besitzerin zu wirken, wenn er mich ignoriert, aber hier, wo keiner um uns herum ist, entscheide ich, ihn zurück auf den Pfad zu locken.

»Bodie! Komm, Bodie!«

Wow. Er hat tatsächlich hochgesehen. Noch besser, er kommt jetzt in meine Richtung zurück. Nicht neben mich, aber wenigstens gehen wir nun beide in dieselbe Richtung. Ich werde ängstlich, als zwei Hunde hinter den Bäumen hervorkommen. Ich gerate kurz in Panik, stelle mir eine wilde Begegnung vor, da Bodie so überschäumend vor Begeisterung ist, aber stattdessen grüßt er sie kurz mit einem vergnügten »Morgen«-Kopfnicken und geht seiner Wege. Das ist fast schade, weil die Besitzer dermaßen attraktiv sind – sie sehen aus wie Flamencotänzer.

Wir nähern uns nun der Ecke mit dem Steilufer. Nicht so nah an den Rand, Bodie. Bodie! *Bodie!*

Herrje. Das ist ziemlich nervenaufreibend. Mit meinem Kater hatte ich diese Sorgen nie. Er war der präzise, leichtfüßige Seiltänzer; Bodie ist eher der wilde Rodeo-Clown.

Im Moment markiert er so viel Territorium, dass er im Grunde auf drei Beinen läuft, ein Bein ständig angehoben. Hin und wieder verliert er das Gleichgewicht und fällt hin, plättet die Pflanzen, und für kurze Zeit beruhigen sich meine Nerven – und ich bin entzückt. Er hat eindeutig eine bombige Zeit.

Und dann biegen wir um die Ecke und werden von einer kitschtriefenden Szenerie begrüßt: Ein Mann mit ungefähr zehn Hunden kommt auf uns zu, die meisten sind Retriever, an der

Spitze läuft ein kleiner schwarzer Boxer. Der Mann gestikuliert wild und versucht, mich vor etwas zu warnen. Ich denke, er will mir sagen, dass ich wegen des roten Hundes aufpassen soll, der direkt auf mich zuläuft und mich anlächelt. Er guckt so freundlich, was könnte das Problem sein? Dann bemerke ich den Gestank.

»Er wurde von einem Stinktier angespritzt«, grinst der Mann, der mich nun auch erreicht hat. »Da waren diese zwei kleinen Babys, so süß, aber als die Hunde in die Nähe kamen – bäm! Ich werde ihn mit Backpulver waschen müssen.«

»Backpulver?«

»Ja, andere schwören auf Tomatensaft als bestes Hausmittel, um Geruch zu entfernen.«

»Tomatensaft?«, frage ich erstaunt. Es gibt noch so viel, was ich über die Welt der Hunde lernen muss.

Dann sehe ich, dass der Hund unter dem Gestank leidet, aber seltsamerweise ist das ein Geruch, den ich attraktiv finde. Jedenfalls im Freien – ich kann mir vorstellen, dass er in einem geschlossenen Auto unerträglich wird.

»Wenn Ihr Hund gerne hinter Eichhörnchen herläuft, dann sollten Sie besser aufpassen.«

Oje. Mein Untergang. Keiner meiner Rufe würde Bodie von dieser Jagd abhalten können. Ich bereite die Leine vor, aber er hat zu viel Spaß mit den anderen Hunden, um zu mir zu kommen; sogar als ich voranschreite, spielt er mit ihnen weiter und läuft mit ihnen mit in die andere Richtung. Ich frage mich, ob das jemals vorgekommen ist, dass der professionelle Hundeausführer zu seinem Standort zurückkommt und feststellt, dass er einen Hund mehr hat – oder drei. Zum Glück ist dieser Typ aufmerksam. Er hält sein Rudel an, um mir zu ermöglichen, Bodie zurückzugewinnen. Ich fühle mich befangen, meine dilettantischen Methoden vor einem Profi zu zeigen. Vor allem auch, weil die Hunde umeinanderkreisen in einer solchen Unschärfe an goldenem Fell, dass ich gar nicht sagen kann, welcher meiner ist.

Schließlich kriege ich den richtigen Hund ans Ende der Leine. Wir gehen weiter, als der Typ zurückkommt und mir seine Visitenkarte aushändigt. »Wenn Sie mal professionelle Hilfe brauchen.«

Oh, ist es so offensichtlich?

Als ich zusehe, wie er weitergeht, spüre ich Neid in mir aufkommen. Dieser Job muss in Sachen Zufriedenheit ganz weit oben auf der Skala stehen: zehn Hunde irre glücklich machen, während man frische Ozeanluft einatmet. Die Umgebung übernimmt die ganze Arbeit – alles, was man noch tun muss: den Stock werfen. Ich will dennoch nicht klingen, als würde ich denken, der Job sei einfach, denn es steht außer Frage, dass die Hälfte meines Rudels auf einem Kanu Richtung Hawaii enden würde.

Als wir weiterlaufen, muss ich zugeben, dass ich hoffe, ein Stinktier zu sichten. Sie sind wirklich bemerkenswerte Tiere, und die Vorstellung, ein miauendes Babystinktier zu sehen … Ich habe Fotos gesehen und bin schon dahingeschmolzen. Bodie und ich sehen uns aufmerksam im Gestrüpp um, aber wir haben kein Glück und finden keinen kleinen Pepé Le Pew, die Cartoon-Figur der »Looney Tunes«; also leine ich ihn erneut ab. Und sehe dann ein riesiges Pferd am Horizont.

Ich schaue zu der Frau, die neben ihrem Pferd hergeht, um zu sehen, ob sie mir irgendwelche Zeichen gibt. Sie scheint nicht besorgt zu sein, und ich habe sonst immer nur gesehen, wie Hunde fröhlich neben Pferden herumhüpfen, also bin ich mir sicher, alles wird gut, wenn ich ihn nur wieder zurück an die Leine bekomme. Ich möchte keine schnellen Bewegungen machen und das Pferd erschrecken, besser gesagt soll Bodie sie nicht machen. Aber er geht immer weiter auf das Pferd zu, und ich komme nicht an sein Halsband und will mich auch nicht auf ihn stürzen.

»Wow, das ist viel näher, als die meisten Hunde kommen.«

»Er ist sehr unerschrocken«, sage ich leise vor mich hin, »in einer grenzwertigen Art.«

Um ehrlich zu sein, sorge ich mich nicht um Bodie. Ich bin es, die sich in der Nähe von Pferden nicht wohlfühlt, seit ich von einem Exemplar runtergeschmissen wurde, auf den gefrorenen patagonischen Boden, während ich ohne Helm und ohne Sattel mit Gauchos ritt. Aber dieses hier ist mit dem schimmernden, glänzenden rotbraunen Fell eine wahre Wucht. Bodie läuft staunend einmal um das Pferd herum und ist bereit, weiterzulaufen. Aber nun ist das Pferd an ihm interessiert. Es tritt einen hufbreit näher heran, bückt den Hals in Bodies Richtung und weitet die riesigen Nasenlöcher. In diesem Moment versteht Bodie endlich, dass das kein riesengroßer Hund ist, und flippt aus. Er geht in Deckung und fängt an zu bellen, als würde er in einem Geisterhaus angegriffen werden.

Ich denke, das war der schlimmste Schrecken des Tages, aber ich täusche mich.

Wir gehen auf einem schmalen, von Bäumen gesäumten Pfad, der bergab führt. Bodie geht für meinen Geschmack ein wenig zu weit vorn und reagiert nicht auf mein Rufen. Ich versuche, schneller zu gehen, aber der Boden ist zu uneben für einen Zweibeiner. Währenddessen läuft Bodie bereits – kurze Beine, die beim Abstieg an Geschwindigkeit gewinnen.

»Bodie!« Furcht steigt in mir auf. Wir nähern uns der Straßenebene, geradeaus ist eine Brücke, aber ich kann nicht sehen, wohin sie führt. Als ich um die Ecke biege, bleibt mein Herz stehen: Der Weg führt direkt auf eine stark befahrene Straße.

Ich rufe ihn, versuche, firm und gebieterisch zu klingen, aber er nimmt mein Schreien nicht wahr.

Er wird doch nicht auf eine riesige Straße laufen, wo es nichts zu schnüffeln gibt außer Beton und Metall und Auspuffgase. Doch dann tut er das Schlimmste von allem: Er läuft direkt in den kommenden Verkehr.

Und ich tue es ihm gleich.

Nur dass ich wild mit den Armen winke und dadurch versuche, die Lkws und Autos zum Stehen zu bringen, was sie gnädigerweise auch tun. Erst jetzt scheint Bodie zu verstehen, dass das keine gute Idee war, und schleicht zu mir zurück. Ich zittere so stark, dass ich ihn nur mit Mühe wieder anleinen kann. Das wäre vielleicht der richtige Zeitpunkt, um ihn zu disziplinieren und ihm ein großes NEIN entgegenzuschreien, aber ich stehe zu sehr unter Schock und bin gleichzeitig zu erleichtert, sodass ich einfach nur auf den Boden sinke und ihn fest umklammere.

Ich hätte ihn verlieren können. Ich hätte um die Ecke biegen und ihn bewusstlos auf der Straße vorfinden können, neben Bremsspuren und einem Autofahrer, der sagt, der Hund sei aus dem Nichts gekommen.

Während ich dasitze und warte, dass mein Herz nicht mehr so stark pocht, fühle ich mich wie ein schreckliches, unvorsichtiges Elternteil. Das ist die schlimmste Art, wie einem die Augen geöffnet werden können. Bin ich verantwortungslos, dass ich uns in solche noch nicht ausprobierten Situationen bringe? Kann mein Wunsch, allem zu entkommen, Bodies Gesundheit und Sicherheit gefährden?

Es ist hart, ständig an die eigenen Unzulänglichkeiten erinnert zu werden. Ich möchte die perfekte Gefährtin und Beschützerin für Bodie sein, aber ich bin es nicht. Ich muss über diesen Job immer noch sehr viel lernen. Fühlen sich Mütter beim ersten Kind auch so? Es ist wie die klassische Szene in *Sex and the City*, wenn Steve versucht, Miranda Baby Brady zurückzugeben, aus Sorge, er könnte es »zerbrechen«. Sie hält nichts davon und erinnert ihn daran, dass sie eine Abmachung haben: Montag bis Freitag versucht sie, es nicht umzubringen, Samstag und Sonntag versucht er es.

Und was nun? Ich denke erneut daran, alles abzublasen, dann schaue ich hoch und realisiere, dass wir zurück auf dem Cliff

Drive sind, nur einige Minuten vom besten Hundestrand Amerikas entfernt. Ich drehe mich zu Bodie.

»Ich bin dabei!«

»Wirklich?«, frage ich. »Meinst du nicht, wir sollten ab jetzt auf Nummer sicher gehen? Vielleicht einen Gang runterschalten?«

Er zieht mich bereits weiter.

Scheinbar sind Nahtoderfahrungen nicht so traumatisierend für Hunde.

Kapitel 8
Bo Derek auf dem Fahrrad

Der Anblick von Hendry's Beach hebt meine Stimmung. Und das nicht nur, weil es dort ein Restaurant direkt am Wasser gibt. (Ich finde es immer sehr beruhigend, wenn Essen greifbar nah ist.) Das ist ein umwerfender Ort, so wunderschön, dass man kaum glauben kann, dass die gesamte linke Seite des Strandes Hunden abgetreten wurde – und jeder von ihnen verliert den Verstand vor lauter Dankbarkeit. Im Grunde ist der ganze Bereich positiv besetzt mit guten Schwingungen: Jeder hier scheint gesprächig, optimistisch und vollauf zufrieden mit seinem Leben.

Ich frage mich, wie lange es wohl dauern wird, bis ich wieder die Nerven dazu habe, Bodie von der Leine zu lassen, als etwas Bemerkenswertes passiert: Eine kleine Blondine geht an uns vorbei und ist in ein Gespräch mit ihrem Freund vertieft. Ihr Akzent macht mich aufmerksam, und ich höre genauer hin und stelle fest, dass Hundetrainerin Tamar Geller mit uns am Strand ist. Sie hat die »The Loved Dog-Methode« erfunden und vertritt eine liebevollere, spielerischere Trainingsphilosophie – die einzige, die von der Humane Society, der größten Tierschutzorganisation der USA, unterstützt wird. Sie hat mit zahlreichen Hunden von Stars gearbeitet, unter ihnen Natalie Portman und Eva Mendes. Wenn das nicht ein Zeichen ist, dann weiß ich auch nicht. Wir haben einen wirklichen Schutzengel unter uns und das nicht in einer verweichlichten Art – diese Frau ist auch eine ehemalige Geheimagentin der israelischen Eliteeinheit. Ich bin dankbar für eine solch beruhigende Präsenz, sodass ich zu Bodies Halsband greife und mich traue, ihn loszuleinen …

Anstatt wild in die Brandung zu laufen, wie so viele andere Hunde, läuft er behutsam im Sand herum. Als Wasserzungen sich ihm nähern, tänzelt er zurück und sieht überrascht aus. Das ist eine neue Erfahrung für ihn. Wir sind eine ganze Welt entfernt von South Central L. A., und seine Nase macht Überstunden. Seegerüche sind offensichtlich ganz anders als Stadt- oder Landgerüche, und er scheint im Besonderen hingerissen vom Seegras mit seinen gummiartigen Bändern. Ich nehme meine Kamera raus und drücke genau in dem Moment ab, als er sein Bein hebt und das Gras nässt.

Ich denke mal, das ist okay. Ich meine, man darf wohl Hunde beim Pinkeln fotografieren?

Oh! Und los geht's! Spielzeit!

Ein schwarzer Labrador lädt Bodie zum gemeinsamen Toben ein. Das klingt vielleicht ein wenig seltsam, aber ich bin immer erleichtert, wenn Bodie mit einem größeren und stärkeren Hund spielt – so muss ich mir keine Sorgen machen, dass er ihn verletzen könnte und ich mich entschuldigen muss. Ich vertraue darauf, dass er rauflustig genug ist, um sich aus jeder Bredouille zu befreien. Mit Ausnahme dieser vielleicht. Nach einer Art Wrestling-Bewegung steht der schwarze Hund nun über Bodie, Bodie liegt auf dem Rücken und versucht, den anderen Hund mit seinen Mordsbeinen von sich zu schieben – vergebens. Er bemüht sich, der Labrador steht still. Er hält kurz inne und versucht es dann noch einmal. Nichts. Der Labrador sieht aus, als könne er den ganzen Tag so verharren.

Sein Besitzer ist der Erste, der sich einmischt.

»Wir müssen nach Hause, los, komm Brad.«

»Wow! Das ist der elastischste Hund, den ich je gesehen habe!«, sagt die nächste Person, an der wir vorbeigehen, während Bodie seine Freude darüber, dass er sich wieder bewegen kann, ausdrückt. Ich bin froh, dass er nicht ihr kleines beiges Felletwas von Hund in den Sand trampelt. Wir tauschen ein paar Freundlichkeiten aus und gehen dann unserer Wege.

»Genießen Sie den Spaziergang!«

»Danke, Sie auch!«

Eine Zeit lang sind Bodie und ich allein. Ich atme tiefer ein und genieße wirklich die Umgebung. Hoch oben kann ich die Klippe im Naturschutzgebiet sehen, genau die Stelle, wo wir vor Kurzem heruntergespäht haben. Die Klippenwand ist uneinheitlich begrünt, aber bei genauerem Hinsehen sieht sie mit ihren weißgrauen Krümmungen und Furchen aus wie eine Austernschale. Wenn man unter ihr entlangläuft, liegt da ein Durcheinander an Steinen, und eine Menge Schlupfwinkel und kleine Höhlen zeigen sich. Als Bodie beginnt sie zu inspizieren, komme ich zum Stehen.

Oh, die Entscheidungen, die wir in unserem Leben treffen.

Nicht daran zu denken, dass ich gerade zu Hause sein könnte, eingepfercht in meiner Wohnung, und mir Sorgen machen über das Leben und die Verluste und mich selbst als eine tragische Figur betrachten könnte. Stattdessen bin ich hier. Mit einem sehr glücklichen Hund. Ich mache ein Erinnerungsfoto, und dann überredet Bodie eine Dänische Dogge zu einem Fangspiel.

»Das ist seltsam«, sagt ihr Herrchen kopfschüttelnd. »Normalerweise mag sie nicht gejagt werden!«

Aber das ist gerade unmissverständlich ihr Wunsch, sie tut nichts anderes als zu rufen: »Fang mich! Fang mich!«, während sie neckt und täuscht und dann losläuft.

Die beiden haben einen ganz schönen Zahn drauf.

»Das ist es, was ich will!«, jubelt er. »Sie laufen sehen!«

Der Mann erklärt, dass er sie fast jeden Tag zum Strand bringt, in dem verzweifelten Versuch, die langen Beine zu ermüden, aber selten würde sie so aufdrehen wie heute.

Irgendwann springen die beiden Hunde in die Wellen. Das Wasser reicht der Dänischen Dogge gerade mal bis zu den Knien, aber Bodie steht bis zur Nase drin und dann bis zu den Ohren, als sie eine Pfote auf ihn legt und ihn runterdrückt.

»Oh Gott! Sie wird ihn ertränken!«

Ich laufe vor, aber Bodie zieht sich an die Oberfläche. Mit dem durchnässten Fell wiegt er jetzt bestimmt um die fünf Kilogramm mehr, aber er schafft es alleine wieder an Land und schüttelt sich dann mit einer mordsmäßigen Power.

Sie tollen immer noch herum.

Ich sage dem Mann, dass das Bodies erstes Mal am Strand ist – ich hätte gehört, Hendry's sei einer der besten Strände für Hunde und wäre von L. A. gekommen, um ihn zu testen.

»Also haben Sie sich ein Hotelzimmer genommen, damit Sie den Hund hier an den Strand bringen?«

»So in der Art.«

»Wo wohnen Sie?«

»Im *San Ysidro Ranch*.«

Er macht eine »Heiliger Strohsack«-Geste und schüttelt dann den Kopf. »Wissen Sie, ich habe Freunde, die an der Ostküste wohnen, die fliegen ihre Hunde im Privatjet her und bringen sie dort unter.«

»Ich kann verstehen, warum.«

Er schaut mich von der Seite an und fragt sich offensichtlich, wie ich mir einen solchen Luxus leisten kann.

»Ihr Hund sieht so sauber aus«, stelle ich fest, um das Gespräch fortzuführen. Ihr kurzes Fell scheint das Wasser komplett abzuweisen, während Bodie aussieht, als wäre er in Dreck getaucht worden und dann zu einem Punk gegelt.

»Oje, ist das klug?«, frage ich, als Bodie anfängt, Meerwasser zu trinken.

»Das könnte seinen Magen verärgern, aber was wollen Sie tun?«

Und damit gehen der Typ und seine Dänische Dogge weiter. Bodie folgt ihnen kurz, rennt dann aber in Sprüngen zu mir zurück. Ich habe ihn noch nie so aufgeweckt erlebt – und was seinen Charakter betrifft, sagt das eine Menge. Während er im Kreis um mich herumläuft, scheint er die Wörter »Das ist das Beste! Einfach das Aller-aller-BESTE!« zu schnauben.

Ich fürchte, ich habe ein neues Level an Wahnsinn ausgelöst, aber nach mehreren hektischen Runden lässt er sich in den Sand plumpsen und ist völlig erschöpft und im Delirium. Er liegt ungefähr drei Sekunden still, dann beginnt er zu graben. Sein Hinterteil reckt sich in die Höhe, seine Vorderpfoten buddeln, als gäbe es kein Morgen mehr. Hin und wieder fällt er in das Loch, das er gräbt, aber es gibt anscheinend noch kälteren, noch feuchteren Sand, an den es heranzukommen lohnt, und er macht in einem rhythmischen Takt weiter. Nun hat er überall Sand, an den Wimpern, in der Nase, in den Mundwinkeln. Ich schüttle mich, als die Kindheitserinnerung an knirschende, sandige Butterbrote in mir hochkommt, aber ihn scheint es nicht zu stören. Er legt einfach sein Kinn in seine Grube, seufzt innig und schließt die Augen.

Ich bin so froh, dass wir das getan haben. Nach einem furchtbaren Schnitzer tut es so gut, zu fühlen, dass man etwas Gutes getan hat. Ich sehe mich um nach Tamar, wünschte, ich könnte ihr danken für ihre rechtzeitige Anwesenheit. Sie ist in ihrem Versuch, die Welt von Würgehalsbändern und rauen Worten zu säubern, wirklich bewundernswert. Aber sie ist nicht in Sicht, sodass ich auf ein Wort setze, von dem ich weiß, dass es Bodies Geister wiederbeleben wird.

»Mittagessen?«

Er stellt sich auf. »Ich denke, es ist Zeit.«

Wir gehen zurück zu dem Bootshausrestaurant. Auf der Terrasse genießen gut situierte Leute Hummer-Tacos und gekühlten Sauvignon blanc unter blauen Sonnenschirmen. Bodie und ich entscheiden uns für das Verkaufsfenster, bestellen einen Hotdog mit einer Portion Pommes und eine Cola und setzen uns auf eine Holzbank, um diese klassischen amerikanischen Kalorien zu verzehren. Natürlich habe ich ihn nun verdorben. Es war das eine, zu Hause getrennt voneinander zu essen, meinetwegen vor dem Fernseher, aber wenn wir in einem Café oder Restaurant sind, scheint es mir grob, ihn nicht einzubeziehen. Nun erwartet er also immer etwas. Ich sage mir, er tut mir einen Gefallen und reduziert meine Portion und ich werde dadurch ganz schön abnehmen. Ich hoffe nur, dass er im Gegenzug nicht total verfettet.

Dieser Tag war bisher die totale Adrenalin-Achterbahn, und als wir uns jetzt wieder auf den Weg machen, lässt die Müdigkeit sich blicken. Ich muss Bodie sogar helfen, hinten ins Auto reinzuspringen, und er schläft auch gleich ein. Wenn ich das auch nur könnte. Ich bin gerade einmal zwanzig Minuten unterwegs, da kann ich schon kaum noch die Augen offen halten. Ich checke das Navi – wir sind nur noch eine Stunde von unserem nächsten Stopp entfernt, aber ich brauche Koffein, wenn wir heil dort ankommen wollen.

Highway 154 führt uns durch eine pittoreske Landschaft in Schlangenlinien nach Los Olivos – tausend Einwohner, jeder von ihnen wirkt wie einem Modemagazin entsprungen. Die kleine Stadt ist in eine Blumenpracht gekleidet und auch sonst voller anderer wundervoller Dinge genüsslicher und künstlerischer Art. Es gibt nur zwei Einkaufsstraßen – Grand Avenue und Alamo Pintado – mit unzähligen Weinprobe-Stuben und einem beeindruckenden Hotel namens *Fess Parker Wine Country Inn & Spa.* (Das ist ein Schlüssel zu der wahren Natur dieses Ortes, denn ein Zimmer gibt es dort ab fünfhundert Dollar die Nacht.)

Bodie und ich posieren für Fotos an den alten Tanksäulen außerhalb des Los Olivos General Store, als ich eine Frau sehe, die mich an meine Mutter erinnert – ganz dünn und hübsch und mit wohlgeformten Wangenknochen. Als sie auf meiner Höhe ankommt, sehe ich, dass es die Schauspielerin Bo Derek ist. Kein Scherz. Bo Derek auf einem Fahrrad. Ich fühle mich, als wäre ich auf einer Star-Rundfahrt.

Mir fällt ein, dass sie eine Ranch hier in der Gegend besitzt, zusammen mit ihrem Beau, John Corbett, aka Aiden aus *Sex and the City* aka der Mann, bei dem sich die meisten Menschen gewünscht hätten, Carrie wäre bei ihm geblieben, statt wieder mit Big zusammenzukommen. Oder denke nur ich so? Ich erinnere mich, dass Bo und John einst in der Oprah-Show Einblicke in ihre Ranch gezeigt haben, und während Bodie und ich unsere Drinks genießen auf der schattigen Veranda des *Corner House Coffee*, finde ich das Video auf meinem Handy. Sie wurden draußen bei den Pferden gefilmt, und John Corbett trägt einen Cowboyhut und lacht, als er sagt, dass jede Beziehung an die vierzig Hektar Land pro Paar braucht, damit man ein bisschen auf Distanz gehen kann.

Bo fährt fort und erzählt von ihrer beider Unabhängigkeit und wie »Abwesenheit das Herz anwachsen lässt«.

Ich lehne mich in meinem Stuhl zurück. Vielleicht ist diese Trennung von Nathan nicht das Ende. Vielleicht ist es nur, was wir gerade brauchen. Wir wissen es nur noch nicht.

Ich sehe mir ein wenig mehr von dem Dreh an und freue mich über Bo Dereks Aussage, dass sie lieber die Pferdeställe ausmistet, als zum Sport zu gehen. Sie würde von den Spiegeln zurückschrecken. Was völlig verrückt ist, da sie immer noch aussieht wie ein Teenager.

Und dann google ich zerstreut »Bo Derek Hunde« und entdecke zu meiner Überraschung, dass sie seit 1999 ihre eigene Reihe Bio-Tiershampoos und -Spülungen herausbringt.

Sie sagt: »Eins meiner Ziele war, meine Hunde so sauber zu halten, dass sie mit mir im Bett schlafen können – und nun können sie es.«

Eine ihrer speziellen Zutaten ist das Öl einer Pflanze namens Meadowfoam, ursprünglich aus dem Norden Kaliforniens. Sie heißt so, da sie in der Blüte aussieht wie die Gischt.

Ich seufze. Was für ein traumhafter Ort. Dann schaue ich zu Bodie, der aussieht wie ein auf dem Holzboden des Cafés ausliegendes Bärenfell. Vermutlich könnten wir hier die ganze Woche glücklich herumsitzen. Aber das Koffein wirkt, und unser nächstes Ziel wartet auf uns.

Kapitel 9
Das hundefreundliche Drive-in-Kino

Es sieht so aus, als hätte jede Strandstadt in Kalifornien ihre eigene besondere Identität. Pismo Beach ist eine sehr eigenartige Stadt. Blickt man aus der Ferne auf sie herunter, wie wir es von der Terrasse des *Cottage Inn by the Sea* tun, ist sie beeindruckend.

Wir sitzen auf Adirondack-Gartensesseln neben einem Chinesischen Wacholder, sind umgeben von bunter Landschaft und blicken auf den berauschenden Strand. Die schwarzen Pfeiler des Piers lugen aus dem Wasser hervor, das sich langsam von Türkis zu dunklem Aquamarin verfärbt. Alles sieht hier sehr nach Côte-d'Azur-Glamour aus.

Aus der Nähe betrachtet ist es günstiger und fröhlicher, belebt durch Familien mit vielen Kindern, die ihren Eltern nur bis zur Taille gehen, und alle betteln um Eiscreme, Zuckerwatte und Pommes. All das gibt es in wettergegärbten Essbuden mit Namen wie *Mos Räucherei* und *Die geknackte Krabbe*. Der Strand ist nur ein paar Schritte entfernt, aber wir haben heute beide genug Auslauf für einen Tag gehabt, sodass wir einen geschützten Platz zwischen den Dünen finden und uns ein wenig hinlegen und uns von der Meeresbrise durchpusten lassen. Es wäre schön, hier liegen zu bleiben, bis die Sterne sich zeigen, aber wir haben andere Unterhaltungspläne für diesen Abend – einen Film im Sunset Drive-in-Kino, nur zehn Minuten von unserem Hotel entfernt.

Ich finde es großartig, dass sie Hunden erlauben, einen im Auto zu begleiten. Bodie sitzt nun auf dem Vordersitz, er ist so etwas wie mein Date. Das passt, denn wir sehen uns *Drachenzäh-*

men leicht gemacht an, und ich könnte wahrlich einige Tipps gebrauchen.

Als wir auf den riesigen Parkplatz rollen, habe ich das Gefühl, wir fahren gleich in die Kultszene von *Grease*. Hier hängt sogar die Werbung mit den tanzenden Hotdogs! Leicht zu beeinflussen kaufe ich uns die zweite Portion für diesen Tag, hefte mir die Lautsprecher an und mache es mir gemütlich. Ich entscheide mich dagegen, das Popcorn mit Bodie zu teilen, denn für den Fall, dass es Probleme mit dem Schlucken gibt oder ihm etwas im Hals stecken bleibt, weiß ich nicht, ob man den Heimlich-Handgriff bei Hunden anwenden kann.

Nach und nach stellen sich andere Autos neben uns auf. Jedes einzelne irritiert Bodie ein wenig mehr. Mittlerweile steht er, starrt zum Fenster hinaus und knurrt. Sein Körper ist angespannt und bereit zum Angriff. Er versteht eindeutig nicht, dass man im Kino einer gemeinschaftlichen Aktivität nachgeht. Als ein Pärchen seinen Laster rückwärts einparkt, aussteigt und es sich auf der offenen Ladefläche mit Decken gemütlich macht, ist es vorbei. Jedes Rascheln, jede Bewegung im Dunkeln bringt Bodie dazu, hysterisch zu bellen. Hinzu kommt, dass die Hotdogs alle sind, weil ich ihn damit ablenken wollte, und nun sind meine Nerven ziemlich angespannt. Die zweite Nacht in Folge.

Es ist nichts zu machen, wir müssen zurück ins Hotel und Fernsehen schauen.

Als wir auf die Autobahn auffahren, stelle ich schweren Herzens fest, dass ich weder weiß, wie ich meinen Hund beruhigen, noch meinen inneren Drachen zähmen kann. Verflixt!

Keinen Pieps. Die ganze Nacht nicht. Diesmal schlafen wir beide. Ich denke, es war die Mischung aus all der frischen Luft und Bewegung in Santa Barbara und die Tatsache, dass sich das *Cottage*

Inn so sicher und sauber und gemütlich anfühlt. Die Feuerstelle ist toll, ebenso, wie von dem Geräusch der Wellen, die sich am Ufer brechen, in den Schlaf geschaukelt zu werden.

Da wir bereits um 21.30 Uhr eingeschlafen sind, sind wir sehr früh wach. Ich glaube, das ist das erste Mal in meinem Leben, dass ich zu einem Hotelfrühstück gehe und alle Speiseplatten intakt vorfinde. Die Backwaren liegen noch weit hochgestapelt da, es gibt keine Warteschlange vor dem Toaster oder Waffeleisen, und der Kaffee fließt. Ich muss mich nicht mit einem Kaffeerest und der Aussicht, dass es in zehn Minuten neuen gibt, zufriedengeben.

Obwohl Bodie bereits gegessen hat, nehme ich ein paar extra Milchknochen aus dem Willkommensnapf in Hundeform an der Rezeption (nette Idee!), und wir setzen uns auf die Terrasse in die Morgensonne und planen den vor uns liegenden Tag.

Heute ist ein großer Tag. Ein Big-Sur-Tag. Wir werden eine der berüchtigtsten, landschaftlich spektakulärsten Straßen der Westküste entlangfahren, den Reifenspuren von Jack Kerouac folgend, bevor wir zwei Nächte in Carmel, einer der hundefreundlichsten Städte Amerikas, verbringen.

Ich habe für unterwegs passende Stopps eingeplant, aber da es vor allem ein Autotag wird, möchte ich mit Bodie einen ordentlichen Spaziergang machen. Wir gehen also runter an den Strand. Und weiter runter und noch weiter runter. Mir war gar nicht klar, wie viele Stufen es von dem Felsen mit unserem Hotel bis unten sind – mindestens hundert – oder wie steil und schwierig das ist mit einem Hund, der mit dem Kopf nach vorn absteigt. Ich versuche, ihn dazu zu bringen, hinter mir zu laufen, damit ich ihn zur Not auffangen kann, aber er besteht darauf zu führen. Mehrere Male stößt er sich den Kopf, als die Treppe die Winkel verändert, und ich befürchte, ich falle gleich über die Brüstung und nehme damit den direkteren Weg zum Strand.

Irgendwie schaffen wir es aber, in einem Stück im nassen Sand anzukommen.

Die einzigen Menschen, die zu dieser Uhrzeit auf sind, sind die Hundeausführer, was ein ganz anderes Bild der Stadt abgibt als die gestrige Eimer-und-Schaufel-Brigade.

»Guten Morgen!«

»Und ist es nicht ein schöner Morgen?«

»Herrlich«, lächle ich. »Ihre Hündin sieht aus, als würde sie jede Minute genießen.«

»Wir kommen jeden Morgen hierher, und sie ist jedes Mal begeistert.«

Indem ich mit den Vorbeigehenden plaudere, habe ich das Gefühl, ich könnte für den Rest meines Lebens über nichts anderes als über Hunde sprechen – es gibt so viel zu erzählen: Jeder hat eine Geschichte darüber, wie der Hund in sein oder ihr Leben getreten ist, oder über seine Schrulligkeiten und Marotten. Vielleicht ist es das amerikanische Pendant zum britischen »Übers Wetter reden« – die Annehmlichkeit eines neutralen, nicht persönlichen Themas, zu dem jeder etwas zu sagen hat. Aber wohlgemerkt, wenn Menschen über ihre Hunde sprechen, wird es sehr persönlich und enthüllend, sobald man über die Fragen »Wie alt ist er/sie?« und »Welche Rasse?« hinausgeht. Man kann sehr schnell sehen, ob jemand entspannt ist oder bedürftig oder gar herrisch. Ob jemand gesellig ist oder ein Einzelgänger. Nicht, dass heute viel Interaktion stattfinden würde; da alle Hunde an diesem Strand angeleint sein müssen, versucht man weiterzukommen, nachdem sie sich kurz beschnuppert haben.

Als wir am babyblauen Badewärterturm ankommen, kann ich nicht umhin, als Bodie dazu zu bringen, seine beste *Baywatch*-Pose zu machen. Ich habe mit einem Mitglied der Crew zusammengewohnt, als ich ganz frisch nach Los Angeles gezogen war – der tätowierte Tasmane Jaason Simmons –, und ich denke, er wäre zufrieden mit der wachsamen Intensität, mit der Bodie übers Wasser blickt.

Als Nächstes gehen wir unter den Pier schnüffeln. Es ist ein wenig unheimlich hier unten, dunkel und kalt, das Wasser plätschert schwarz gegen unsere Knöchel, während wir dornige Seepocken inspizieren, die sich an den vom Ozeanwasser abgeklatschten Stützen geheftet haben. Bodie scheint damit sehr glücklich, ich werde aber das Gefühl nicht los, dass ein schleimiges Ding mit Tentakeln sich gerade vorbereitet, unsere Füße zu umschlingen, sodass wir uns schnell wieder in die Sonne retten.

Wir sind auf halbem Weg zurück zu der Klippentreppe, als ich bemerke, dass Bodie sich auf sein erstes Schwimmen vorbereitet – er läuft im Zickzack ins Wasser, geht jedes Mal ein bisschen tiefer rein. Ich schaue ängstlich zu, als sich eine große Welle nähert. Und er hebt ab! Seine Pfoten sind nicht mehr am Boden, sein Kinn ragt nach oben, seine Beine rudern kräftig. Dann sieht man kurz Panik in seinen Augen aufblitzen, und er kommt wieder an den Strand.

»Sehr gut gemacht!«, juble ich und amüsiere mich darüber, wie er versucht, sich trocken zu schütteln, während ihm das Wasser aber noch bis an den Bauch reicht. Und dann versucht er loszulaufen.

»Tut mir leid, ich darf dich hier nicht losmachen«, sage ich und ziehe ihn zurück.

Er zieht aber und zieht, will unbedingt loslaufen. Also bleibt mir nichts anderes übrig, als loszujoggen und dann zu rennen. Meine Fußsohlen reiben sich am Sand. Ich weiß nicht, wann ich mich das letzte Mal so bewegt habe – ich fühle mich, als wäre ich wieder ein Kind, völlig sorglos, und als würde ich aus purer Lust einfach loslaufen. Hin und wieder läuft Bodie auf meiner Höhe, bis ich stehen bleiben muss, um zu verschnaufen. Wow. Wozu einen ein Hund bringen kann.

Kapitel 10
Hundebier am Moonstone Beach

Wir haben gepackt, sitzen wieder im Auto, fahren an der Ausfahrt zum Sunset Drive-in und dem berüchtigten *Madonna Inn* vorbei. Dieses Hotel hat ins Gemäuer eingebaute Felsbrocken, die ein wenig an die *Flintstones* erinnern, ist ausgestattet mit pinken Ledersesseln und -stühlen und bietet riesige Kuchen an.

Schade, dass sie in ihren großartig-kitschigen Suiten keine Hunde mehr zulassen – ich hätte allzu gerne im Zimmer Carin mit den Amor-Kronleuchtern übernachtet oder im Cowboylook-Zimmer Yahoo, in dem große Holzwagenräder an den vier Bettecken stehen. Für Bodie hätte ich das Zimmer Caveman ausgesucht, das eine Höhle mit Felswänden und einen Wasserfall als Dusche imitiert. Gern hätte ich beobachtet, wie Bodie mit einem John-Wayne-Steak in Berührung kommt. Für heute ist es aber nur ein Winken aus dem Vorbeifahren und ein chaotischer Gedankenregen darüber, dass ich ein Hundeliebhaber-Hotel eröffnen würde, in dem jeder Raum einer anderen Rasse gewidmet wäre: ein mit kariertem Schottenstoff dekorierter Raum stünde für die Scottish Terrier, ein Zimmer aus weißem Flaum für die Samojede, ein Mini-Buckingham-Palast für die Corgis …

Der klassische Weg nach Cambria wäre der Highway 1 durch Morro Bay mit seinen gibraltaresken Felsen und dem Trio von Industrie-Schornsteinen. Mir wurde aber ein Umweg von etwa zwanzig Kilometern empfohlen, wegen einer beeindruckenden Klippe ...

Zunächst geht's hinauf durch den Cuesta Grade-Bergdurchbruch – ich bin ziemlich nervös, als der Wagen Mühe hat hinaufzukommen. Und dann, gleich hinter Atascadero, wechseln wir auf die Route 46 – und hier beginnt das Wunder ...

Ich vergöttere das Gold und Grün der Central Coast. Die Hügel sehen hier aus, als wären sie in Wildleder eingepackt. Wenn ich genauer hinsehe, stelle ich fest, dass sie bewachsen sind von einem Mix aus langen gelben Gräsern, niedrigem Dornengestrüpp und robuster Vegetation. Bodie und ich halten an einem der Aussichtspunkte an und stehen sehr nah am Klippenrand, aber die Sonnenstrahlen und die dünenartige Umgebung schaffen eine beruhigende Atmosphäre. Ich lasse meinen Blick in das Tal gleiten, auf der anderen Seite wieder hochklettern und in der Weite umherstreifen. Und dann, als mein Blick den Ozean erreicht, stelle ich fest, dass ich bis nach Morro Rock sehen kann.

Menschen erzählen oft von dem Gefühl der Bedeutungslosigkeit, das sie übermannt angesichts der Größe und Weite der Natur, aber hier fühlt man sich wunderbar. Als betrachte man sein geliebtes Königreich. Ich merke, wie meine Brust sich hebt und meine Lungen sich füllen. Ehrfurcht schafft das manchmal. Anstatt zu fühlen »Ich bin nichts, du bist alles«, fühlt man, Teil des Wunders zu sein.

Ich wünschte, ich könnte Bodie losleinen und ihn wild und frei herumrennen lassen, aber die Färbung seines Fells ist fast identisch mit jener der Landschaft, sodass ich ihn wahrscheinlich nie wiedersehen würde. Stattdessen nimmt er ein Staubbad in der krümeligen Erde, wohl ähnlich dem Prinzip, nach dem Frauen Trockenshampoo benutzen.

Ich schüttle den Kopf wegen seinem bauschigen Fell und lächle, als wir weiterfahren. Es ist ein wirkliches, ein echtes Lächeln. »Das ist es!«, scheint mein Herz zu sagen. »Das ist das Beste!«

Es ist kein weiteres Auto auf der Straße, als wir sanft hinunterkurven, und ich habe das Gefühl hinunterzugleiten. Ich habe den Soundtrack von *Jenseits von Afrika* irgendwo im Koffer, aber auch ohne ihn abzuspielen, kann ich die Streicher hören, wie sie mit den Bläsern ineinandergreifen und meine Seele zum Tanzen bringen.

Wir nähern uns nun wieder der Höhe des Ozeans, aber alle Ausblicke, die uns grüßen, sind immer noch so schön und unbeschädigt. Nichts ist hier zerklüftet, nichts misstönig, alles nur weiche, zarte Linien.

Und dann sehe ich die Straßenkreuzungen vor uns und will beinahe umdrehen. Aber so ist das Leben – solch schöne Momente sind flüchtig. Alles, was man tun kann, ist, sie vollauf zu umarmen und zu versuchen, sie im Inneren mitzunehmen.

»Das sind nur Kühe«, versichere ich Bodie, als er ängstliche Gurgellaute aus dem Autofenster in Richtung der glänzenden schwarzen Rechtecke im Feld neben uns schickt.

Eine Minute später runzle ich die Stirn. Was sind diese pferdeähnlichen Figuren auf dem Erdhügel zu unserer Linken? Als wir näher herangehen, merke ich, dass es echte Pferde sind, sie bewegen sich nur nicht, wahrscheinlich weil sie der Künstlergemeinde von Cambria gehören und gerade die ultimative Western-Pose eingenommen haben. Jemand wird sicher gleich mit einer Kamera oder einem Pinsel kommen …

Die Stadt ist voller Galerien, Ateliers und Kunsthandwerksläden (und einem ordentlichen Hundepark). Es wäre bestimmt toll, den Nachmittag damit zu verbringen, zwischen den Windspielen zu schlängeln und sich kurz auf der von Kapuzinerkresse umrankten Bank auszuruhen, aber wir haben zwei Gourmet-Missionen vor uns. Die erste ist, den berühmten Kuchen Olallieberry Pie zu probieren.

Linn's Easy As Pie Café hat einen Retro-Charme mit Tischdecken mit Blumenmustern aus den 1950er-Jahren und eine Auswahl dieser humorvollen Hausfrauenmagnete mit Sprüchen wie: »Ich verstehe das Konzept von Kochen und Putzen, ich verstehe nur nicht, was es mit mir zu tun hat.« (Diesen habe ich und lebe mein Leben danach.)

Bodie und ich warten auf unsere Bestellung im hinteren Teil des hübschen Gartens und sitzen auf der Ecke einer roten Picknickbank. Wir sehen einem grau-blauen Vogel zu, wie er sich auf einen Ast in der Nähe setzt – da er ein recht rundes Bäuchlein hat, gehe ich davon aus, dass er regelmäßig hier zu Gast ist.

Bodie hat kein Problem mit unseren gefiederten Freunden, sodass ich irritiert bin, als er seinen Körper anspannt und aufgeregt zu bellen anfängt.

»Bellst du etwa den Schmetterling an?«, frage ich finster, als ein Kohlweißling in der Nähe seiner Nase herumfliegt.

Ich sehe, wie das ältere Pärchen in unserer Nähe ob der Ruhestörung mit den Augen rollt, und entdecke dann ein Reh und zwei Rehkitze, die unter einem Baum grasen.

»Rehe!«, juble ich und bin froh, dass ich die Kenntnisse der alten Leute erweitern konnte.

Bodie ist nun ruhig, und wir halten alle den Atem an, während wir ihre anmutige Haltung und die dunklen, feuchten Augen, die zu uns zurückstarren, beobachten.

Ich dachte immer, Bodie hätte Reh-Qualitäten, aber das hier ist etwas ganz anderes. Es ist, wie Audrey Hepburn zusehen, wie sie einen Show-Kopfschmuck mit majestätischer Souveränität trägt.

»Wie wunderschön«, seufze ich.

»Ein Stück Olallieberry?«

»Hier!«

Der Kuchen wird warm serviert, auf einem Blech mit rot-weiß kariertem Wachspapier. Der Teig ist golden, und in der Mitte befindet sich pure, dunkelrote Saftigkeit – der perfekte Kontrast zu meinem Milchkaffee. Sobald ich fertig bin, sitze ich einfach nur still da und möchte diesen Zustand der totalen Befriedigung so lange wie möglich halten. Aber Bodie ist zu neugierig auf seinen Teil.

Am Ende der Straße, am *Sow's Ear*, *Black Cat* und *Bluebird Inn* vorbei, geht es dann weiter zum »moderneren« Teil der Stadt, wo sich *Maddie Mae's Pet Pantry* befindet.

Im Gegensatz zu den typischen schmalen Tierbedarfshandlungen ähnelt diese einer Hütte aus grob behauenem Holz, dekoriert mit riesigen Pfotenspuren, die zum Dachgeschoss hochklettern. Das Geschäftsschild zeigt einen Bobtail mit einer Chef-Kochmütze, der ein Tablett mit Hundekuchen hält. Diese werden von den Besitzern hergestellt. Bodie sitzt erwartungsvoll neben der Ausgabe und verschlingt dann ein Baconstück in Form eines Sterns. Ich greife nach einem Sixpack mit Hundebier. (Anscheinend ist in Gerste und Malz viel Vitamin B enthalten, und Glucosamin soll für die Gelenke gut sein, aber ich mag vor allem die Vorstellung, das Bodie aus einer Bierflasche schlürft.)

Ich fühle mich auch angezogen von dem Hunde-Horoskop. Bodie kam am 17. März zu mir, an St. Patrick's Day, was ihn zu einem Fisch machen würde, aber die Zuschreibung »schüchtern und sensibel« passt nicht. Ich frage mich, ob ich ihn zu Widder zählen kann, da die von DogOscopes eine dreizehnte Option gegründet haben für Hunde aus dem Heim, bei denen man nur selten weiß, wann sie geboren wurden. Das passt besser zu ihm: mutig, loyal, optimistisch und – da verdrücke ich ein Tränchen – *Überlebender!*

Auch wenn er gerade vor allem seine »neugierige« Seite auslebt.

»Komm!« Ich ziehe Bodies Nase aus dem Korb mit »Hühnersuppe für die Seele«-Hundefutter und bringe ihn zurück zum Auto. »Lass uns ein schnelles Bier am Strand trinken.«

Wir finden einen tollen Parkplatz mit Blick über den Ozean, und ich nehme Bodies faltbaren Napf heraus und schütte die schäumende, braune Flüssigkeit hinein und erwarte, dass er schon mit dem Schlürfen anfängt, während ich noch schütte. Nach einem kurzen Schnüffeln nimmt er aber den Kopf zur Seite.

»Hier, bitte schön!«, versuche ich es erneut.

Er trinkt kein bisschen von dem Bier, und die Leute fangen an, mich seltsam anzuschauen.

»Hast du diese Frau heute gesehen, die versucht hat, ihren Hund abzufüllen?«

Vielleicht muss er erst Durst bekommen. Ich führe ihn zu einem kleinen Spaziergang die Promenade entlang.

Moonstone Beach ist ein absolutes Schmuckstück. Hier herrscht eine gewisse Raffinesse, und jeder, dem wir begegnen, scheint sehr vornehm und respektvoll mit der Natur umzugehen. Der Grund für die lange, breite Promenade ist, das natürliche Habitat zu schützen. Nach Bodies Körpersprache zu urteilen muss hier das wilde Leben prosperieren.

»Bodie!«, schreie ich, als er mich zu einem Hasenbaby zieht.

Er ist auch den Surfern gegenüber sehr neugierig. Das ist sicher toll, auf diesen Wellen auf und ab zu gehen, und es muss so berauschend sein, eine große zu kriegen. Ich komme sicher in meinem nächsten Leben als Surferin zurück, aber vielleicht kann ich in diesem Leben durch Bodie gefährlich leben – jedes Jahr findet ein Hundesurfwettbewerb am Del Mar-Hundestrand statt, etwa eine halbe Stunde von San Diego entfernt. Vielleicht führt uns unsere nächste Reise ja nach Süden …

Als wir zum Auto zurückkehren, versuche ich es erneut mit dem Bier. Die gleiche Reaktion. Ich seufze, packe Bodie nach hinten ins Auto und überprüfe, ob ich alle Infos habe, die ich brauche, um nach Big Sur zu fahren, da wir über mehrere Stunden kein Telefonsignal haben werden.

Ich sehe mir noch ein letztes Mal die Aussicht an, als ich bemerke, dass ein Mann sich meinem Auto nähert und mir zu verstehen gibt, dass ich das Fenster öffnen soll. Er hat weiße Haare und nette Gesichtszüge, also tue ich es.

»Haben Sie einen Hund hinten im Auto?«

Bevor ich ihm sagen kann, dass Bodie den Vorschriften entsprechend transportiert wird, erklärt er mir, dass er Hühnchendörrfleisch für seine Hunde gekauft hat und dass sie es nicht anrühren.

»Trinken sie Bier?«, entgegne ich.

Er sieht mich verwirrt an.

»Ich habe gerade ein Sixpack gekauft, und mein Hund trinkt nicht einmal einen Tropfen – vielleicht können wir ja tauschen.«

Ich steige aus, und wir tauschen, wobei es aussieht, als hätte ich den besseren Deal gemacht, denn seine Tasche ist so groß wie ein Kopfkissenbezug.

»Fünfzehn Dollar. Ich habe fünfzehn Dollar dafür ausgegeben!«

»Zwanzig bei mir!« Ich verdrehe die Augen.

»Ich habe schon ein Vermögen für meine Hunde ausgegeben.«

»Oh, ich auch!«

Ich wundere mich, warum er seine Hunde nicht bei sich hat, und stelle fest, dass sie so klein sind, dass sie mir gar nicht aufgefallen sind, wie sie dort eingekeilt in der Falte des Rücksitzes hocken. Man könnte sie leicht mit Flusen verwechseln.

»Oh!« Ich zeige auf sie. »Sie sehen nicht alt genug aus, um zu trinken!«

»Ach, die sind okay, elf und sieben Jahre alt.«

Er stellt mir Okie vor. »Was denken Sie, woher er ist?«

»Oakland?«, rate ich, da wir uns in etwa dreihundertzwanzig Kilometern Entfernung befinden.

Er schaut mich an, als sei ich verrückt. »Nein! Oklahoma!«

Und dann lerne ich seinen Liebling kennen, Bridget.

»Das war nicht ihr ursprünglicher Name, ich habe ihn geändert.«

»Wie hieß sie?«

»Girlie Girl.«

»Ich denke, sie ist Ihnen wahrscheinlich dankbar dafür.«

Er erzählt mir, wie er Okie gefüttert hat, als er vier Wochen alt war und einen Nickhautdrüsenvorfall hatte. Bridget hingegen ist offensichtlich sein Augapfel.

»Ich hatte diesen großen Eisbecher gestern, und raten Sie, wer das meiste davon gegessen hat?!« Er schaut sie liebevoll an, bevor er fortfährt: »Wissen Sie, was die beiden wirklich gern essen?«

»Sagen Sie's mir!«

»Hotdogs!«

Ich erzähle ihm, dass wir gestern eine doppelte Portion hatten.

Anschließend will er wissen, wie viel ich für Bodie bezahlt habe, und sagt dann, Heime sollten kein Geld dafür verlangen, dass man sich um einen Hund kümmert. Er hätte mal in einem Heim ehrenamtlich mitgeholfen, aber wieder aufgehört, als er gesehen hat, wie die Käfige gesäubert wurden. Sie schütten einfach Wasser über das ganze Gelände, ohne die Hunde zuvor rauszunehmen. Er sah, wie sie wimmerten und sich duckten, und fragte nach, warum sie die Hunde nicht zuerst rausnehmen. Der Typ sagte, es würde zu lange dauern und außerdem hätte er Angst, sie würden ihn beißen.

»Das ist wohl nicht die geeignetste Person, um mit Tieren zu arbeiten«, stelle ich fest.

»Ich habe gesagt, ich würde es machen«, fährt er fort. »Die Hunde einzeln rausnehmen, und als sie es mir nicht erlaubt haben, habe ich aufgehört.«

»Es ist furchtbar, dass solche Leute dort arbeiten.«

»Ich weiß. Es soll ja ein *Heim* sein, ein Ort, an dem die Tiere sich sicher fühlen.«

Während er weiterspricht, erwähnt er seine tote Frau und sagt, er kommt immer hierher, wenn er sich alleine fühlt. Ich denke, es wird schwierig, mich aus diesem Gespräch zu befreien, aber dann bleibt eine hübsche Frau mit einem noch hübscheren Spaniel auf der anderen Seite seines Autos stehen, und er widmet ihr seine Aufmerksamkeit.

»Aber wir haben die Leckerlis!« Ich winke Bodie, und wir fahren los.

Kapitel 11
Big Sur Bakery

Jährlich kommen 750 000 Besucher nach Hearst Castle, dem schloss-artigen Anwesen des Zeitungsmagnaten William Randolph Hearst. Sein verschwenderischer Geschmack ist gut dokumentiert, und seine Glanzzeit-Partys liefern bis heute Klatschgeschichten. Ver-ständlich, denn unter den Gästen befanden sich illustre Schauspie-ler wie Cary Grant, Errol Flynn, Joan Crawford und Jean Harlow. (Können Sie sich vorstellen, zu ihren Champagner-Gelagen einge-laden zu sein?) Auch noch lange nach seinem Tod verbreitet sein Verlagsimperium elitären Glamour mit Zeitschriften wie *Harper's Bazaar*, *Esquire* und *Elle*. Was viele nicht wissen, ist, dass er Dackel gezüchtet hat, und dort auf seinem Zauberhügel, dem »Enchanted Hill«, hat er sein Herz vor allem an eine Dackeldame verloren, Helen.

Als sie in seinen Armen gestorben ist, hat er in einer seiner Zeitungen eine Eloge auf sie veröffentlicht. Darin beschrieb er, wie seine »treue Freundin« für immer auf einem großen Stuhl in seinem Zimmer schlafen würde, ihr Antlitz ihn abends ins Bett begleiten und auch das Erste wäre, was er beim Aufwachen sehen würde.

»Da dein Hund dich liebt, liebst du deinen Hund«, schrieb er, »weil Liebe Liebe schafft, weil Hingabe zu Hingabe inspiriert und Selbstlosigkeit Selbstlosigkeit erzeugt.«

In der Tat schöne Worte.

Hunden ist es nicht erlaubt, das Gelände zu betreten, aber ich ignoriere das Schild und halte an, damit Bodie und ich die Hearst-Zebras bewundern können, die in einer Umgebung grasen, die der afrikanischen Savanne gar nicht so unähnlich sieht. Sie sind eine der wenigen Arten aus Hearsts Privatzoo, die die Zeiten überdauert haben. Früher wimmelte es auf seinem Anwesen von Kamelen, Kängurus und sogar Giraffen, und das waren nur die frei herumlaufenden Tiere. In Käfigen weiter oben auf dem Hügel wurden Orang-Utans, Leoparden und Bären gehalten, aber ab den 1930er-Jahren kamen sie nach und nach in öffentliche Zoos.

»Was denkst du über die Zebras, Bodie?«

Sein Körper ist angespannt, und er scheint kurz vor einem Bellanfall zu stehen. »Sind das Pferde? Sie sehen anders aus als die, die wir in Santa Barbara gesehen haben …«

Ich lasse das Fenster runter. Zebras gehören wirklich zu den faszinierendsten Tieren – diese dunkelbraun und cremefarbenen Streifen, so intensiv und stylish, wie sie sich bis zur Bürstenhaar-schnitt-Mähne hochziehen. Für mich kommen sie Einhörnern sehr nahe – eine gute Wahl für Hearsts von umherwandelndem Nebel umgebenes Märchenschloss.

Nur zehn Minuten später in Piedras Blancas sehen wir sich sonnende See-Elefanten am Strand. Diesmal sind wir außerhalb des Wagens, unten beim umzäunten Pfad. Bodie schaut aufmerksam durch die Holzstäbe hindurch, bellt aber nicht und knurrt auch nicht. Ich denke, das liegt daran, dass sie keine ruckartigen Bewegungen machen. Die meisten bewegen sich sowieso gar nicht, und die, die es tun, sind steif und schwerfällig. Wir sehen einem zu, wie er sich aus dem Wasser hebt und dann fünf Minuten pausiert, um vor der nächsten Bewegung durchzuschnaufen. Für einen kurzen Moment befürchte ich, dass er sich auf eins der Babys wuchtet, aber glücklicherweise schafft der Kleine es, sich wegzuwinden, bevor der Zwei-Tonnen-See-Elefant ihn zerquetscht. Und ich übertreibe nicht beim Gewicht. Die erwachsenen Männchen können bis zu zweitausendfünfhundert Kilogramm wiegen! Ich erfahre dies von einem der See-Elefant-Experten, die am Weg entlang stehen. Sie beantworten jede Frage, zum Beispiel:

Frage: Was fressen sie?

Antwort: Weibchen ernähren sich meist von Tintenfischen, während Männchen »Bodentaucher«-Arten fressen wie Rochen oder auch kleine Haie.

(Wer hätte gedacht, dass Meeresfrüchte so dick machen können?)

Frage: Warum schippen sie Sand auf sich selbst?

Antwort: Er wirkt wie ein Sonnenschutz und hilft ihnen, sich kühl zu halten.

Frage: Warum haben nur die Männchen diese seltsamen kofferartigen Nasen?

Antwort: Die breite Nase ist ein sekundäres Geschlechtsmerkmal, das die physische und sexuelle Reife anzeigt.

Ich schüttle mich, das ist nicht schön anzusehen, schlapp, pummelig und unförmig.

Ragged Point ist unser nächstes Ziel, und unser nächster Halt wird der Aussichtspunkt Million Dollar View. Es ist das südliche Einfallstor nach Big Sur, und ich bin erstaunt, wie plötzlich die sanft geschwungenen Hügel sich in steile, zerfurchte Ufer verwandeln. Was bisher eine Straße mit eher zarten Kurven war, dreht und windet sich nun wie eine lebendige Schlange.

»Halt dich fest, Bodie!«

Ich spüre einen deutlichen Anstieg der Höhe, fühle, wie mein Adrenalinpegel steigt. Nach Big Sur zu fahren scheint etwas *Bedeutendes* zu sein. Ich fühle mich mutig und abenteuerlustig, wobei alles, was ich tue, ist, ganz normal im Auto zu sitzen, wobei ich die mörderischen Kurven ziemlich präzise nehmen muss. Ich zähle schon nicht mehr, wie oft ich »Wow!« ausgerufen habe – man ist zu schnell von der Dramatik der Szenerie abgelenkt und kommt leicht von seiner Spur ab. Und dafür ist nun wirklich kein Platz, denn die, die auf der Klippenseite fahren, wollen verständlicherweise ein wenig mehr auf der Mitte fahren. Jedes Straßenschild lässt einen wissen, dass die Straße noch kurvenreicher wird. Ein Adler gleitet über uns. Ich höre mich selbst ein Geräusch der Erregung von mir geben.

Als die Fahrgeschwindigkeit auf dreißig Kilometer pro Stunde runtergeht, beginne ich zu wünschen, die Reifen hätten Steigeisen. Ich werfe einen kurzen Blick zur Küste – das Seegras glänzt, die Brandung ist schaumig-weiß und oh, das Blau erst! Wieder ein Wow!

Ich habe darüber nachgedacht, Bodie zu mir nach vorne zu nehmen, damit wir die Erfahrung »teilen«, fand das potenzielle Ablenkungsrisiko aber zu gefährlich. Eine weise Entscheidung. Während wir weiterfahren, stelle ich fest, dass ich vor lauter Anspannung wie eine alte Frau gekrümmt über dem Lenkrad erstarrt bin und mein Rücken seit vielen Kilometern nicht mehr die Rücklehne berührt. Es wird auch nicht besser, als ich sehe, dass hier Felssturzgefahr herrscht. Was genau soll man mit einer solchen Information anfangen? Ich verstehe, dass man auf das Worst-Case-Szenario vorbereitet wird, aber ich weiß nicht, *wohin* ich ausweichen soll, wenn Felsbrocken aufs Autodach fallen.

Ich kann nicht anders, als blöd glotzen, während ich an einem Fahrradfahrer vorbeifahre. Er hat kein T-Shirt an und scheint auch nichts bei sich zu haben, nicht einmal eine Wasserflasche. Er muss super Lungen haben, wie er energiegeladen den Hügel hochsprintet. Er hält nicht einmal am Gorda General Store für eine Atempause oder einen Snack an, ich ziehe aber zur Seite, um ein paar Autos vorbeifahren zu lassen – was für eine Erleichterung! Es ist stressig, sie im Rücken zu haben.

Aber zurück auf der Straße ist es bald wieder so weit. Diesmal ist es ein James-Bond-ähnliches goldenes Gefährt. Ich mag mir unsere Chancen bei einer Verfolgungsjagd nicht vorstellen und ziehe bei der nächsten Gelegenheit zur Seite. Es gibt uns ein kleines Tut-tut-Dankeschön, was mich sehr freut. »Siehst du das, Bodie?

Wir wurden gerade von einem goldenen Porsche angehupt!« Das Beste ist, es klang wie das Horn eines Clowns. Bezaubernd!

Während wir weiterfahren, sehe ich, wie sich die Beifahrer in vielen Cabrios erheben, um Fotos zu machen, und ein Mustangfahrer hat eine Kamera gleich an der Frontscheibe angebracht, was eine super Idee ist. Ich würde mir die Aufnahmen sicher anschauen, um all die Dinge zu sehen, die ich verpasse, weil ich nach vorne auf den Asphalt schauen muss. Schade, dass es auf dieser Route keine Standbildmomente gibt, dass man einfach auf Pause drücken und sich alles ohne Unfallrisiko ansehen kann. Es gibt zwar Aussichtspunkte, aber sie sind alle auf der anderen Straßenseite, und ich denke nicht, dass wir eine Chance hätten, es wieder auf die richtige Seite zu schaffen.

»Bist du okay?«, frage ich Bodie und hoffe, ihm wird nicht schlecht von den ganzen Serpentinen. Ob ihn dieser Anblick auch beeindruckt? Wahrscheinlich nicht ohne die dazugehörigen Gerüche. Ich lasse die Fensterscheiben herunter, damit wir die salzige Luft riechen können. Das fühlt sich vielleicht gut an! Ich nehme eine große Prise Big-Sur-Luft. Und pruste dann in Richtung des Straßenschilds, auf dem es heißt: »Fahren Sie vorsichtig«. Ganz sicher ist das der allerletzte Ort, an dem ich waghalsig fahren würde.

»Wie gefällt dir diese Tour?«, necke ich Bodie, als wir eine Gruppe Harleyfahrer erreichen. Ich sehe mich mit ihm auf einer Harley sitzen, ich hinten, er fährt, und ich umschlinge seinen pelzigen Bauch. Oder sitzt er eher mit flatternden Backen im Seitenwagen?

Nach ein paar Kilometern halten wir auf dem Parkplatz eines ausgedehnten Waldgebiets.

Julia Pfeiffer Burns State Park ist das Kronjuwel aller kalifornischen Naturschutzgebiete – ein großes, funkelndes aquamarines

Juwel. Ich dachte, die Fotos, die ich von der magischen Bucht gesehen hatte, seien farbintensiv bearbeitet worden, aber es ist wirklich so bunt, ein Farbenspiel aus Tahiti-Türkis, das einsickert in das pazifische Blau. Wir stehen zwischen gelben Wildblumen, spähen durch zottige Zweige hinunter, und ich fühle mich high. Im wörtlichen und im übertragenen Sinne. Bodie und ich können es kaum erwarten, den Wanderweg Waterfall Trail hinunterzuflitzen, aber dann sehe ich das Schild »Hunde nicht erlaubt«.

Wir sind mitten in der Natur, und die Menschen haben beschlossen, die Tiere auszuschließen? Ich verdrehe die Augen. Wer denken wir, dass wir sind?

Wohin wir uns auch drehen, überall taucht ein neues Schild auf, das uns den Weg blockiert.

»Sorry, Kumpel«, seufze ich, als wir zum Auto zurückgehen. »Sie versuchen, die natürliche Schönheit zu erhalten, damit nur Menschen mit großen, schweren Wanderschuhen und dem Potenzial, überall Müll zu verstreuen und Waldbrände auszulösen, Zugang zu ihr haben.«

Als wir nach zwanzig Minuten an der *Big Sur Bakery* anhalten (im Holzofen gebackenes Brot und leckere Tomatenkonfitüre), frage ich erst gar nicht, ob Hunde auf der Terrasse erlaubt sind, um einfach kein Nein zu hören. Außerdem ist der Tisch mächtig genug, um als Versteck für Bodie zu dienen. Während wir dasitzen und uns über ein eiskaltes Getränk und einen Snack freuen, stelle ich fest, dass um mich herum drei bis vier verschiedene Fremdsprachen gesprochen werden – und zwar solche, die ich nicht identifizieren kann. Das verdeutlicht noch einmal, was für eine klassische Pilgerfahrt das ist. Ich frage mich, ob einer von ihnen Kerouac zitieren kann. Meine Lieblingszeile ist: »Nichts hinter mir, alles vor mir, wie das auf der Straße immer ist.«

Er kann gut mit Wörtern, dieser Mann. Aber die *Big Sur Bakery* hat auch ein gutes Motto: *Komme herunter, finde zu deinen Sinnen.*

Diesem Motto folgend, besichtigen Bodie und ich das stilvolle Kraut-und-Rüben-Grundstück: leuchtend orange Blumen neben einer großen, stacheligen Birne, eine reizende Zwei-Pumpen-Tankstelle und die niedlichste Toilette der Welt – eine von Efeu ummantelte, frei stehende Holzbude.

»Wir haben so ein Glück, hier sein zu können!«, sage ich, als ich Bodies Kopf und Kinn kraule.

»Ja, nicht schlecht.« Er scheint einverstanden zu sein.

Während wir weiterfahren, sehen wir einige Arbeiter, die Pause machen. Sie sitzen auf Kisten am Straßenrand, und ich bin allen sehr dankbar, die sich Mühe gegeben haben, diese Traumroute Wirklichkeit werden zu lassen. Ich frage mich, wie lange es gedauert hat. Und wie sie es gemacht haben. Ging es nur darum, Tag für Tag voranzukommen, ein Fuß nach dem anderen? Das sagt man Menschen, die sich in einer Krise befinden, nicht wahr? Immer nur einen Tag nach dem anderen in den Blick nehmen. Was mich daran erinnert, dass ich mal gelesen habe, dass man, wenn man sich seiner Beziehung nicht sicher ist, weniger Zeit damit verplempern sollte, alles infrage zu stellen, und sich stattdessen auf das zu konzentrieren, was man mag. Wenn eine Person die richtige ist, werden sich die Dinge auf natürliche Weise arrangieren, und wenn nicht, fallen sie streckenweise ab. Man muss aber fokussiert bleiben. Und voranschreiten. Ich habe das Gefühl, dass ich das gerade tue. Ich habe so festgesteckt, war so frustriert, aber das ... das ist toll.

Ich beschließe, dass ich eine Person sein will, die all die Schönheit in der Welt wahrnimmt, und nicht eine, die so introspektiv ist, dass sie die Schönheit verpasst. Denn als Mensch gibt es immer irgendetwas, das an einem nagt, sei es körperliches Unbehagen, Schulden, eine Deadline oder Kopfweh. Jeder hat etwas, das versucht, ihn von all dem Wunder abzulenken. Von nun an werde ich den Nabelschau-Wehwehchen widerstehen und eine Wunder-Sucherin sein!

Und dann sehe ich eine große Parkbucht auf unserer Straßenseite, und ohne lange zu überlegen, halte ich an. Der Wind braust um uns herum. Ich halte Bodies Leine ganz kurz, aus Angst, er könnte auf den Steinen ausrutschen, während er in den Felsspalten schnüffelt. Wir nähern uns immer mehr der Klippe.

Kerouac schrieb: »Je größer die Angst, desto größer das Glück, das ich empfinde.« Und vielleicht hatte er recht. Ich schaue in das leuchtende Blau des Himmels und des Ozeans. Und dann schaue ich zu Bodie, sein Fell schillert im Sonnenlicht, seine Augen scheinen bernsteinfarben.

Meine Brust erhebt sich, ich bin kaum in der Lage, so viel Optimismus zu halten. Plötzlich scheinen die Möglichkeiten des Lebens unendlich. Ich fühle mich voller Energie und »im Flow«. Und dann lächle ich – hier sind wir, auf der kurvenreichsten, unberechenbarsten Straße, und ich fühle mich auf dem richtigen Kurs.

Kapitel 12
Cocktails bei Doris Day

Allmählich wirkt das wilde Laub kultivierter, und ich erkenne eine Reihe von Villen zwischen den Bäumen, was bedeutet, dass wir uns Carmel nähern. Oder Carmel-by-the-Sea, um es beim vollen, glamourös klingenden Namen zu nennen, der an ein Musical aus den 1920er-Jahren erinnert und anspruchsvolle Blazer und Halstücher und weiße Faltenröcke heraufbeschwört.

Innerhalb von Minuten kann ich erkennen, warum diese Stadt zur hundefreundlichsten der USA gewählt wurde. Überall sind Hunde. Die meisten haben luxuriöse Kupfer- und Goldtöne, und ihr Fell glänzt so stark, als würden sie gerade aus einem Frisörladen kommen. Und dann gibt es noch die Deko-Hunde – antike Porzellan-Hunde, Messing-Türstopperhunde, Schach-Sets »Hunde gegen Katzen« und T-Shirts mit Hunde-Logos, darunter das beste: *Mein Hund macht mich glücklich.*

Noch nie wurde Einfacheres und Wahreres festgehalten.

Dem Märchenmotiv dieses Tages folgend, haben die Straßen von Carmel einen »Es war einmal«-Touch: hübsch angemalte Landhäuser mit Balkenwänden und schrägen Ziegeldächern, die anmuten lassen, Schneewittchen könnte gleich aus einem von ihnen herauskommen. Die Namen der Hotels beziehungsweise der Herbergen passen ebenfalls ins Bild: *Candlelight Inn, Carriage House Inn, Cobblestone Inn.* So malerisch sie auch klingen – wirft man einen Blick auf die Geschäfte und Restaurants, stellt man fest, dass dies ein Märchen für Erwachsene ist: diamantenbesetzte Rolex-Uhren, Kunst und Sommeliers.

Apropos Wein, die Happy Hour beginnt gerade im *Cypress Inn* – Carmels ursprüngliches, hundefreundliches Hotel, das eine berühmte Miteigentümerin hat: Doris Day. Ich wünschte, das Dekor der Innenräume würde jenem ihrer ikonischen Filme aus den 1960er-Jahren ähneln, aber es ist viel dezenter, hält sich in weichen silbergrünen Tönen eher neutral, wobei die schmiedeeisernen Laternen und der gewebte Wandteppich hinter der Rezeption ein marokkanisches Flair verströmen.

Wir sind immer noch am Eingang, weil ich Bodie vor dem weiß getünchten Hintergrund mit seinen markanten schwarzgoldenen Akzenten fotografieren möchte. Ich habe ihn gerade in der perfekten Position auf den vorderen Stufen, als ein Mann in einem Jaguar heranfährt, die Autotür öffnet und zwei losgeleinte Welpen herausspringen. Sie laufen die Lincoln Street hinauf, als wäre es die Straße zur Freiheit. Der schreiende, winkende Besitzer hat so gut wie keine Chance, eher werden sie überfahren, als dass sie ihn hören, aber ein freundlicher Anwohner mit außergewöhnlichen Dompteurfähigkeiten bringt sie heil zurück. Mich beruhigt es, nicht die Einzige zu sein, die ihren Hund nicht im Griff hat. Der Portier sieht so aus, als hätte er solche Szenen mehrfach gesehen – und vielleicht hat er das auch –, denn sobald ich eintrete, fühle ich mich, als würde ich das beste Hundeinternat der Welt betreten. Es gibt Hunde an der Rezeption, Hunde in der Lounge, Hunde in der Bar, Hunde im Hof und Hunde, die aus Räumen heraus- und in andere hineinlaufen. Es würde mich nicht überraschen, einen Hund zu sehen, der Zeitung liest oder der einem anderen zotteligen Gefährten über einem Dirty Martini eine Geschichte erzählt. Ein Dackelpaar läuft sogar mit Perlen herum.

»Wir haben sie aus dem örtlichen Gebrauchtwarenladen!«, kichert die Besitzerin, eine ältere Dame, während sie die Kugeln zurechtzieht.

Sie erzählt, das hier sei Carmels bestgehütetes Geheimnis in Sachen Essengehen mit Hund an einem regnerischen Tag. Während sich jedes andere Restaurant nach den Gesundheitsricht-linien richtet, die Hunde im Inneren verbieten, machen sie in *Terry's Bar* eine Ausnahme, weil sie sich teilweise in der Lobby befindet. Ich denke jedenfalls, dass das der Grund ist. Wäre ich ein Gesundheitsinspektor und würde jemandem eine Ausnahme erteilen, dann wäre es sicherlich Doris Day. Über dreißig Jahre lang hat sie mit der Stiftung Doris Day Animal Foundation un-glaubliche Arbeit für Tiere geleistet, wobei ihr Engagement für den Tierschutz viel früher begann. Als sie 1956 mit Alfred Hitch-cock *Der Mann, der zuviel wusste* in Marokko drehte, war sie so entsetzt über den Zustand und die Behandlung der Tiere, dass sie sich weigerte, mit den abgemagerten Kreaturen zu arbeiten – ein-schließlich Ziegen, Pferde, Katzen und Hunde –, bis sie nicht or-dentlich gepflegt wurden und ihnen eine Futter- und Wassersta-tion zur Verfügung gestellt wurde. Es imponiert mir sehr, wenn Menschen ihre Macht nutzen, um Gutes zu tun!

Eine der großen Initiativen der Stiftung ist heutzutage der World Spay Day – ich hatte von Sterilisation nie gehört, bis ich mich der Initiative anschloss. Es geht um die weibliche Version der Kastration. Im Jahr 1995, als die Kampagne startete, wurden über fünfzehn Millionen Hunde und Katzen jährlich in den USA eingeschläfert. Mittlerweile ist die Zahl auf 2,7 Millionen gesun-ken. Aber das sind immer noch 2,7 Millionen zu viel. Mir däm-merte, wie wichtig diese beiden Eingriffe sind – wenn jeder Besit-zer (außer jene, die ihre Katzen oder Hunde züchten wollen) sich um diese kleine OP kümmerte, gäbe es viel weniger streunende Tiere auf der Welt. Es ist wirklich so einfach. Außerdem kann die Kastration/Sterilisation die Gesundheit des Tieres verbessern und zur Verminderung von widerspenstigem Verhalten führen. (Des-halb sind nur kastrierte Tiere im Hundepark erlaubt!) Nicht zu fassen, dass ich so lange nicht darüber Bescheid wusste.

Ich bewundere Doris Days Arbeit im Allgemeinen, ihre Filme, die ich mir immer wieder ansehen kann, und auch, wie sie lebt, auf einem etwa fünf Hektar großen Anwesen mit all ihren vierbeinigen Freunden.

»Ihre Zuneigung und Fürsorge ist eine Befreiung von Spannungen und Angst«, sagt sie und scheint vollkommen zufrieden zu sein.

Das ist sicherlich eine ansprechende Art zu leben … Ich habe einmal eine Touristenranch in Colorado besucht, und die Eigentümer hatten einen Rettungshund, der früher immer an einer Kette angebunden war, und nun konnte er sich auf zig Hektar austoben. Er lief jeden Tag mit den Pferden mit und hatte dabei einen Gesichtsausdruck, als könne er sein Glück nicht fassen. Ich erinnere mich, wie ich damals dachte, es wäre toll, eine Hunderanch zu haben – ein riesiges, mit Kiefern übersätes Land, auf dem all die Welpen leben könnten, die eingesperrt worden waren. Sie würden den ganzen Tag wild und frei spielen, abends in der Haupthütte zum Fressen einkehren und vor einem knisternden Feuer schlummern. Und ich würde genau dort, in ihrer Mitte, schlafen.

Nun, das ist eine Vorstellung, auf die es sich zu trinken lohnt.

In letzter Zeit habe ich Alkohol aus Angst, er könnte Tränen oder einem elenden Gefühl einen leichten Weg bahnen, vermieden, aber in Carmel fühle ich mich sicher und gut aufgehoben.

Die Getränkekarte bietet eine interessante Lektüre: Jede Spirituose ist einem klassischen Hollywood-Star gewidmet, darunter befinden sich zwei von Doris Days Kollegen: Cary Grant (*Ein Hauch von Nerz*) und James Cagney (*Tyrannische Liebe*). Grant steht für den Brandy und Cagney, der, wie ich erfahre, eine Bar im New Yorker Lower East Side besaß, für den Whisky.

Ich blättere zu den Mixgetränken und bestelle mutig den Plenty O'Toole, benannt nach dem Bond-Girl aus *Diamantenfieber*. Wow. Die Kombination aus Baileys und Frangelico schafft es, dass sich jede Frau wie ein Bond-Girl fühlt. Oder, in meinem Fall, ein Bodie-Girl.

Mein lieber Hund hat sich vor dem großen Steinkamin niedergelassen und bietet jedem vorbeikommenden Gast seinen Bauch an, und jeder reibt und kitzelt ihn ein wenig. Ein Junge fragt sogar, ob er ein Foto von ihm machen darf, und sagt dann in einem leicht gruseligen Ton: »Jetzt habe ich dich für immer, mein Liebling!«

Ich mache selbst ein paar Schnappschüsse im Barbereich, wo viele alte Filmplakate hängen. Ich mochte James Garner in *Was diese Frau so alles treibt*, aber mein Herz gehört eindeutig *Bettgeflüster*-Rock Hudson. Ich habe zu Hause ein gerahmtes Foto von ihm, und einige meiner Lieblingsfotos aller Zeiten sind die, auf denen Rock und Doris zusammen lachen. Wenn ich an sie denke, fühle ich einen liebevollen Stich und denke an meinen ehemaligen Mitbewohner James. Dabei muss ich festhalten: Neben jeder schrecklichen Beziehung, die ich mit einem heterosexuellen Mann hatte, hatte ich eine absolut fantastische mit einem Homosexuellen. In diesem Bereich bin ich wirklich gesegnet. Vielleicht ist es an der Zeit, sich von konventionellen Beziehungskonzepten zu verabschieden und zu beginnen, dafür dankbar zu sein, wie sich das eigene Leben auf natürliche Weise entwickelt hat. Wie Cesar Millan sagt: »Du bekommst nicht den Hund, den du willst, du bekommst den Hund, den du brauchst.«

Vielleicht ist es mit dem Leben auch so: Du bekommst nicht das Leben, das du willst, du bekommst das Leben, das du brauchst.

Nachdem wir im Hotel eingecheckt haben, gehen wir den Hügel hinauf, um bei einem angenehmen Hoffeuer im *Forge in the Forest* zu essen. Das ist nicht nur ein ehemaliger Trink-Treffpunkt von Henry Miller und John Steinbeck, dieser Ort ist dafür bekannt, Hunde wie Superstars zu begrüßen. Bodie wird gehätschelt und gelobt, und dann wird ihm ein besonderes Hunde-Cuisine-Menü präsentiert mit koscheren Rindfleisch-Hotdogs, Hühnchenstreifen und einem »Quarter Hounder«-Hamburger. Es gibt sogar eine Zweihundertfünfzig-Gramm-Steak-Option für besondere Anlässe.

Egal was ich von der Liste für Bodie bestellen würde, er hätte es aufgegessen, noch bevor ich selbst einen ersten Bissen genommen hätte. Ich esse sicher viel schneller mit einem Hund neben mir – weniger Konversation und ein weiterer Mund, der einem mit der Portion hilft. (Ironischerweise habe ich, seit ich ihn habe, nichts mehr zum Mitnehmen einpacken lassen.) Ich war überrascht, wie breit Bodies Geschmack ist; er liebt Edamame, das Knirschen einer Karotte und sogar das Cremig-Kühle von Zaziki. Heute Abend bekommt er Hühnchenstreifen, fokussiert laserartig seine Schüssel und ignoriert alle netten Leute, die Hallo sagen wollen, weil er nur sein Essen sieht.

Sobald er mit seiner Portion fertig ist, stiert er nach jedem Krümel meines Lachses. Und dann der Nachtisch. Ich beobachte, wie ihm ein bisschen Speichel runterläuft, aber ich muss bei Zuckerhaltigem eine Grenze ziehen und behalte den Mokka-Kuchen ganz für mich.

Als wir aufbrechen, ist es immer noch hell, sodass wir die Ocean Avenue bis zum Wasser hinunterlaufen.

Ich kann mir nicht vorstellen, dass es im ganzen Land einen schöneren Strand gibt. Es ist, als ob sich die Natur mit einem gefühlvollen Bildhauer zusammengetan hätte, um an den gewundenen Ästen zu arbeiten, um den kunstvollen Bogen der Bucht zu umrahmen, ihn mit dunkelgrünen Zypressen auszustatten und den Sand in ein kristallines Weiß zu tauchen. Dieser Sand ist so sauber, dass es tatsächlich unter den Füßen quietscht. Ein orangeroter Sonnenuntergang gesellt sich dazu, und ich bin voller Ehrfurcht.

Ich habe keine Bedenken, Bodie hier freizulassen, und beobachte ihn, wie er über den goldenen Sand trabt. Er tanzt spielerisch mit den Wellen und lässt sie ihn hochheben und wieder absetzen. Dann beginnt er den Rest des Strandes zu erkunden, in Zickzacklinien seiner Nase folgend, bis er die Sandbänke entdeckt und versucht, auf sie zu klettern. So schnell er aufsteigt, so schnell zieht ihn der lose Sand wieder zurück, und es sieht aus, als wäre er auf einem Stepper und könnte sich gerade so hochhalten, keuchend wie verrückt.

Da wird jemand heute Nacht gut schlafen.

Je dunkler der Himmel wird, desto stärker leuchten die Sterne. Das ist so magisch. Während ich im mittlerweile kühlen Sand sitze und nach draußen in die Bucht schaue, fühle ich mich ein wenig überwältigt von der Schönheit, und bevor ich es merke, fließen mir schon die Tränen übers Gesicht. Was ich gar nicht verstehe, denn ich bin gerade glücklich. Ich fühle mich in diesem Moment nicht verletzt; mich scheint nur eine unglaubliche Sehnsucht gepackt zu haben.

Bodie läuft immer noch auf seinem Stepper.

Lagerfeuer tauchen um uns herum auf und flackern gelbe Akzente in die satinschwarze Nacht. Ich schiebe mein Kinn, mich nach Gemütlichkeit sehnend, fest in die Angorawolle meines Pullovers. Und dann fällt mir ein, dass wir das schönste, gemütlichste Zimmer von allen in Carmel haben und dass es uns im *Monte Verde Inn* erwartet.

Das Zimmer ist kaum größer als das Bett selbst, wartet aber mit französischer Landhausstil-Bettwäsche und einem Dekanter mit Sherry auf.

Ich winke dem Wirt, als wir an der Rezeption vorbeigehen, und als er sich nach unserem Abend erkundigt, entscheidet Bodie, dass er vor dem Schlafengehen noch mal die Zuneigung eines Fremden will, und zieht mich zu ihm hinüber. Eine Stunde später sitze ich immer noch an der Rezeption, in einer Ecke mit schumme-

riger Beleuchtung, und höre Randy zu, der von seiner jahrzehnte-
langen Affäre mit seinem Partner erzählt. Er ist so ein wunderbarer Mann, der mich dazu bringt, wieder an Happy Ends zu glauben,
und als es Zeit ist, ins Bett zu gehen, fühle ich ein warmes Glühen
in mir.

Kapitel 13
Strandtreffen

An diesen Morgen werde ich mich immer als Bodies ersten Langschläfer-Sonntag erinnern.

Normalerweise will er schon raus, bevor ich überhaupt blinzeln kann, und er wärmt sich auf, indem er eine lange Dehnung von der Nasenspitze bis zu den Hinterpfoten macht und anschließend vorfreudig mit dem Schwanz wedelt.

Heute ist es anders. Als ich beginne, mich zu rühren, schmiegt er sich näher an mich, legt seinen Kopf auf meine Schulter und eine Pfote über meine Brust. Mein Herz schwillt vor Zuneigung – er möchte seinen Schlaf mit mir teilen! Ich liege da und genieße seinen Atem auf meinem Schlüsselbein und bin verzaubert von jedem Zucken und Vibrieren in seinen Träumen. Meine Augen schließen sich schließlich, aber mein Lächeln bleibt.

Eine Stunde später schläft er immer noch, jetzt mit gespreizter Oberlippe auf dem Kissen. Ich beobachte ihn liebevoll, genau wie ich früher Nathan beobachtet habe.

Was für ein schöner Schläfer er war, kunstvoll positioniert lag er da, mit einem nach hinten angewinkelten Arm, während der andere auf seinem muskulösen Bauch lag, der Kopf zur Seite geneigt. So ruhig und still, dass ich oft mein Ohr auf seine Brust gelegt habe, um sicher zu sein, dass er noch atmete. Wenn ich ihn mit Satin-Finish besprüht hätte, wäre er für eine makellose Skulptur gehalten worden. Diese Silhouette …

»Aber er hatte kein Fell«, denke ich, als ich mein Gesicht in Bodies Fell vergrabe.

Er dreht sich um und sieht mich an, und ich kann sehen, wie er langsam zu der Erkenntnis kommt: »*Wir sind immer noch am Strand!*«

Und schon ist er munter!

Ich stecke meinen Kopf zum bodentiefen Fenster hinaus – die Luft riecht nach einem Evian-ähnlichen Nebelspray. Es macht keinen Sinn, dass ich mich vor dem Spaziergang zurechtmache. Ich ziehe eine Pudelmütze auf, ziehe die Kapuze meiner gelbblassen wasserdichten Jacke darüber und habe nun einen riesigen Kopf in außerirdischem Look. Dieses Outdoor-Anziehen begeistert mich mittlerweile – es ist toll, was alles geht!

Ein Mann am Strand scheint mir dieses Motto zu ernst zu nehmen: voluminöse, deformierte Jogginghose, schlaffe, feuchte UGG-Stiefel und ein blasses Kaki-Sweatshirt mit einer Hundetrio-Applikation.

Ich weiß nicht, ob es daran liegt, dass ich ihn anstarre und versuche, seine Ähnlichkeit mit George Clooney und seine Kleidung eines verrückten Hundebesitzers zusammenzubringen, oder ob Bodies Leine sich in der eines seiner drei Hunde verfangen hat. Aber plötzlich unterhalte ich mich mit ihm. Und dann gehen wir weiter und reden. Und dann sind plötzlich zwei Stunden vergangen. Wenn wir in einer Bar wären und Cocktails schlürfen würden, könnte es zu einem vom Wodka eingeflößten Kuss kommen – aber wir sind an einem vom Wind gepeitschten Strand, blinzeln durch den Regen und versuchen, alle unsere vierbeinigen Freunde im Blick zu behalten. Und dann erwähne ich, dass dies mein erstes Mal mit dem Chuckit, einem Kunststoffarm zum Schleudern von Tennisbällen, ist; er nimmt mir das Teil ab und fängt an, mit Bodie herumzurennen. Jeder würde denken, wir wären zusammen. Oder zumindest alte Freunde.

Ich könnte glücklicher nicht sein – ich habe mich nach jemandem gesehnt, der die Formalitäten überspringt und gleich zum familiären Stadium übergeht. Ich kann kaum glauben, dass das gerade passiert. Das war eines der leichtesten, längsten, nahtlos sich einfädelnden Gespräche, das ich in Monaten hatte.

Er ist neckisch, sarkastisch und hat die Qualität, die meine Freundin Emily vor allem schätzt: die Fähigkeit zu scherzen.

Aber dann erfahre ich, dass er beim Militär war und denke: »*Aber warum? Warum-warum-warum entscheidet man sich dafür?*«

Er sieht mich an, als wäre ich der Sonderling. Sein Bruder war auch beim Militär. Sie konnten es kaum erwarten, dort anzufangen. Das sei doch für jeden Mann die natürlichste Wahl – seinem Land dienen zu wollen.

Er wirkt sehr männlich, dann aber sagt er: »Meine Ex hat mir eine Katze gekauft, weil sie dachte, es würde mir helfen, mich meinen Gefühlen besser zu nähern.«

Übersetzung: *Ich kann meine Gefühle nicht ausdrücken.*

Ich hebe eine Augenbraue. »Hat es geklappt?«

Er verzieht sein Gesicht; es hat wohl nicht so gut funktioniert.

Und dann habe ich das Gefühl, dass das Geplänkel eine Wendung nimmt, als er die Absurdität meiner Pudelmütze kommentiert.

»Magst du sie?« Ich grinse trotzig.

»Oh, ich habe dir kein Kompliment gemacht«, höhnt er.

»Wie gut, dass ich dich dafür nicht brauche.«

Ich bin nun leicht irritiert – ein kleiner Einblick, wie er in einer Auseinandersetzung sein könnte. Abfällig. Überlegen. Absichtlich verletzend. Auf diese Dinge muss ich achten, sie als rote Flagge setzen, aber es gibt auch eine Anziehungskraft zwischen uns. Ich weiß, wie ich gerade aussehe, also bezweifle ich, dass es physisch ist, aber innerlich fühle ich mich strahlend und glänzend und energetisiert. Oder zumindest habe ich es getan, bis zu seinem Kommentar zu meiner Mütze. Trotzdem ist es gut, nach längerer Zeit mal wieder aufgewühlt zu sein. Es ist gut, herausgefordert zu werden. Gut, sich mit der menschlichen Rasse zu befassen.

Wir gehen zurück zum Parkplatz. Er teilt das Wasser seiner Hunde mit Bodie, und dann beginnt er, seinen Jeep zu beladen.

Und so kommt es zum unangenehmen Abschiedsmoment. Jedenfalls unangenehm für mich, da ich erwarte, dass wir Adressen tauschen, oder auf das Angebot hoffe, dass wir uns auf meiner Rückreise wieder treffen könnten. Diese Begegnung muss für ihn doch ebenso anregend und ungewöhnlich gewesen sein. Aber ich spüre, dass er sich mental schon auf der Autobahn auf dem Nachhauseweg befindet.

Ich versuche, seine Abreise noch um einen Moment hinauszuzögern, indem ich ein paar Fotos von ihm und Bodie mache, und frage dann nach seiner E-Mail-Adresse.

Er fragt nicht nach meiner.

Nachdem er gefahren ist, sitze ich eine Weile auf einer Mauer und frage mich, warum ich mich jetzt so ernüchtert fühle. Abgesehen von der Tatsache, dass mir vermittelt wurde, dass er kein Interesse an mir hat. Vielleicht hat er eine Freundin und hier nur ein wenig Zeit totgeschlagen, und ich habe sein natürlich-kokettes Verhalten für etwas Persönlicheres gehalten. Wie schnell der elektrisierende Nervenkitzel der Interaktion umschlagen kann in befangene Reflexion.

Es ist nicht so, dass ich gedacht hätte, den Mann meiner Träume getroffen zu haben. Abgesehen davon, dass er älter war, lustig, großartig mit Hunden und zufällig wohnhaft in der Nähe des Paradieses. Ich vermute, mehr als alles andere wollte ich, dass er der Puffer-Typ wird. Der Mann, der das Nathan-Kontinuum bricht. Ich bin immer noch in dem Stadium, dass er der letzte Mann in meinem Leben war, und dadurch bleibt er *aktuell*. Ich brauche jemanden, der ihn ein wenig zur Seite schiebt, der seine Stellung unterminiert …

Ich stehe auf, versuche, die Angst abzuschütteln und den Pep wiederzufinden, den ich vor wenigen Minuten noch hatte. Sieh auf die sonnige Seite – *ich habe sie noch!* Zumindest in einem gewissen Umfang. Vielleicht war das nur ein Anlauf, um zurück ins Spiel zu gelangen. Wer weiß, was in Napa oder Portland passieren wird. Und, dringendere Frage, wo ist Bodies Leine?

Ich fühle um meine Taille; darum hatte ich sie zuletzt gebunden. Nichts. Sie muss während des Regengusses abgerutscht sein. Ich schaue zurück über die Weite des Strandes und den aufgewühlten Sand. Ich habe kaum eine Chance, sie wiederzufinden. Für den Moment ziehe ich meinen Gürtel durch Bodies Halsband, und nach einer Dusche und ein bisschen Zurechtmachen gehen wir zu Diggidy Dog, Carmels höhlenartigem Hundemarkt.

Das ist der größte Tierbedarfs- und Tiernahrungsladen, den ich bisher besucht habe – hier gibt es alles: von der Hundefliege bis zu Wildschweinborsten und quietschenden Spielzeugen. Während Bodie bei den Sprays schnüffelt, begeistern mich die kunstvoll dekorierten Kekse. Angesichts der noblen Umgebung erscheint mir ein Hundekeks in Form eines Cocktailglases angebracht; einen in Eichhörnchenform nehme ich noch dazu, was Bodie dazu veranlasst, sich hinzusetzen, ihn aufzufangen und einen guten Eindruck zu machen.

Die Abteilung mit den Hundebetten ist bis unter die Decke gefüllt – ich will mich selbst auf die flauschigen, hüpfenden Stapel werfen und mich hin und her rollen, kehre aber zu dem eigentlichen Grund unseres Besuches zurück: eine neue Leine.

Ich sehe mir die verschiedenen Optionen an. Sosehr Bodie das gehobene Leben liebt, denke ich, dass die Luxuslinie mit Swarovski-Kristallen nicht zu ihm passt, obwohl die leuchtenden Perlen auf der »Kenia-Kollektion« schon sehr ansprechend sind. Das italienische Kalbsleder ist weich und schön, aber zu dünn für einen Hund von Bodies Robustheit. Ich gleite mit den Fingerspitzen über andere, etwas steife Lederleinen, als ich plötzlich auf etwas ganz Weiches stoße. Ich kannte sonst nur Leinen, die in die Handflächen schneiden, hier aber ist die Hauptleine ein glattes, starkes Band, der dreieckige Griff hat eine breite gummiartige

Röhre, die sich so angenehm und sicher in der Handfläche anfühlt, dass ich sofort überzeugt bin. Am Griff ist sogar eine kleine Schlaufe angebracht – perfekt für den Hausschlüssel, für alle, die wie ich oft ohne Tasche aus dem Haus gehen.

Timberwolf. Ich nicke beim Markennamen. Das passt.

»Was meinst du?«, frage ich Bodie und überprüfe, ob er auch mit meiner Farbauswahl einverstanden ist: aubergine-bräunlich.

Shit happens! Heb ihn einfach auf und geh weiter.

Er hat sich weggedreht und scheint den humorvollen und ehrlich-philosophischen Spruch zu lesen.

Er wirft mir einen wissenden Blick zu und amüsiert dann den Kassierer, indem er seine Pfoten auf den Tresen legt, als ob er zu zahlen beabsichtigte. Wäre das nicht nett? Es ist schockierend, wie viel ich für ihn ausgebe, ohne mit der Wimper zu zucken. Und ich bin selbstverständlich nicht die Einzige. Die Haustierindustrie ist derzeit achtundfünfzig Milliarden Dollar wert und gehört zu den wenigen Sektoren, die von der Rezession unberührt geblieben sind. Ich wünschte mir, Hundeleckerlis wären auch so stabil. Am schlimmsten ist es, wenn man für etwas Geld ausgibt, das aussieht, als könnte es den Vierbeiner für eine solide halbe Stunde beschäftigen, so hart und verknotet und verdreht, wie es ist – und dann schenkt er ihm ein flüchtiges Schnüffeln und wendet sich ab. Ich tauche es in Erdnussbutter ein, er leckt die Butter ab, und der Rest bleibt liegen. Meine teuerste Ausgabe war ein Fünfundzwanzig-Dollar-Geweih, das ein Leben lang halten sollte. Im Laden war er ganz begeistert davon, sobald wir es aber zu Hause hatten, sah er mich an, als ob er fragen würde: »Würdest du deine Zähne an dem Ding auf die Probe stellen?« So ist das Leben. Du gewinnst etwas, und du verlierst etwas.

Wir sind gerade dabei, weiterzugehen, als uns eine schicke Sechzigjährige fragt, ob Bodie auch die Rasse Shiba Inu in sich trägt. Ich sage ihr, das wäre mir neu, aber alles sei möglich, da er eine komplexe Mischung sei. Als sie sich nach vorne beugt, um seine Brust zu kraulen, bemerke ich den besonderen Anhänger an ihrem Hals – eine Miniatur-Glasflasche umgeben von zartem Goldfiligran.

»Ich habe sie von *Ajne*, gleich um die Ecke, Sie müssen da vorbeigehen!«, sagt sie begeistert. »Es ist diese schöne Parfüm-boutique, wo sie persönliche Düfte für Sie kreieren. Sie machen sogar sogenannte Furfumes!«

»Furfumes?«

»Fellfüm – Parfüm für Hunde!«

»Wirklich?«

»Sie finden den Laden im Brunnenhof bei der Mole Hole.«

Das klingt wirklich unwiderstehlich, wir müssen hingehen.

Kapitel 14
Kennel Nr. 5

Was für ein Setting. *Ajne* liegt an einem hellblauen Springbrunnenpool, der von Kästen mit rosa und lila blühenden Blumen umgeben ist. Der Laden selbst fühlt sich an wie ein Mini-Versailles mit seinen glitzernden Kronleuchtern, den weiß-gold getäfelten Wänden und den verzierten Duftflaschen auf vergoldeten Tischen. Ich kann kaum glauben, dass sie Hunde im Laden erlauben, aber dann sehe ich eine Anzeige, die ihrem duftenden Wohlbefinden gewidmet ist:

Im Sortiment der Furfumes gibt es vier Düfte: Rasse, Tro Da-Bone, Sea K-9 (die Hundeversion von CK1) und den Klassiker Kennel Nr. 5.

Jeder Duft soll eine bestimmte Wirkung erzielen: Er soll die Welpenliebe steigern oder das Überfressen bekämpfen. Ich denke, Kennel Nr. 5 ist Bodies Duft, eine beruhigende, blumige Mischung aus Rose, Lavendel und Geranie.

Ich habe Glück, dass die Schöpferin selbst, Jane Hendler, bereit ist, ihn einzuölen. (Sie und ihr Ehemann Rex haben auch das Konzept für die Cocktail-Palette im *Cypress Inn* entwickelt.)

Obwohl sie ein bekennender Katzenmensch ist, legt Bodie sich von Anfang an unterwürfig zu ihren Füßen.

»Zuerst lassen wir ihn ein wenig schnüffeln«, sagt sie und hält die Flasche an seine Nase.

Er stimmt eindeutig zu.

»Dann geben wir einen oder zwei Tupfer auf sein Fell.«

Augenblickliche Seligkeit. Es ist schon fast komisch, wie entspannt Bodie jetzt ist, bereit für ein Nickerchen, und er gibt mir damit die Möglichkeit, die menschliche Version dieser Erfahrung auszuprobieren.

Jane erklärt, dass alle Parfüms von *Ajne* biologisch sind, ohne synthetische Stoffe, und dafür entwickelt wurden, die Körper-Chakren auszubalancieren und zu stärken. Der Findungsprozess ist faszinierend. Er beginnt mit einem Fragebogen. Ich erwarte, dass ich mich zwischen Lilie und Jasmin, moschusartig oder frisch entscheiden muss, aber es geht viel tiefer.

»Was erhoffen Sie sich von diesem Duft? Was soll er Ihnen bringen?«

Diese Frage zieht ein langes Nachdenken mit sich, weil sie sich anfühlt, als würde ein Geist einem einen Wunsch erfüllen. Für welchen dieser Punkte würden Sie sich entscheiden?

- *Erfrischen, antreiben und erheben.*
- *Weisheit und geistige Stimulation.*
- *Zu neuen Höhen emportragen.*
- *Erdung und Sicherheit.*
- *Mit Liebe und Zufriedenheit erfüllen.*

Schließlich wähle ich »Zu neuen Höhen emportragen«. Wahrscheinlich, weil ich mich so niedergeschlagen gefühlt habe, dass der einzige Weg der nach oben sein kann.

Die nächste Frage.

»Zu welchem der folgenden Orte fühlen Sie sich im Moment am meisten hingezogen?«

Seltsamerweise wähle ich nicht »Großstädte in Nordamerika«, obwohl ich morgen nach San Francisco fahre und dann weiter nach Portland. »Regenwälder und Dschungel« klingen erdrückend heiß und als bräuchte man eine Machete, sodass ich »Bergige Regionen« wie den Himalaya und die Rocky Mountains wähle. Ich denke, wegen der Reinheit der Luft, die eine Art Klarheit bringt … jedenfalls, sobald man sich an die Höhe gewöhnt hat.

Hier ist noch eine interessante Frage: »Bei welcher dieser Eigenschaften denken Sie, Sie bräuchten mehr davon in sich selbst und in Ihrem jetzigen Leben?«

»Ehrlichkeit, Offenheit, Wahrheit« ist ein Punkt. »Fülle, Kreativität, Vergnügen« ein anderer. Ich wähle »Mut und Vertrauen«, weil ich denke, dass sie der Schlüssel sind, um eine Aufgabe zu erfüllen. Und dabei befinde ich mich schließlich.

Als die Fragen persönlicher werden, werde ich ein wenig unruhig. Das nimmt langsam Formen einer Therapiesitzung an, bei der man sich auf die Suche nach der eigenen Seele begibt. Statt »Wie will ich riechen?« geht es eher um »Wer will ich sein?«. Jede Entscheidung scheint übermäßig wichtig zu sein.

»Sollte ich allgemein antworten oder von meinen aktuellen Gedanken und Gefühlen ausgehend?«, frage ich.

»Gehen Sie von der Gegenwart aus«, ermutigt mich Jane.

Ich atme tief ein, und bald ist es geschafft. Nun wechsle ich zum Haupttresen. Es ist Zeit, meine Nase einzusetzen.

Ich schnuppere an den Proben und sortiere sie nach drei Kategorien: ja, nein und vielleicht. Das macht jetzt Spaß! Ich kann sagen, dass ich die Duftassoziation »Wald« gegenüber »Blumig« oder »Zitrus« bevorzuge, und interessanterweise sind die meisten Düfte, die ich mag, Unisex-Düfte. Vielleicht liegt es daran, dass ich männlicher riechen möchte, um den Mangel in meinem Leben auszugleichen? Oder vielleicht mag ich einfach nur Zedern.

Wir verkleinern den Kreis der Favoriten auf vier. Dann zwei, dann einer. Ich habe meine Auswahl getroffen. Aber ich bin neugierig: Was hätte der Computer auf der Basis meiner Antworten ausgewählt? Jane reicht mir den Ausdruck – exakt dasselbe! Unter Hunderten möglichen Optionen sind sich meine Nase und mein Herz einig. Das ist sehr erfreulich. Das Sahnehäubchen folgt nun: die Auswahl des Anhängerfläschchens und der Kette. Jane hat ihre Karriere als Schmuckdesignerin begonnen, und dieser Schmuck ist wirklich etwas Besonderes. Ich verzichte auf eine Verpackung und beschließe, meine Kette gleich zu tragen. Ich mag die Idee, dieses Amulett mit besonderen Heilkräften von nun an immer an mir baumeln zu haben.

»Das war wirklich eine sehr schöne Erfahrung«, danke ich Jane. »Selten und wertvoll«, zitiere ich ihr Logo. »Nicht wahr, Bodie?«

Keine Antwort. »Bodie!«

Er sieht zufrieden zu mir hoch.

»Es ist Zeit zu gehen ...«

Wir überqueren gerade die Straße, als eine elegante Geschäftsfrau anhält, um Bodie zu bewundern.

»Ist er lieb?«, fragt sie.

»Sehr!«

»Und so weich!«, gluckst sie, während sie Bodie streichelt. »Er riecht sogar gut!«

Das ist eine Premiere. Nicht, dass Bodie jemals als *schlecht riechend* bezeichnet worden wäre, aber sicherlich hat ihn bisher noch niemand wegen seines Geruchs gelobt.

»Nun, das ist lustig, dass Sie das sagen ...«, beginne ich.

Zeit fürs Mittagessen.

PortaBella wurde wiederholt als sehr hundefreundliches Restaurant empfohlen, aber es ist ziemlich heiß geworden, und ich bin besorgt, dass wir auf der vorderen Terrasse kein Plätzchen im Schatten finden. Ein Kellner bemerkt, dass ich am Eingang auf und ab gehe, und sagt: »Würden Sie einen Tisch auf der geschlossenen Terrasse bevorzugen?« Meine Augen leuchten. »Folgen Sie mir!« Er dreht sich um und geht ins eher edle, mit Teppich ausgelegte Restaurant.

»Wirklich? Ich soll Ihnen folgen?«

Er nickt.

Als der Bodenbelag zu Fliesensteinen übergeht, tritt ein Herr in einem klassischen beigen Leinenanzug und kobaltblauen Hemd beiseite und verneigt seinen Kopf. »Vielen Dank, dass Sie nett sind zu Ihrem Hund!«

Ich stottere fast: »Ich bin es, die Ihnen danken sollte!«

Kaum habe ich mich hingesetzt, bringt ein weiterer Kellner Bodie eine Schüssel mit Wasser – sie steht auf einer mit einem Leinentuch bedeckten Porzellanplatte.

Was für ein Ort. Ich fühle mich, als wäre ich auf Capri oder in St. Tropez.

Die Speisekarte ist passenderweise mediterran. Als ich heimlich ein Stück Zitronenhühnchen mit Bodie teile, merke ich, dass mich eine Frau beobachtet. Für einen schrecklichen Moment denke ich, sie könnte glauben, dass ich die Qualität des Essens nicht respektiere, aber als ich auf dem Weg nach draußen an ihr vorbeigehe, gluckst sie wegen Bodie vor Vergnügen, als ob sie die ganze Zeit über nichts anderes gewollt hätte, als ihn anzufassen.

Ist hier etwas im Wasser?

Vielleicht trinken sie alle aus dem Fountain of Woof in Carmel Plaza. Bodie leckt begeistert an dem Wasser, das der Mund eines bronzenen Labradors ausspeit, während wir einen Nachmittagsspaziergang durch die Geschäfte machen. Es ist erstaunlich, wie hundefreundlich hier jede Einrichtung ist. Sogar Tiffany hat eine Hundeschüssel an der Tür stehen.

Ein Highlight ist unsere Tour durch das George Rodrigue Studio – der Künstler aus Louisiana, der mit seinen blauen Hundegemälden berühmt wurde. Ich hatte schon Drucke dieser auffälligen Pop-Art-Bilder gesehen, aber ich wusste nicht, dass sie von der Legende des Cajun-Werwolfs inspiriert waren. Der blaue Hund dieser Gemälde wirkt weniger bedrohlich, wie er neben einem Vintage-Cola-Automaten oder einer Blumenvase posiert. Der Ausdruck in seinem Gesicht ist dabei immer ein Mona-Lisa-Mysterium. Rodrigue hat einmal gesagt: »Dieser Hund fragt, wer bin ich, wer bist du, was machen wir hier, worum geht es im Leben.«

Heute ist definitiv ein Tag der großen Fragen.

Ich kann Ihnen eines sagen: Carmel ist der Ort, an den ich mich im Ruhestand zurückziehen möchte. Und vielleicht würde ich die Zeit bis dahin auch dort verbringen wollen.

Wenn man mir gesagt hätte, dass ich den Abend mit drei glücklich verheirateten Paaren verbringen würde, wäre ich wahrscheinlich bei dem Sherry-Dekanter im Zimmer geblieben. Aber das ist Carmel. Hunde führen hier zu überraschenden Wendungen. Und diese ändern alles.

Natürlich habe ich es herausgefordert, indem ich ins *Casanova* essen ging – das ist Carmels romantischstes Restaurant. Ich zögerte zunächst wegen der Preise, aber die Speisekarte war so verlockend, dass ich nicht widerstehen konnte.

Erneut sind die Angestellten begeistert, dass mein Essensbegleiter ein Hund ist.

»Danke, dass Sie ihn mitgebracht haben«, sagt der Kellner ernst.

Und wieder schaue ich verwundert zurück. Man würde wirklich denken, sie meinen, was sie sagen.

Das Paar, neben dem ich auf der Terrasse sitze, hat zwei verrückte kleine Yorkshire Terrier, und erzählt mir, dass es versucht, sie so zu trainieren, dass sie ein Signal geben, wenn sie mal müssen. Mehrmals springt der Ehemann auf, weil er denkt, der kleine Hund gibt ihm einen Wink, aber jedes Mal ist es falscher Alarm.

»Irgendwann schaffen wir es«, sagt er stoisch.

Als sie weiterziehen, setzt sich ein Paar mit einem brandneuen, hyperaktiven Rettungshund an den Tisch. Bodie ist immer noch im Zen-Modus und beachtet ihn kaum, aber es dauert nicht lange und es stellt sich heraus, dass das Paar ein wahres Medizin-Orakel ist. Während sie Hundefrisörsalons empfiehlt, zeigt er mir ein Bild auf seinem Handy, damit ich genau weiß, welches Produkt ich das nächste Mal bei PetSmart kaufen soll. (Sulfodene ist ihr Top-Tipp, ein Klassiker, den es seit sechzig Jahren gibt.) Im Gegenzug empfehle ich Kennel Nr. 5 für ihren Hund; er ist so unruhig, dass sie gezwungen sind, schnell zu essen. Und so wird der Tisch frei für das dritte Paar, meine Favoriten, sowohl in Bezug auf die Menschen (Ron und Denise aus Nordirland) als auch auf die zwei großartigen Golden Retriever (Paddy und Murphy).

Ich kann kaum glauben, dass zwei so große und schwere Hunde unter den kleinen Holztisch passen, aber sie sind Brüder und mögen es, ineinander verschlungen dazuliegen.

»Im Schlaf berühren sie sich immer«, lächelt Denise liebevoll. »Und wenn einer außer Sichtweite des anderen ist, gibt es einen Panikmoment, bis sie sich wieder sehen, und dann heißt es: ›Oh Gott, wo warst du?‹, und sie sind wieder über- und untereinander!«

Die Familie lebt derzeit in Reno, Nevada (sie nehmen die Hunde mit zum Schwimmen im Lake Tahoe), aber Rons Arbeit hat sie schon quer durch die USA geführt, von Georgia nach Texas und North Carolina und Wisconsin.

Bei all ihrer Reiseerfahrung mit Hunden frage ich sie, ob sie Tipps für Anfänger haben.

»Viel Bewegung, bevor sie ins Auto steigen, viele Pinkelpausen einlegen, und unsere Hunde mögen es, wenn der Fernseher im Hotelzimmer läuft. Das erinnert sie an zu Hause und tröstet sie.«

Sie zeigen mir einige ihrer Schnappschüsse von den Reisen – in der Sonne liegen, im Schnee herumtollen –, und es ist klar, dass Paddy und Murphy ein tolles Leben führen.

Auf einem Foto sieht man die Hunde mit hochfliegenden Ohren am Strand, und ich fühle mich schlecht, weil Bodie keinen Spielkameraden hat außer mir. Anderseits, wenn ich anhalte und einem anderen Hund Aufmerksamkeit schenke, ist er immer verärgert und versucht, mich entweder wegzuziehen, oder geht direkt auf den anderen Besitzer zu, um von ihm Aufmerksamkeit zu verlangen. Vielleicht ist er glücklich, ein Einzelkind zu sein.

Während er sein Mobiltelefon in der Hand hält, beschließt Ron, seine Kritik der *Casanova*-Speisen auf TripAdvisor zu stellen. Ganz der Feinschmecker, erzählt er mir von einem »Gourmet«-Geschäftsessen in Chicago. Als er gefragt wurde, ob er irgendwelche Nahrungsmittelallergien habe, hat er geantwortet: »Ja, ich bin allergisch gegen kleine Portionen.«

Ein Gang bestand aus einer einzigen Tortellini. Also entschuldigte er sich und sagte: »Es tut mir leid, aber ich kenne einen Ort, wo diese in ganzen Packungen kommen.«

Ich muss sagen, ich hätte eine dritte Portion meiner Ricotta-Ravioli mit Karotte, Koriander und brauner Butter gut vertragen können, aber dies bedeutet auch, dass umso mehr Platz für den Nachtisch bleibt.

Beim Apfel-Puddingkuchen mit Sternanis-Eis sprechen wir über das Leben in Amerika und das Problem, so weit weg von unseren Familien zu sein.

»Aber natürlich bieten wir ihnen einen großartigen Ort für die Ferien.«

»Das stimmt!«, pflichte ich bei.

Es hat etwas sehr Befriedigendes, mit Leuten aus »der Heimat« zu reden; wir haben viel gelacht, und ich gehe wohlgelaunt mit Bodie durch die Dunkelheit zurück zum Hotel.

Und als ich vor dem Schlafengehen noch einmal meine E-Mails kontrolliere, begrüßt mich ein viertes glückliches Paar …

Sam und Marcus in ganzer Pracht in der Villa d'Este, am Comer See. Es ist ein schönes Foto – beide sind piekfein gekleidet, ihre zueinander passenden onyxgrünen Augen leuchten hell. Diesmal füllt sich mein Herz mit Zuneigung und Freude.

Ich weiß nicht, ob es der Zaubertrank von *Ajne* ist, der mich ausbalanciert, oder die Tatsache, dass ich eine durch und durch gesellige Nacht hatte, aber als ich mich zu dem schon schlafenden Bodie lege, fühlt es sich so an, als wäre alles in der Welt genau so, wie es sein sollte.

Kapitel 15
Der Hundebürgermeister

Es ist ein wunderschöner Morgen am Strand. Bodie planscht im Meer, springt dann fröhlich hinein. Der einzige Haken ist die Frau, die ständig nach ihrem Welpen, Bodie, ruft, was meinen Bodie ziemlich verwirrt, also beschließen wir, das Territorium am anderen Ende der Bucht zu erkunden. Auf dem Kamm der niedrigen Klippe sehe ich ein paar Golfwagen und erkenne, dass wir nur einen kurzen Aufschwung vom legendären Pebble Beach-Golfplatz entfernt sind. Ich erinnere mich, dass mein Vater erzählt hat, dass hier eine der höchsten Benutzungsgebühren der Welt gezahlt wird: um die fünfhundert Dollar. Ich denke über die Wahrscheinlichkeit nach, dass uns ein Golfball an den Kopf knallen könnte, als ich realisiere, dass Bodie schon ziemlich weit vorgerannt ist. Ein paar Jogger versuchen, ihn in meine Richtung zurückzuscheuchen, aber er ignoriert sie und beginnt mit fieberhafter Entschlossenheit den Abhang hinaufzulaufen. Oh nein. Ich jage ihm hinterher, klettere über die algenverschmierten Felsen, kämpfe um einen sicheren Stand, doch er läuft vorwärts und aufwärts, das ist jetzt der Teufel in ihm. Ich fühle die gleiche kalte Angst wie bei der Straße in Santa Barbara – je dringender ich ihn rufe, desto schneller läuft er vor mir weg.

Er ist jetzt über die Kante gesprungen, ich kann ihn weder sehen noch hören. Ich kann mich kaum dazu überwinden, über den Rand zu gucken – es ist eine Sache, einen Hund zu sehen, der wie wild über den teuersten Golfplatz läuft, aber mich vor dem Duschen? Sagen wir einfach, ich entspreche nicht wirklich den Anforderungen der offiziellen Kleiderordnung.

Während ich nach Bodie Ausschau halte, sehe ich zwei Männer in nur ein paar Metern Entfernung – sie könnten Jack Nicklaus und Tiger Woods sein, ich bin aber zu beschämt, um genauer hinzusehen.

»Entschuldigung!« Ich blicke in ihre ungefähre Richtung, während ich nach Bodie spähe. »Er ist mir einfach entwischt!«

An diesem Punkt verliere ich den Halt und stürze beinahe rückwärts auf den felsigen Strand.

»Brauchen Sie Hilfe?«, ruft ein besorgter Golfjunge.

»Nein, nein, mir geht's gut!«, lüge ich, und mein Gesicht brennt vor Scham, während ich nach Bodie greife, der mich wie irre angrinst.

Dieses Mal kriege ich ihn aber, klemme die Leine wieder an sein Halsband und ziehe ihn zurück.

Später erfahre ich, dass es nur noch neunzehn Tage bis zu den US Open sind. Kann man sich das vorstellen: Mitten in dieser Trainingsphase kommt Bodie vorbei wie einer der Flitzer, die in den 1970er-Jahren britische Cricket-Spiele belebten.

Ich schaudere bei dem Gedanken, dass ich ihm hätte knapp folgen können.

Sobald wir sauber sind und ausgecheckt haben, sichere ich Bodie im Auto, damit wir den 17-Mile Drive ohne ein weiteres Drama erkunden können.

Auf halbem Weg wünschte ich, wir hätten einen ganzen Tag lang dafür Zeit, um ihm gerecht zu werden. Der Name hat mich getäuscht – ich dachte, es wäre nur eine landschaftliche Schleife, durchsetzt mit Golfclubs, die bei gemächlichen dreißig Kilometern pro Stunde bereits alles Sehenswerte bietet. Aber bestimmte Stellen, an denen angehalten werden kann, zeigen, dass es sich lohnt, mehr als einen Fuß aus dem Auto zu setzen und schnell mit der Kamera zu klicken. Zum Beispiel Spanish Bay mit dem ausgedehnten Strand und dem minzfrischen Wasser oder der Picknickplatz am Seal Rock – perfekt, wenn man zu seinen Sandwiches Robbenlaute mag!

Bodie ist irritiert von ihrem seltsamen Bellen, aber meine Augen sind auf den Ozean gerichtet – ist das etwa eine Haifischflosse, die ich da sehe? Oder ist es eine Robbenflosse? Schwer zu sagen bei diesem plötzlich rauen Wasser. In der einen Minute denkt man, man sieht etwas schwarzes Säugetierhaftes, als Nächstes kann man es nicht von den Felsen unterscheiden, die mit sich bewegendem Seetang überzogen sind.

Es ist schwer vorstellbar, dass diese Küste 1944 als Double für Sussex, England für Elizabeth Taylors Durchbruchsfilm *Kleines Mädchen, großes Herz* herhielt. Da war sie gerade zwölf Jahre alt. Nun ist sie Hundeliebhaberin. Abgesehen von ihrer Hauptrolle in zwei *Lassie*-Filmen besaß sie tatsächlich einen Collie, ein Abkömmling ihres Hunde-Co-Stars – ein Geschenk zu ihrem sechzigsten Geburtstag. Als sie sich scheiden ließen, hat ihr damaliger Ehemann Larry Fortensky sie vor Gericht gebracht, um das Sorgerecht für den Hund auszukämpfen. Sie gewann.

Meine andere Lieblings-Liz-Hundegeschichte ist diese: Sie sollte in England einen Film mit Richard Burton drehen und wollte ihre Pekinesen zum Set mitbringen, aber nach den strengen Gesetzen jener Zeit hätten sie zuvor sechs Monate lang in Quarantäne gehalten werden müssen; also umging Liz Taylor das Gesetz, indem sie eine Jacht mietete und für die Dauer der Filmarbeiten auf der Themse lebte – so mussten die Hunde nie englischen Boden betreten. Das ist Hingabe!

Sie ging sogar so weit zu sagen: »Einige meiner besten Schauspielpartner waren Hunde!«

Das kann natürlich auf verschiedene Arten interpretiert werden.

Bodie schaut mich unbeeindruckt an, wird aber beim Anblick zweier enormer und zotteliger Berner Sennenhunde munter. Sie scheinen die Meeresbrise, die ihr Fell durchpustet, sehr zu genießen. Ich seufze – diese Felle sind so dick, ich denke, man könnte in der Arktis überleben, wenn man sich mit einem Sennenhund zudeckt. Sie sind definitiv eine meiner Lieblingsrassen, weil sie wahrscheinlich einem Bären als Haustier am nächsten kommen.

Als wir weiterfahren, sehe ich eine Frau auf einem Fahrrad und mit einem Hündchen im Korb. Bodie würde niemals so ruhig dasitzen. Und für die Sennenhunde bräuchte man einen kleinen Gabelstapler. Und dann merke ich, dass zwei joggende Frauen dem Autofahrer, der hinter mir angerast kommt, winken und ihn drängen, langsamer zu fahren. Ich beschließe, dabei mitzuhelfen. Man kann in diesen Kurven nicht überholen, also verringere ich mein Tempo, und das Auto hinter mir muss jetzt im Schneckentempo fahren. Bei Crocker Grove überholt es mich natürlich, sobald es geht. Der Fahrer dieses Autos bevorzugt offensichtlich eine unscharfe Landschaft, aber für meinen Geschmack konkurriert diese Strecke mit dem Big Sur in Sachen szenische Dramatik. Es gibt eine größere topografische Vielfalt, und ich mag Straßen, über denen sich die Äste von zwei Seiten kommend berühren und ein grünes Dach sowie schön gesprenkeltes Licht schaffen. Leider sieht der Himmel ziemlich bedrohlich aus, als wir an der Lone Cypress ankommen.

Seit zweihundertfünfzig Jahren klammert sich dieses berüchtigte Wahrzeichen an einem Felsvorsprung fest, der alles übersteht, was die Elemente für ihn bereithalten. Ich denke, jeder hat sich irgendwann mal an den Rand gedrängt und vom Leben geplagt gefühlt. Das erinnert mich an das Zitat von Aristoteles Onassis: »Wir müssen die Hoffnung aufgeben, dass das Meer jemals ruhig wird. Wir müssen lernen, bei starkem Wind zu segeln.«

Wir werden später herausfinden, ob Bodie ein Seebär ist, aber vor der Fahrt mit der Fähre in der Bucht von San Francisco haben wir noch einen weiteren Halt geplant.

Vom Erhabenen zum Lächerlichen. Wir verlassen Carmel, wo einst Clint Eastwood Bürgermeister war, und fahren eineinhalb Stunden nördlich nach Sunol, wo ein Hund einst zum Bürgermeister gewählt wurde. Wirklich. *Ein Hundebürgermeister.*

Es begann als ein Witz, aber der geliebte schwarze Labrador-Rottweiler-Mischling namens Bosco Ramos hat tatsächlich seine beiden menschlichen Gegenkandidaten geschlagen. Seine Amtszeit dauerte von 1981 bis 1994 – dreizehn Jahre. Und sie endete nur, weil er starb. Anscheinend war er so gut.

Das Erste, was wir sehen, als wir in dieser staubigen kleinen Eisenbahnstadt ankommen, ist eine Bronzestatue von Bosco. Bodie eilt hin, um in der Leiste der Statue zu schnüffeln und dann fieberhaft an ihrem Hintern.

»Du weißt, dass das kein richtiger Hund ist, oder?«

Ich bin erstaunt, dass trotz seiner angeblich besser ausgeprägten Sinnesorgane Bodie immer noch die traditionelle Begrüßungsprozedur durchspielt.

»Ich wundere mich manchmal über dich«, sage ich, während ich ihn auf die hölzerne Plattform hochhebe, damit ich sie nebeneinander sehen kann. Sie sehen mit ihren zusammenpassenden Halstüchern wie ein Paar aus, obwohl Bosco mindestens doppelt so groß ist wie Bodie.

Ich spiele mit der Idee, die beiden hier zusammen stehen zu lassen, um gemeinsam etwas Zeit zu verbringen, während ich über die Straße in die Kneipe *Bosco's Bones and Brew* gehe. Dann sehe ich, dass das zweistöckige saloonartige Gebäude mit seinen weißen Balkonlatten und Panoramafenstern ideale Holzpfosten hat, um ein Pferd oder einen Hund anzubinden. Mit Bodie in sicherer Position richte ich meine Jeans wie ein Revolverheld und bin bereit, mich den Leuten in der Kneipe zu stellen. Ich erwarte, dass sie in Schweigen verfallen, sobald ich den Raum betrete. Aber sie tun es nicht. Sie sind eigentlich eine ziemlich fröhliche Menge. Und sie wissen sofort, warum ich hier bin ...

Der wahre Hundezauber in der Stadt ist nicht die Straßenstatue, sondern die animatronische Nachbildung von Bosco hinter der Bar, inmitten klirrender Jack-Daniels- und Chambord-Flaschen. Er ist schwarz und pelzig und hat ein rotes Halstuch mit einem Sheriff-Abzeichen. Und hier ist das Beste: Wenn die Kellnerin sein Hinterbein hebt, pinkelt er Bier.

Sie stellt das Glas vor mir hin.

»Es ist ein blondes Bier«, erklärt sie, vielleicht um die Ähnlichkeit zum Urin zu erklären.

Ich zögere, bevor ich einen Schluck trinke.

»Wir servieren es hier nicht so warm wie in Großbritannien.«

»Nein, nein.« Ich schüttle den Kopf. »Das ist gut.«

Und dann nehme ich einen Schluck. Es ist eigentlich ziemlich gut. Erfrischend sogar. Ich mache ein bisschen Small Talk mit den Jungs an der Bar, sehe mich dann um und entdecke einen Raum voller vergilbter Zeitungsausschnitte zur Hauptattraktion. Als ich Bodie auf der anderen Seite des Fensters warten sehe, klopfe ich an die Scheibe. Er grinst mich an. Ich wäre lieber irgendwo, wo wir zusammen sein könnten.

Wir spazieren an den Gleisen entlang und machen dann eine Pause in einem Bushäuschen, um die angehefteten Zettel zu lesen. Einer stammt von den Pfadfindern. Sie suchen nach alten Socken, um daraus Spielzeug für die lokalen Kätzchen zu machen. Ich frage mich, wie es wäre, an einem Ort wie diesem zu leben: ein paar knarrende Antiquitätenläden, eine Bar, ein historisches Zugdepot und ein paar Pfadfinder – die Einwohnerzahl zum Zeitpunkt meines Besuches: 913. Der Ort scheint gänzlich abgeschnitten von der modernen Welt, dabei sind wir weniger als eine Stunde von San Francisco entfernt. Ich seufze. Ich nehme an, die meisten Menschen würden sich freuen, wenn sie auf dem Weg in die »Stadt an der Bucht«, wie San Francisco bezeichnet wird, wären. Aber ich bin es nicht.

Kapitel 16
Oh, San Francisco

Ich habe immer empfunden, dass die Person, die ihr Herz an San Francisco verloren hat, das nur getan haben kann, weil ihr das lebenswichtige Organ von einem der vielen Zombies, die hier die Straßen bevölkern, aus dem Körper gerissen wurde.

Ich habe ehrlich gesagt noch nie so viel Seltsames an einem Ort gesehen, obwohl alle, die ich kenne, diese Stadt lieben. Ich habe sicher die *Idee* von diesem Ort geliebt – bevor ich das erste Mal herkam. Das Auf und Ab der Straßen, die bunten Charaktere. Mein ehemaliger Mitbewohner James und ich hatten sogar geplant, hierherzuziehen.

Wir waren von der 1990er-Jahre-TV-Adaption von Armistead Maupins *Stadtgeschichten* so fasziniert, dass kaum der Abspann zu Ende war und wir schon im Flugzeug saßen, begierig, unsere eigene Barbary Lane zu finden.

Leider folgte James der Hotelempfehlung eines Arbeitskollegen, der, wie sich herausstellte, Unterkünfte mochte, die seinem Büro ähnelten. Ich sah James sichtlich erbleichen, als er die Aluminiumjalousien hochzog und wir auf eine Ziegelwand blickten. Beim Anblick des MDF-Tisches und der Betten im Schlafsaal-Stil schimpfte er: »*Bring mich irgendwohin, wo's teuer ist!*« Erst als er an einem Brandy Alexander im schummrig beleuchteten *Top of the Mark* nippte, kehrte wieder Farbe in sein Gesicht zurück.

Wir gingen am nächsten Morgen in ein anderes Hotel, nur um für die nächsten zehn Tage zu erleben, was Mark Twain in seinem berühmten Zitat festhielt: »Der kälteste Winter, den ich je erlebt habe, war der Sommer in San Francisco.«

Ich hatte nur dünne Klamotten dabei, also kaufte ich einen schweren Wintermantel in einem der Haight-Ashbury-Secondhandläden, um mich gegen die beißende Kälte zu schützen. Sie wurde von der Sonne störend durchsetzt, aber nur so lange, bis man ins Schwitzen kam und den Mantel ablegte – im nächsten Moment kam eine böse Böe, die einen so auffrischte, dass man zitterte. Ich hatte in England schon genug von diesem Wetter gehabt, vielen Dank. Kurz gesagt: Unsere Zeit in San Francisco war schrecklich, sie kulminierte in kleinen Streitereien und schließlich in dem Gelübde, nie zurückzukehren.

Warum also Bodie die Stadt zeigen, die ich am wenigsten mochte?

Nun, zuerst kam diese Statistik: Es gibt mehr Hunde in San Francisco als Kinder – es sind etwa 120 000 Hunde und 110 000 Kinder, laut den Zahlen des US-Census. Und tatsächlich wurde die Formulierung der Stadtverwaltung verändert: Man ist heutzutage in San Francisco nicht mehr der Hundebesitzer, sondern sein »Erziehungsberechtigter«. Was sehr nett ist.

Zweitens gibt es zwei Unternehmungen, die man nur hier erleben kann und die ich mit Bodie teilen wollte: in einer Straßenbahn fahren und die Alcatraz-Schiffstour machen. Keine von beiden ist eine offensichtliche Hundeaktivität, aber ich war überrascht, festzustellen, dass beides für Hunde erlaubt war, also warum keinen ohrenflatternden Nervenkitzel?

Praktischerweise gibt es eine Seilbahn-Route – die Powell-Mason-Linie –, die uns den ganzen Weg hinunter zum Pier 39 bringt, zum Embarcadero. Vielleicht bekomme ich dieses Mal eine andere Sicht auf die Stadt – durch Hundeaugen …

Bodie und ich stehen erwartungsfroh auf einer der schwindelerregendsten Straßen San Franciscos und sehen, dass sich die Seilbahn nähert. Ich bin leicht nervös, als die Metallspuren rasseln, die Glocke klingelt und die Bremsen die Kabine quietschend zum Stehen bringen.

»Bereit?«

Bodie sieht vorbereitet aus.

Wir treten vor, um in die Kabine zu steigen, als ein stämmiger Fahrer uns anbrüllt: »*Der Hund fährt nicht mit!*«

»Wie bitte?«, blöke ich.

»*DER HUND FÄHRT NICHT MIT!*«, maximiert er die Lautstärke.

»Aber …«

Bevor ich ihm Dutzende Webseiten zeigen kann zur Bestätigung, dass Bodie ein vollkommen legitimer, zahlender Kunde ist (das Ticket für Hunde kostet genau so viel wie für einen menschlichen Passagier), fährt die Bahn ab. Ich fühle mich im Namen von Bodie zutiefst beleidigt. Sogar er scheint etwas verblüfft.

»Musste der so aggressiv sein?«

Ich schüttle den Kopf. Ich hasse San Francisco. Ich hasse es wirklich.

»Nun, ich denke, wir gehen zu Fuß. Wenn niemand dagegen ist …«

Laut meiner Karte müssen wir ungefähr eine halbe Stunde lang die Stockton Street runter. Der einzige Haken ist, dass wir uns nach wenigen Querstraßen tief in Chinatown befinden. Das ist kein gutes Szenario. Alle Läden präsentieren ihre Waren draußen an der Fensterfront, in niedrigen Kisten, genau auf Hundeschnüffelhöhe. Ich nehme Bodie kürzer an die Leine, um ihn besser im Griff zu haben, aber das führt dazu, dass er noch mehr spannt und zerrt. Wir müssen sehr einschüchternd wirken – Fußgänger gehen uns aus dem Weg, als ob Bodie mit den Zähnen knirschen und am Maul schäumen würde, wobei er nur eifrig das Geruchssortiment aufnimmt.

Ich schaue nach oben, angezogen von den traditionellen chinesischen Kleidern aus Satin, aber dann zucke ich zusammen beim Anblick einer Reihe gebratener Entenrümpfe im nächsten Fenster. Bodie trottet selbstvergessen weiter.

Und dann fängt es an zu regnen.

Natürlich wird uns niemand anbieten, uns in den Türrahmen zu stellen und Chrysanthemen-Tee zu trinken, also müssen wir weitergehen. Der Regen kommt jetzt von allen Seiten und bringt uns dazu, in einen Touristenmarkt einzukehren, um einen – im Grunde – Einwegschirm zu kaufen, sofern man Glück hat, ihn überhaupt einmal benutzen zu können, bevor er von innen nach außen geweht wird und der schwache Stoff sich lockert. Bodie ist so durchnässt, dass er es aufgegeben hat, sich zu schütteln. Endlich ist das Dock in Sicht. Als bräuchten wir mehr Wasser.

Fortgeschwemmt ist meine Vision von Bodie mit den Pfoten am Bootsbug, die Augen in der Sonne blinzelnd, die Nasenlöcher freudig geweitet, während er die Seeluft schnüffelt. Ich kann wegen des starken Regens kaum meine Augen öffnen, um mich mit der Dame am Ticketschalter zu beraten, aber anscheinend sind wir gerade rechtzeitig angekommen – eine Fähre legt gleich ab.

»Wenn Sie sich beeilen!«

Wir springen durch die Pfützen, rasseln den Steg hinunter und springen beinahe kopfüber auf die Fähre, als ein mürrischer Deckhelfer uns anschreit: »Keine Hunde erlaubt!«

»Um Himmels willen«, murre ich. »Sie sind erlaubt«, schreie ich zurück und spucke dabei durch den Regen. »Ich habe bei dem Halter der Fähre nachgefragt.«

»Das entscheidet nicht er, sondern der Kapitän.«

»Gut, dann fragen Sie ihn erst, bevor Sie uns wegschicken.«

Er sieht ein wenig überrascht aus.

»Wir warten hier.«

Er zischt ab und kommt dann kleinlaut zurück. »Er sagt, es ist okay.«

Ich schaue ihn mit einem »Hab's dir gesagt«-Grinsen an.

»Aber Sie müssen ihn von allen anderen Passagieren fernhalten.«

»Okay«, murre ich.

Sobald wir an Bord sind, wünsche ich mir, ich hätte nicht darauf bestanden, mitzufahren. Der Bereich weg von den Passagieren hat keine Sitzplätze und kaum Schutz. Bodie reagiert sofort verstört auf das Geräusch der mahlenden Motoren und auf den überwältigenden Gestank von Dieselkraftstoff. Schlimmer noch, als wir ins tiefere Wasser kommen, beginnt der Boden Kippbewegungen zu machen, und das Vibrieren zieht bis in seine Pfoten. Er kauert sich nieder, weil er unmöglich stehen kann. Es ist das erste Mal, dass ich ihn ängstlich erlebe. Die Fahrt wird eine Stunde dauern – was habe ich mir dabei bloß gedacht? Was ist, wenn er ein Trauma davonträgt? Nicht, dass ich vorhabe, in nächster Zeit mit ihm ein Jachtrennen um die Welt zu starten, aber ...

Ich hoffe nur, dass seine Angst nicht eskaliert. Wenn er versuchen würde, über Bord zu springen, bin ich mir nicht sicher, ob meine rutschig-nassen Hände ihn zurückhalten könnten. Wenn ich das glatte Metall anschaue, das uns umgibt, scheint mir eine Leine nicht mehr ausreichend. Ich lege ihm auch die Ersatzleine an, die ich in meiner Tasche habe, und nun sind es die vorbeigehenden Passagiere, die nervös aussehen.

»Sieh nur! Dieser Hund braucht zwei Leinen, um zurückgehalten zu werden!«

Ich versuche, die eine an das Geländer der nahen Metalltreppe zu binden, aber wir stehen dort ständig der Crew im Weg, die rauf- und runterrattert. Ich kann nicht glauben, dass wir für dieses Elend Geld bezahlt haben. Wir können den gedämpften Erläuterungen über die Lautsprecher nicht folgen, können durch den nebligen Schleier nichts sehen, und die Feuchtigkeit dringt bis zu den Knochen. Oh Gott, ich hasse San Francisco. Ich hätte niemals hierherkommen sollen. Nie wieder – diesmal meine ich es ernst. Dies ist der Tropfen, der das Fass zum Überlaufen bringt. Und das auf hoher See.

Das Einzige, was mir einfällt, um Bodie abzulenken, ist, ihm einen neuen Trick beizubringen – mit den Leckerlis, die ich in meiner Tasche habe. Während er normalerweise brav wartet, dass ihm etwas an seine Lippen gehalten wird und er es sanft aufnimmt, ermutigte ich ihn jetzt, aufzuspringen und es mir aus den Fingern zu reißen. Das mag er. Ich breche die Leckerlis in immer kleinere Teile und dann in Krümelchen, um die Übung zu verlängern, bis er diese neue schlechte Angewohnheit perfektioniert hat.

Als wir dann unter der Golden Gate Bridge durchfahren, verändert sich unsere Situation: Wir beginnen die Hundeliebhaber unter den Passagieren anzuziehen. Sie haben die Hoffnung aufgegeben, Alcatraz zu sehen oder einzelne Wortfetzen aus den Erläuterungen durch die Lautsprecher zu Sinn machenden Sätzen zu verbinden, und gesellen sich lieber zu uns – für ein bisschen Small Talk und einen kleinen Klaps auf Bodies nasses Fell. Indem sie das tun, geben sie mir ein wärmendes Gefühl; es ist, als würden wir Ausgestoßene von ein paar mutigen, offenen Bürgern in der Gemeinschaft begrüßt.

»Wussten Sie, dass ein Hund einmal von Alcatraz bis zum Ufer von San Francisco geschwommen ist?«, erzählt ein Einheimischer.

»Ist er geflohen?«

»Nein«, gluckst er. »Er war Teil eines jährlich stattfindenden Wettschwimmens. Ein Golden Retriever. Er war der zweiundsiebzigste unter fünfhundert Menschen.«

»Das ist unglaublich!«, grinse ich. »Wie lange hat er gebraucht?«

»Etwa zweiundvierzig Minuten.«

»Wow.« Ich sehe Bodie an, der mir zu verstehen gibt: »Komm auf keine blöden Ideen.«

Und dann, endlich, ist es vorbei. Wir können gar nicht schnell genug zurück zum Kai gelangen. Jede noch so touristische Absteige sieht im Moment für uns verlockend aus. Wir finden ein

Fish-and-Chips-Restaurant, wo Bodie auf der überdachten Terrasse angebunden werden darf, und jedes Mal, wenn der Kellner uns den Rücken zudreht, schnappe ich eine neue Serviette und reibe ihn weiter trocken. Ich habe immer gedacht, Hunde sehen in diesen gelben Kapuzenwesten lächerlich aus, aber nun verstehe ich, dass sie sinnvoll sind. Es gibt eine Tierbedarfshandlung am Kai, aber die scheint sich nur auf kleine, zierliche Hunde spezialisiert zu haben. Stattdessen machen wir einen fünfzehnminütigen Spaziergang zum North Beach Pet Supply in Little Italy, das – wie ich widerwillig gestehen muss – nach einer ziemlich ansprechenden Gegend aussieht, sogar an einem solch düsteren Tag. Zwischen den in die Jahre gekommenen, aber charaktervollen Cafés *Cavalli*, *Capriccio* und *Puccini* entdecke ich ein entzückendes Wandbild mit Hunden in einer Straßenbahn. Nur um uns ein bisschen mehr zu verhöhnen.

Jetzt, da der Regen nachgelassen hat, richtet sich meine Aufmerksamkeit von den Kapuzenwesten zu einem grauen handgestrickten Hunde-Pullover mit einer amerikanischen Flagge drauf – à la Ralph Lauren. Bodie sieht darin unwahrscheinlich gut aus. Ich kaufe ihn, aber nur zwei Minuten die Straße rauf, beißt und zappelt Bodie und will sich das Teil verzweifelt vom Rücken reißen – die Sonne ist rausgekommen, und er glüht.

»Was du nicht sagst!« Ich winde mich ebenfalls aus meiner äußersten Zwiebelschicht.

Und so geht's weiter, diese vertraute Routine von heiß-kalt-feucht-dampfend, das Hin und Her zwischen »Ach, das ist gar nicht so schlimm« und »Verdammt noch mal!« den ganzen Weg über zurück in die Bush Street.

Bodie steht unter einem Werbeplakat für Nob Hills Nackte-Männer-Revue. »Im Ernst? Werden wir hier den Abend verbringen?«

»Wir müssen ein bisschen weiter hoch«, dränge ich ihn am Theater vorbei.

»Hooker Alley? In die Flittchen-Allee?«

»Hooker Alley Community Garden«, stelle ich klar, obwohl ich es selbst nicht besonders tröstlich finde. Zumindest nicht, bevor ich das schmale Gebäude im Edward-VII.-Stil gesehen habe: das *Golden Gate Hotel.*

Das mag unlogisch klingen, aber ich habe diesen Ort gewählt, weil eine Katze auf dem Logo prangt. Und weil auf der Hotel-Webseite Wörter verwendet werden wie Vintage, europäisch und Gebäck.

Die elegante dänische Inhaberin Renate Kenaston begrüßt uns an der Rezeption, gemeinsam mit ihrer Französischen Bulldoge Patsy.

»Diese unglaublichen Ohren«, schwärme ich. Wie zwei perfekte Blätter eines kleinen Kopfsalates oder wie kecke Austernschalen.

Obwohl die Augen des kleinen Hundes voller Neugierde sind, ist Bodie eher an Pip, der gelb gestreiften Katze, interessiert und zieht in ihre Richtung zu den Treppen.

»Möchten Sie den Aufzug nehmen?«, fragt Renate und deutet auf das 1920er-Jahre Vogelkäfig-Design.

Bodie sieht unruhig aus, als sie die Ziehharmonika-Tür zuzieht – ich vermute, er hat genug von wackligen Böden für diesen Tag. Aber es ist zu spät – wir sind schon in Bewegung. Anstatt zu jaulen, sieht er fasziniert zu, wie die untere Etage langsam verschwindet. Ich habe einen ähnlichen Gesichtsausdruck, als ich die Bilder an den Innenwänden des Aufzugsschaftes vorbeiziehen sehe – insbesondere bei einem schimmernden, leicht angelaufenen Porträt eines Hundes.

Als wir aus dem Auszug treten, rast Pip den Korridor entlang, um Bodie absichtlich zu quälen. Aber als wir um die Ecke biegen, ist sie auf Grinsekatzen-Art verschwunden und lässt uns unser schlüsselblumengelbes und Wedgwood-blaues Nest in Ruhe anschauen. Es hat bezaubernde Erkerfenster, weiße, aus Korb geflochtene Kopfenden und antikes Badezimmerporzellan.

Es gefällt uns beiden sehr – es weckt die Assoziation »Tee und Behaglichkeit«. San Francisco kann so dreckig und verrückt sein, wie es will, ich weiß nun, dass wir hier sicher sind.

Vielleicht ein bisschen zu sicher.

Mir fällt auf, dass dies die vierte behagliche und kitschige Unterkunft in Folge ist: *San Ysidro Ranch, Cottage Inn, Monte Verde Inn* und nun das hier. Ich kann die Anziehungskraft des Heimeligen nicht leugnen, aber vielleicht sollte ich für die nächste Übernachtung etwas mehr Jetset anstelle von Romantik aussuchen. Ich nehme meinen Laptop und sehe mir glatte, moderne Optionen an, aber als ich merke, dass ich überall zu den Essensmöglichkeiten scrolle, wird mir klar, dass mein Magen mehr als nur Cybernahrung braucht.

»Zeit für deinen Abendspaziergang!« Ich schwinge meine Beine vom Bett.

Ausnahmsweise sieht Bodie nicht begeistert aus.

Ich würde auch lieber hierbleiben, aber da es ein Bed & Breakfast ist, gibt es kein Abendessen, und außerdem habe ich einen bestimmten Ort im Kopf.

Es regnet nicht, aber der Wind ist ziemlich stark. Diesmal führt uns unsere Route durch das verlassene Bankenviertel, vorbei an unheimlichen Statuen, die aussehen, als könnten sie sich jederzeit auf uns stürzen wie in einem Batman-Film. Oder vielleicht sollte ich Dracula sagen, da wir in Francis Ford Coppolas Restaurant speisen werden, im *Cafe Zoetrope*.

Es befindet sich im Sentinel-Gebäude (San Franciscos Version des New Yorker Flatiron Building) und erinnert mit der kunstvoll oxidierten Kupferfassade, den roten Stoffmarkisen und dem verlockenden Kerzenlicht wunderbar an Paris. An den Wänden hängen Fotos und Andenken aus den Filmen des Meisters (vor allem aus *Der Pate*), aber wir dürfen natürlich nicht rein. Stattdessen beurteilt der Kellner freundlich die Windstärke auf den Bürgersteigen an den beiden Außenseiten des Gebäudes und stellt fest, dass der Wind auf der Kearny Street weniger schneidet als auf der Columbus Avenue. Bodie findet in einem Winkel neben meinem Stuhl Unterschlupf, und ich entwirre meinen Schal und schichte ihn um seinen Körper. Ihm scheint die Kälte nicht viel auszumachen, während ich auf meinen Händen sitze und die Schultern bis zu den Ohren hochgezogen habe.

Unter diesen Umständen scheint ein Salat nicht die beste Wahl, aber ich kann den Zutaten des Insalata Finocchio nicht widerstehen – Fenchel, Sellerie, Orange, frischer Zitronensaft und geriebener Pecorino. Er ist genauso pikant und knusprig und schwungvoll, wie man ihn sich vorstellt. Danach bestelle ich ein wenig Hitze in Form von feurigen Penne all'arrabbiata und trinke dazu ein Glas Merlot von Coppolas Weingut. Das ist der eigentliche Grund, warum ich dieses Lokal ausgewählt habe – es scheint mir der perfekte Übergang zwischen dem heutigen San Francisco und unserem morgigen Ziel Napa, Kaliforniens beste Weinanbauregion. Auf Coppolas dortigem Anwesen, Rubicon Estate, sind Hunde in den Außenanlagen erlaubt, aber nicht in den Verkostungsräumen, was eine Schande ist, weil ich auf der Sinneserkundungstour sehen wollte, wie sich Bodies Nase beim Vergleich von Weinbouquets anstellt.

»Noch ein Glas Wein?«

Als ich erneut in die Speisekarte blicke, merke ich, dass es zwischen den roten und den weißen Weinen eine Kategorie namens »Sofia« gibt, benannt nach Coppolas Tochter, der Autorin und Regisseurin des großartigen Films *Lost in Translation*.

Ich habe keinen anderen Film gesehen, der das Gefühl, ein Fremder in einem fremden Land zu sein, besser festgehalten hätte. Die ganzen Irrfahrten und das Staunen, die benebelten, dem Jetlag geschuldeten Zerrbilder und das Einprasseln einer anderen

Kultur. Das Leben anderer Menschen beobachten und das eigene im Vergleich dagegenhalten. Darüber nachdenken, ob man jemals wirklich zu einem Ort oder zu jemandem gehören wird.

Diese Frage scheint sich mir immer dann besonders aufzudrängen, wenn ich allein esse. Wäre ich in Paris, sagen wir in den 1920er-Jahren, dann wäre jedes Café von einsamen Autoren überrannt, und niemand würde wegen mir mit der Wimper zucken.

Außer vielleicht, weil ich im Dunklen draußen sitze, in einer windigen Nacht, in der der Wind den ganzen Straßenmüll aufgepeitscht und ihn um Stuhlbeine und Laternenpfähle gewunden hat.

Ich gebe die Weinkarte zurück und verlange die Rechnung.

Genug ist genug. Mein Bett ruft. Nicht einmal die Aussicht auf Bill Murray und einen Heizstrahler könnte mich jetzt noch aufhalten.

Kapitel 17
Das Snoopy-Museum

Heute sind wir auf dem Weg zu einem sechzigjährigen Hund, der über zwei Milliarden Dollar Umsatz pro Jahr erzeugt. Durch Lizenzierungen handelt er mit Größen wie Hallmark und unserem Freund Ty Warner von Beanie Baby.

Snoopy!

Genau genommen besuchen wir das Charles M. Schulz Museum in Santa Rosa. Wenn ich sage, *wir*... Bodie spielt in einem Labyrinth in der Form von Snoopys Kopf und sitzt auf einer Bank mit einer Glasfaserstatue, aber das Museum darf er nicht betreten. Praktischerweise ist eine Hundetagesbetreuung nur wenige Minuten entfernt, dort kann er mit den Jungs spielen, während ich mir die Exponate ansehe.

Das ist wirklich ein tolles Museum – geräumig, luftig, und die Exponate sind sowohl makellos als auch klug zusammengestellt. Bei einer Auswahl von fast 18 000 *Peanuts*-Strips wechselt das Thema des Hauptausstellungsraumes immer wieder mal. Heute liegt der Schwerpunkt auf dem Thema Herzschmerz.

Auf der Eröffnungstafel geht es um »die Enttäuschung, die Charlie Brown an jedem Valentinstag empfindet«, und Lucys »unerbittliche Verfolgung von Schroeder«.

Man erfährt, dass Schulz aus seinen eigenen Erfahrungen geschöpft hat, um mehrere wiederkehrende Plots rund um das Thema verlorene Liebe zu schaffen. Zu Charlie Browns Little Red-Haired Girl inspirierte ihn eine ehemalige Geliebte, Donna Mae Johnson, die an einem Tag zwei Heiratsanträge von zwei verschiedenen Männern bekam und sich nicht für Schulz entschied.

Er sagte: »Ich kann mir keinen emotional schädigenderen Verlust vorstellen, als von jemandem abgelehnt zu werden, den man sehr liebt.«

Und zu sehen, dass die Geliebte so schnell danach einen anderen heiratet, steckt man nicht so schnell weg.

Selbst Snoopy ist nicht immun gegen Herzschmerz – einer der süßesten Bildfolgen zeigt ihn, wie er in seine volle Hundeschüssel schnieft und dabei darüber jammert, sich jemals verliebt zu haben: »Du versuchst es für ein wenig Glück, und was bekommst du?« Schnitt. Er liegt auf seiner Hundehütte, sein klassisches Profil verformt durch einen riesigen runden Bauch. »Ein paar Erinnerungen und einen dicken Bauch.«

Meine Hand bewegt sich automatisch zu meinem eigenen Bauch. Das ist so wahr, und selbstverständlich besteht die Ironie darin, dass im echten Leben die guten Erinnerungen mehr Schmerzen verursachen können als die schlechten. Wie gerade jetzt. Ich sehe Nathan und mich zusammen in der Küche, wir trinken Wein, wiegen uns zur Musik und bereiten lächelnd das Abendessen zu. Mein Kopf wird schummrig, und meine Augen kribbeln. Ich blinzle energisch. Das geht jetzt nicht! Ich kann jetzt keinen verschleierten Blick gebrauchen – wie soll ich mir dann die nächsten Texte durchlesen.

Je mehr ich lese, desto mehr stelle ich fest, dass ich gar keine Ahnung davon hatte, wie tief diese Cartoons gehen, dass sie einen sich über Jahrzehnte erstreckenden, subtilen politischen und sozialen Kommentar beinhalten; es sind Streifen, die alles ansprechen – vom Vietnamkrieg über die Rassenintegration in der Schule bis zur gleichen Bezahlung für Frauen im Sport und sogar die Grunge-Bewegung! Und dann, natürlich, die sehr präzise herausgearbeiteten Angst- und Schwachstellen der Charaktere … Zum Beispiel Snoopy, wenn er Charlie Brown sagt, dass er das wundervollste Mädchen der Welt heiraten wird.

»Mein ganzes Leben habe ich mich unruhig gefühlt ... irgendwie in der Luft hängend ... nun nicht mehr. Der Beagle ist gelandet!«

Und natürlich läuft am Hochzeitstag die Braut mit Snoopys Bruder Spike davon.

Die romantische Liebe ist solch ein Minenfeld. Kein Wunder, dass Menschen die Liebe ihrer Haustiere so wichtig ist. Eins der wenigen sicheren Dinge im Leben.

In der ersten Etage schaue ich mir Sparkys Atelier an. (So haben Freunde und Familie Schulz genannt.) Er war genau das Gegenteil von mir, denn er glaubte, dass ein Tapetenwechsel die Arbeit erschwert. Für ihn war jeden Tag in denselben Raum zu kommen »die einzige Garantie fürs Weitermachen«. Ich habe damit zwar keine Erfahrung, aber es gefällt mir, dass er sich oft aus dem Arbeitszimmer schlich, um mit seinen Kindern am Pool zu spielen. Also hat er die Liebe gefunden und ist die Ehe eingegangen, zuerst mit Joyce und dann mit Jean, mit der er siebenundzwanzig Jahre lang bis zu seinem Tod im Jahr 2000 zusammen war.

Er scheint ein wirklich liebenswerter Mann gewesen zu sein, mit der sanften grauhaarigen V-Ausschnitt-Pullover-Attraktivität, die mich an Andy Williams erinnert. Ich bin überrascht zu erfahren, dass er als melancholisch galt. Es macht mich traurig, ihn mir traurig vorzustellen, aber wie einer seiner engsten Freunde sagte: »Wir haben alle ein wenig Melancholie in uns, Sparky hat seine benutzt, um uns zum Lachen zu bringen.«

Nun sitze ich in einem Vorführraum und sehe eine Doku über sein Leben.

Anscheinend war der Familienhund, der als Snoopy-Inspiration diente, ein eigenwilliger Charakter, der Heftzwecken und einmal sogar eine zweischneidige Rasierklinge verschluckt hat. Er verschwand oft stundenlang, und die einzige Möglichkeit, ihn wieder nach Hause zu locken, war, dass Schulz' Vater im Auto hupend durch die Nachbarschaft fuhr. Da kam der Hund herbeigerannt, von wo auch immer, sprang an Bord und war überglücklich, neben seinem Herrchen zu sitzen und mitfahren zu dürfen.

Genau wie Bodie!

Schulz spricht über die Behaglichkeit und das Sicherheitsgefühl, die man empfindet, während man als Kind auf der Rückbank sitzt und die Eltern vorne sind und die Verantwortung für die Richtung und das Fahren übernehmen. Aber zum Erwachsensein gehöre es dazu, »mit der Tatsache versöhnt zu sein, dass man nicht zurückgehen kann, dass man nicht mehr auf dem Rücksitz schlafen kann, *man muss vorne sitzen und seinen eigenen Weg fahren.*«

Wow.

Diese Ausstellung war viel bewegender, als ich erwartet hätte, und ich verlasse sie leicht benommen. Es ist ein bisschen zu früh, um Bodie abzuholen, also gehe ich ins *Warm Puppy Café* und bin ziemlich überrascht, da es sich in einem Gebäude befindet, das aussieht wie ein großes österreichisches Chalet. Noch überraschender ist die große Eishalle darin. Es wimmelt von Mädchen im Teenageralter mit Haarknoten und Müttern mit Kapuzenpullis in schreienden Farben. Es stellt sich heraus, dass Schulz dem Eissport lange verbunden war, und ich muss sagen, dass der Steinkamin sehr einladend wirkt. Ich mach's mir mit einer heißen Schokolade gemütlich und versuche zusammenzubringen, was ich gerade über Snoopys Schöpfer erfahren habe: Der Mann hat seine Kindheitsträume erfüllt, ein erfolgreiches, kreatives Leben geführt, Millionen verdient, er hatte eine liebende Frau und Kinder und einen erstklassigen Sinn für Humor – und er war dennoch melancholisch? Gibt es denn keine Heilung für die menschliche Verfassung? Ich erinnere mich daran, wie Shirley MacLaines erklärt hat, warum sie den Weg in die Spiritualität gegangen ist. Da sie bereits alles erworben und erreicht hatte, was die meisten Menschen ein

Leben lang suchen, wusste sie, dass Geld und Ruhm nicht die Antwort waren. Es musste mehr geben. Ich habe mich auch mit spirituellen und Selbsthilfebüchern beschäftigt, und es stimmt, sie bringen einen weiter. Aber ich muss sagen, in Bezug auf tatsächliches, greifbares, sofortiges und befriedigendes Glück ist ein Hund viel effektiver.

Aus Dankbarkeit zu Bodie gehe ich in den riesigen Geschenkeshop und kaufe einen Snoopy, auf dem er rumkauen kann. Tja, es ist eben eine »Fressen oder Gefressen werden«-Welt da draußen.

Kapitel 18
Hunde-Happy-Hour in Napa

Man muss seinen eigenen Weg fahren ...

Auf der halbstündigen Fahrt bis zu unserem nächsten Halt hebt sich meine Stimmung wieder. Es ist eine schöne Route durchs Grüne, und obwohl ich nie gedacht hätte, dass mir so etwas auffallen würde, ist die Asphaltierung der Straße ein Traum. Das kommt davon, wenn man einen Hund im Auto hat, der bei jeder Unebenheit und jedem Ruckeln ausflippt.

Wie wird das bloß im Petrified-Forest-Nationalpark?

Während wir auf den Eingang in den Park zugehen, stelle ich mir vor, wie sich Bodie vor lauter Angst winselnd in meinem Schoß verkriecht, als mir ein Passant plötzlich zuruft: »Er sieht aus wie Scooby-Doo!«

Aber der Petrified-Forest-Nationalpark bietet Bodie eine glückselige Schnüffelzeit: Jahrmillionen von Gerüchen sind in verkieselten Baumstämmen verdichtet. Einer ist nach Robert Louis Stevenson benannt, da er von diesem Ort so angetan war und sogar einen Bericht darüber verfasst hat: *The Silverado Squatters.*

Ich hatte ein verwüstetes, aschfahles Ödland erwartet, dabei bietet das Gebiet ein wunderschönes Ambiente mit einigen ungewöhnlichen Extras: Der Weg, der aussieht wie grauer Beton, ist alte vulkanische Lava. Der alte Baumstamm, über den man andernorts einfach drübersteigen würde, ohne ihn näher zu beachten, ist hier hart wie Stein. Über eine Ewigkeit hinweg haben Kieselerdemoleküle die Holzmoleküle ersetzt und somit die Baumstämme und Stümpfe zu festem Quarz werden lassen. Bodie stellt sich auf seine Hinterbeine und legt die Vorderpfoten auf den Stamm, als wolle er sich mit der Geschichte verbinden.

Die meisten dieser umgefallenen Bäume sind umzäunt – einer ist besonders faszinierend, da er in so etwas wie einem Minenschacht liegt. Die Hingabe der Menschen, diese Bäume zu bewahren, ist bewundernswert. Ein Bauer entdeckte diese Bäume im Jahr 1870, und eine Frau namens Ollie Bockée beschloss um 1914, den Wald in eine öffentliche Attraktion zu verwandeln, um sicherzustellen, dass die Bäume für immer geschützt bleiben.

Bodie und ich nutzen jede Sitzgelegenheit auf der Wanderstrecke und machen Pause im Schatten, um uns abzukühlen und um die grüne Stille zu genießen. Eine Bank ist voller Liebesgravuren und herzförmiger Ausschnitte. Ich sinniere darüber, dass mein Herz sich hier definitiv vollständiger anfühlt. Es macht etwas aus, von anderen Menschen abgeschnitten zu sein; man vergleicht sich dadurch nicht ständig und findet sich weniger mangelhaft. Vielleicht ist es so einfach: Alles ist relativ. Wenn ich mit Bodie inmitten der schönen Bäume sitze, fühle ich mich außerordentlich glücklich und im Reinen. Wären wir in einem Raum voller knutschender Paare, würde ich mich befangen und innerlich zerrissen fühlen. Man kann selbstverständlich nicht jede Situation vermeiden, die in einem schlechte Gefühle wie Unzulänglichkeit oder Ausgeschlossensein hervorruft, aber man kann solche Erfahrungen durch etwas Lebensbejahendes ausgleichen.

Ich stehe auf, aber ausnahmsweise folgt Bodie mir nicht. Er will noch eine Weile sitzen. Und das tun wir dann auch und tauchen vollständig in dieses Gefühl ein.

Wir könnten ein paar Kilometer die Straße weiter runter den Old Faithful Geysir besichtigen, aber es ist auch nicht so schlimm, wenn wir die aus dem Boden schießende Wasserfontäne mit einer

Temperatur von hundertfünfundsiebzig Grad Celsius nicht sehen. Da sehe ich lieber zu, wie ein Barista mir mit ähnlich heißem Wasser einen Kaffee zubereitet. Außerdem ist es Zeit, zu unserem Hotel zu gehen.

Der St. Helena Highway führt an unzähligen weitläufigen Weinbergen mit Verkostungsmöglichkeiten vorbei. Die Orte – Robert Mondavi, Beringer, Rubicon Estates – sind alle hundefreundlich, aber wir haben etwas Besonderes für morgen geplant, also widerstehen wir den Versuchungen, selbst bei der exquisiten Domaine Chandon (gehört zum berühmten Moët & Chandon), wo am Ende einer jeden Weinrebenreihe eine rote Rose rankt. Sehr romantisch.

Ein großer Teil des Napa Valley hat einen Alte-Welt-Charme, und so finde ich, dass Yountville, wo wir die nächsten beiden Nächte verbringen, im Vergleich ultrageschniegelt und neu aussieht, auch wenn es mit einem alten Eisenbahnwagen, der zum Hotel umfunktioniert wurde, und einem riesigen von uraltem Efeu überwucherten Backsteingebäude aufwarten kann.

Abgesehen von der wöchentlichen Yappy Hour kann das *Bardessono Resort*, das ich als Unterkunft gewählt habe, damit punkten, die neueste und bei Weitem die grünste unter den Unterkünften im Weinland zu sein – und es beweist, dass Nachhaltigkeit und Luxus Hand in Hand gehen können. Die Suiten sind kastenförmig-modernistisch, viel darin ist aus verwittertem Holz gefräst. Alle Materialien, die zum Bau verwendet wurden, sind ungiftig und ohne Allergene. Und sie haben selbstverständlich ihren eigenen Biogemüsegarten. In den Bodie nicht pinkeln wird. *Hörst du, Bodie?*

Ich verbringe ein bisschen Zeit damit, neben einem der grob behauenen Steinbögen Bodie dazu zu bringen, wie der MGM-Löwe zu brüllen, dann gehen wir in unser großes Zimmer; es hat so viele glatte Linien und scharfe Kanten, dass ich kurz denke, ich muss den Ort kindersicher machen. Bodie interessiert sich natürlich mehr für die Hundekekse, die ihm geschenkt wurden, in einem dieser Gläser mit Gummisaugring, die beim Öffnen ein befriedigendes »Plopp« machen.

Ich schiebe die Balkontür auf, und Bodie nutzt sofort die Gelegenheit, sich in der Sonne breitzumachen. Ich bin auch im Stillstand-Modus angekommen. Ich habe die Gemütlichkeit unserer bisherigen Unterkünfte sehr genossen, hier gefällt mir nun der Minimalismus sehr gut. Die gestärkte, weiße Bettwäsche fühlt sich wie ein Neustart an, wie ein gereinigter Gaumen. Das Badezimmer ist wie ein persönliches Spa. Schon das Betrachten der Bilder an den Wänden fühlt sich an wie eine Meditation.

Wir bestellen Essen aufs Zimmer und tun nichts anderes mehr, als alle Yoga-Positionen einzunehmen, während wir dem Tag zusehen, wie er sich langsam dem Ende neigt.

Kapitel 19
Fou Fou Le Blanc

Am nächsten Morgen will ich aufbrechen, aber Bodie will spielen. Er macht seinen kleinen Tanz mit seinem quietschenden Spielzeug im Mund. Wie soll ich dem widerstehen? Das Zimmer ist groß genug, um das Spielzeug zu werfen, und er gleitet begeistert auf dem Fliesenboden herum, prallt vom Bett ab, zieht sich am Boden entlang, als wir in ein Tauziehen geraten– und schwups sind wir atemlos und liegen hinter dem Zeitplan zurück.

Und es fühlt sich richtig gut an. Obwohl ich seit Jahren freiberuflich tätig bin, verspüre ich immer mächtig Druck, wegen der Deadlines zum Beispiel, oder ich fühle mich schlecht, wenn ich nicht sehr produktiv bin. Etwas einfach nur zum Spaß zu machen fühlt sich sehr befreiend an.

Außerdem ist unser erster Termin nur fünf Minuten weit entfernt.

Bouchon Bakery ist berühmt für seine Foie-Gras-Hundeleckerlis (und alle Arten von Pariser Gebäck). Bodie wartet geduldig; er ist an einem der Tische im Innenhof angebunden, während ich mich anstelle, um seiner Bestellung noch ein Mandelcroissant und einen Caffé Latte hinzuzufügen. Er verliert praktisch seine Sinne, als ich ihm nur eine Geruchsprobe gebe und das Leckerli in meiner Hand verstecke. In Sekunden hat er es dann verschlungen und schaut mich erwartungsvoll an. Aber da habe ich bereits Foie Gras gegoogelt – bis dahin wusste ich nur, dass es eine Delikatesse ist – und erfahren, dass sie aus der Leber von gewaltsam gemästeten Enten oder Gänsen hergestellt wird. Also muss er sich jetzt mit Croissantkrümeln von mir zufriedengeben.

»Was für ein schöner Hund!«

Ein Paar mittleren Alters, das auf einer Bank in der Nähe sitzt, beobachtet ihn.

»Wir konnten unsere beiden nicht mitnehmen und vermissen sie fürchterlich.«

»Woher sind Sie?«, frage ich.

»Virginia Beach«, antworten sie.

Da ist Nathan stationiert. Es fühlt sich an wie ein Schlag in den Magen. Glücklicherweise sind sie ein lustiges Pärchen und reden einfach weiter. Meine Reaktion ist wirklich lächerlich. Ich frage mich, ob der Schock so groß ist, weil ich so glücklich im Jetzt und meine sonst übliche Verlorenheit ausgeschaltet war. Plötzlich kann ich nicht anders, als zu denken, dass ich in einem anderen Leben gesagt hätte: »Oh, was für ein Zufall! Ich ziehe nach Virginia Beach, sobald mein Verlobter von seinem Einsatz zurückkehrt!«

»Wirklich?« Sie hätten gelacht, und wir hätten uns zu einem Spieltermin mit unseren Hunden verabredet.

In meinen Träumen.

Stattdessen sage ich: »Ich brauche einen Drink.« Natürlich nicht laut. Aber es passt, dass unser nächster Termin eine Weinprobe ist.

Die Kellerei Mutt Lynch Winery ist mehr als hundefreundlich, sie ist hundezentriert. Jedes Weinflaschenetikett ist mit einem Hund versehen, auf Fou Fou Le Blanc zum Beispiel ist ein spitzer Pudel abgebildet, Unleashed Chardonnay zeigt einen Hund, der Freudensprünge macht, und Merlot Over and Play Dead eine Englische Bulldogge.

Mutt Lynch unterstützt auch aktiv lokale Tierrettungsorganisationen wie Hounds for Haiti und Dirty Dog Squad. Im Jahr meines

Besuches spendete sie 10 000 Dollar an *Adopt-a-Pet.com*, ein brillantes landesweites Online-Suchsystem, um die nächste Tierliebe des Lebens zu finden – man kann dabei nach Rassen-, Geschlechts-, Größen- und sogar Farbpräferenz suchen!

Oh, und das Motto von Mutt Lynch lautet: »Weniger bellen, mehr schwanzwedeln.«

Was soll ich sagen – sie haben mich überzeugt!

Es wird noch besser, als wir den Hund hinter der Marke treffen. Patch ist ein Altmeister der Windhundrennen, eine ziemliche Berühmtheit in seiner Heimat Neuseeland, und liegt jetzt hübsch gekräuselt auf seinem Bett.

Besitzer Chris Lynch erzählt uns: »Jedes Jahr denken wir daran, die Fotos von Patch auf unserer Webseite zu aktualisieren, jedes Jahr machen wir neue Bilder … und jedes Jahr sieht er darauf gleich aus!«

Einfach nur in der Gegenwart dieser ruhigen, schlanken Schönheit zu sein ist berührend, und Bodie macht es ihm gleich und legt sich pflichtbewusst zu meinen Füßen, während ich den Wein probiere. Und der ist wirklich gut – ein preisgekröntes »Gut« – und das alles ohne dieses etepetete Bouquet-Schnüffeln, vor dem ich mich gefürchtet hatte. Die Bar besteht aus einem Holzbrett in einer charmanten kleinen Scheune abseits der ausgetretenen Pfade. In diesen Tagen haben Chris und seine liebenswerte Frau Brenda einen schicken Verkostungsraum in Windsor (nur etwa sechzehn Kilometer vom Snoopy-Museum entfernt). Sie teilen ihn sich mit der Kellerei Deux Amis Winery, die für ihre Zinfandels berühmt ist. Es gibt auch eine neue Weinauswahl mit schwarz-weißen Hundeporträts auf dem Etikett und einen Stapel *Winery Dogs*-Bücher, die ich in jedem Tierladen in der Gegend gesehen habe – große, herrlich ausgeleuchtete Fotos von grinsenden Hunden: *Viva la Weinberg!*

Es ist lustig, dass ich, bevor ich ins Napa Valley gekommen bin, dachte, es würde hier nicht so viele Hunde geben, weil Trauben so giftig sind, aber im Gegenteil, sie sind überall. Ich bin daher überrascht, dass ich ein wenig menschliche Kameradschaft vermisse, da ich mit Bodie ja nicht wirklich anstoßen kann. Ich denke, es wäre eine wunderbare Art, einen Abend mit seinem Liebsten hier zu verbringen: von einem Verkostungsraum in den nächsten stolpern, zusammen einen neuen Lieblingswein entdecken und dann ins Hotelzimmer gehen oder vielleicht in eins der berühmten Schlamm-bäder in Calistoga. Letzteres würde Bodie wahrscheinlich auch Spaß machen. Das Einzige, was er lieber mag, als sauber zu sein, ist, sauber zu sein und sich im Schlamm zu wälzen. Er liebt das.

Eine wunderbare Begleitung finde ich, als wir den Nachmittag in der Kellerei Chappellet Winery in St. Helena verbringen.

Ich hatte Blakesley Chappellet kontaktiert, als ich entdeckt habe, dass sie eine Reihe von Gourmet-Hunde-Accessoires anbietet, einschließlich einem aus einer Holzweinkiste gezimmerten Hundenapfständer mit einem charmant hochnäsigen Logo »Domaine du Chien«.

Als ich erwähnte, Bodie und ich seien in der Gegend, lud sie uns zu einem Spaziergang durch die Familienweingüter ein.

Blakesley ist mir sofort sympathisch und erinnert mich an Debra Winger, aber mit einer Stimme, die eher melodisch als heiser klingt. Sie strahlt während unserer Tour positive Energie aus, obwohl ein spürbares Gefühl des Verlustes in der Luft liegt, wenn sie von ihrem geliebten, vor Kurzem verstorbenen Anatolischen Hirtenhund Shepherd Omar spricht. Sie vermisst es, ihn inmitten der wilden Blumen laufen zu sehen, und ermutigt Bodie, sich ohne Leine zu bewegen, worauf er energisch reagiert.

Als wir den Hügel hinaufgehen, erzählt mir Blakesley, wie es mit ihrem Geschäft angefangen hat. Es ging damit los, dass ihr Ehemann Cyril mit etwa vier Litern konzentriertem Hundesham-poo nach Hause kam, die er gegen Wein getauscht hatte.

»Es war das beste Hundeshampoo, das wir je benutzt hatten. Obwohl wir bereits so viel hatten, dass es für Omars gesamtes Leben gereicht hätte, tauschte er noch ein wenig mehr und schlug vor, dass wir es unseren Freunden zu Weihnachten schenken. Und dann dachte ich: ›Okay, dann lass uns auch richtig Spaß damit haben!‹«

Sie besorgte ein paar Quetschflaschen, schuf spezielle Chien-Cuvée-Etiketten, klebte eine Notiz von Omar auf die Rückseite, und alle waren so vernarrt in das Geschenk, dass sie nach mehr verlangten. Anfangs sagte sie ihnen, sie müssten bis zum nächsten Weihnachtsfest warten, aber eine ihrer Freundinnen, die sich bereits in dieser Branche auskannte, überzeugte sie, es als ihr Design zu verkaufen. Schon bald startete sie eine ganze Kollektion unter dem Markennamen *Dogs Uncorked*.

»Meine Schüsseln landeten in der Ladenkette *Target*, die Bowluga-Leckerlis waren in der *InStyle* und mein Hundeleckerei-Einmachglas wurde im Magazin *Oprah* vorgestellt«, erzählt sie, immer noch über ihren eigenen Erfolg staunend. »Das hat mich wirklich umgehauen! Oprah! Was wünscht man sich mehr!«

»Aber«, sagt sie, »alle Winzer sind im Herzen Bauern.«

Wir stehen jetzt auf Pritchard Hill und blicken über die sich kilometerweit wellenden Hügel, und weit dahinter schimmert ein See. Die Chappellets waren das erste Weingut, das Weinberge in hohen Lagen anlegte, und das gibt ihrem Wein etwas Einzigartiges – und, nicht zu vernachlässigen, einen tollen Ort für Picknick-Ausflüge und Verkostungen im Sommer.

»Das ist das Sutter Home Winery da unten …« Blakesley zeigt auf einen bekannten Rivalen.

Ich frage sie, ob es eine große Konkurrenz zwischen den Weinbauern gibt, aber sie stellt treffend klar: »Die meisten Menschen trinken nicht nur eine Sorte Wein«, und fügt hinzu, »sodass wir uns alle gegenseitig unterstützen.«

Während wir weitergehen, bemerkt Blakesley, dass Bodie bald aus unserem Blickfeld zu verschwinden droht. Sie pfeift, und er hält sofort inne.

Sie ist beeindruckt. »Er reagiert aufs Pfeifen!«

»Er reagiert, wenn *du* pfeifst!«, stelle ich klar.

Und dann läuft er uns entgegen, mitten durch die Reihen mit den jungen Reben. Ich hebe meine Kamera an und fotografiere ihn, als er mit allen vier Pfoten in der Luft schwebt. Ich habe ihn noch nie so ausgelassen gesehen. Vielleicht ist der Grund, warum es mit Nathan und mir nicht geklappt hat, dass ich einen Winzer brauche – ich kann sehen, wie Bodie umherstreift und verkündet: »Alles mein, all der Wein!«

Als Blakesley uns den Hügel hinunterführt, erkundigt sie sich ein wenig mehr nach unserer Reise und beklagt dann, dass sie Omar nie mit ins Restaurant nehmen konnte.

»Der Anatolische Hirtenhund ist traditionell eine Wächterrasse, er wacht über den Viehbestand. Also hätte er bei jedem Tisch im Restaurant nachsehen müssen, ob alles in Ordnung ist, und natürlich war er so groß – fast achtzig Kilogramm – und im Wesentlichen dafür konzipiert, einzuschüchtern und Eindringlinge abzuwehren …«

Ich verstehe, wo das Problem lag.

»Die Leute hatten Angst – schon beim bloßen Anblick!«

Positiv werden diese Eigenschaften des Anatolischen Hirtenhundes derzeit durch den Cheetah Conservation Fund in Namibia hervorragend umgesetzt. Das ist eine Umweltorganisation, die sich dem Schutz der Geparden verschrieben hat. Viehzüchter dürfen in Namibia auf alle großen Katzen schießen und sie töten, wenn sie sich ihren Kühen oder Ziegen nähern. Die Anwesenheit eines Anatolischen Hirtenhundes verändert jedoch die ganze Dynamik, weil er die Geparden von den Herden fernhält. Der Gepard ist es nicht gewohnt, dass ein anderes Tier auf ihn zuläuft, und denkt: »Was auch immer das ist, was sich mir nähert, ich mache, dass ich wegkomme!« Und so können alle leben!

Das ist fantastisch!

Ich könnte Blakesley zuhören, bis die namibischen Kühe nach Hause kommen, aber es ist Zeit, sich zu verabschieden. Und sogar der Abschied wird ein sehr schöner Moment, weil Bodie einen Geschenkkorb mit ihren meistverkauften Artikeln bekommt, darunter der begehrte Weinbox-Hundenapfständer, eine Hundemarke aus Zinn mit einem Sommelier-Logo und eine laminierte Matte mit einem Hunde-Dinner-Menü.

Ich kichere, als ich mir die Gerichte von Paté de Paw Gras bis zu pfotenförmigen Pfannkuchen durchlese. Es gibt sogar mehrere Wasseroptionen – Pfütze, See, Toilette …

Toll!

Ich umarme Blakesley herzlich. Ich habe jede Minute mit ihr genossen und weiß, dass Bodie das auch getan hat.

Das ist nun unsere letzte Nacht in Kalifornien. Morgen sind wir den ganzen Tag im Auto, wir fahren vierhundertachtzig Kilometer bis zu einem Neunundvierzig-Dollar-Motel in Oregon. Aber heute Abend wollen wir stilvoll in Calistoga speisen, einer verschlafenen Winzerstadt mit einer Hauptstraße, die von hoch aufragenden Bergen umzingelt ist.

Wir überqueren gerade einen scheinbar leeren Parkplatz, als es aus einem Lautsprecher dröhnt: »*DAS IST EIN NIEDLICHES KLEINES KERLCHEN – ICH MAG IHN!*«

Wir schrecken hoch, drehen uns um und sehen einen Typen, der aus der Fahrerkabine seines großen schwarzen Lkws winkt. Ich winke zurück. Es ist so schön, mit einem flauschigen Botschafter des Wohlwollens zu reisen und überall Komplimente einzuheimsen. Wie wäre es nur, wenn wir Menschen untereinander so anerkennend wären! Das war tatsächlich eine Sache, die mir als Erstes in Amerika aufgefallen ist – wie höflich Fremde untereinander sind. In London war ich Zurückhaltung gewohnt, sodass ich ziemlich verblüfft war, als mir jemand zum ersten Mal im Vorübergehen sagte: »Ich mag Ihr Kleid!« Das war keine Methode, mich in ein Gespräch zu verwickeln oder um nachzufragen, wo ich es gekauft hatte – es war nur ausgesprochen, was gedacht wurde. Mein Lieblingskompliment bekam ich, als ich den winzigen Aufzug eines Bürokomplexes betrat und begeistert begrüßt wurde mit den Worten: »Sie riechen lecker!« Normalerweise hätte ich mich da sehr verlegen fühlen müssen, aber diese amerikanische heitere Art führte dazu, dass ich einen schwungvollen Tag hatte.

Kaum habe ich Calistoga betreten, da passiert es wieder.

»Na, wer ist denn dieser feine Kerl? Ich denke nicht, dass wir ihn hier schon mal gesehen haben.« Ein Mann in einem dunkelblauen Jackett bleibt stehen, um uns zu begrüßen.

»Das ist Bodie.« Ich merke, wie ich mich leicht verbeuge. »Wir sind nur auf der Durchreise.«

»Was für eine Rasse ist er?«, fragt seine etwas frechere Frau, beugt sich vor und tätschelt Bodies Gesicht.

Ich spiele mit der Idee, einen neuen Zuchtnamen zu erfinden – vielleicht »Chingo« für die Chow-Dingo-Mischung. Oder »Sharpit« für Shar-Pei-Pit. Aber das klingt ein bisschen zu sehr nach Teppich, also sage ich schließlich einfach nur: »Er ist ein Mischling!«

»Oh, hier nennen wir das Verschnitt«, korrigiert mich der Mann, der immer mehr wie Roger Moore klingt.

»Das ist viel raffinierter«, stimme ich zu.

»Haben Sie Kinder?«, will die Frau wissen.

Ich bin von diesem Gedankensprung überrascht, antworte aber schnell: »Nein, nein, das ist alles.«

»Ist bei mir auch so. Meine Entscheidung. Wir haben Spaniels.«

Als sie weitergehen, fühle ich, dass sie eine Spur der Traurigkeit hinterlässt. Als ob das etwas wäre, was sie sich täglich selbst sagen muss – *meine Entscheidung …*

Aber auch wenn sie mir leidtut, fühle ich nicht wie sie. Nicht mehr. Ich kauere mich neben Bodie und schaue in seine bernsteinfarben glühenden Augen. Was, wenn er mein Kind wäre – wie stolz wäre ich? Er ist mutig und lustig und albern und einem sofort sympathisch, abwechselnd sanft und energisch, er beklagt sich oder tobt selten, er ist weich wie ein Teddybär, bringt die Leute zum Lächeln und füllt mein Herz mit positiven Dingen.

Was könnte ich mehr wollen? Wenn er das Kind ist, das ich je haben werde, dann ist er mehr als genug.

Einer der Gründe, warum das Restaurant *Solbar* so viele der lokalen hundefreundlichen Restaurants um eine Nasenlänge schlägt, ist, weil angeblich eine Deutsche Dogge regelmäßig neben der Feuerstelle liegt und die gesamte Länge des Sofas einnimmt. Heute ist sie leider nicht hier, aber das lässt Bodie mehr Platz.

Im Gegensatz zu einem Kind, das immer gereizter wird, wenn es müde ist, schläft Bodie einfach ein. Selbst bei so vielen duftenden Tellern, die an uns vorbeiziehen, liegt er bereits mit dem Kinn auf dem Boden.

»Ihre Speisekarte.« Der Kellner präsentiert mir eine unglaubliche Liste an Optionen, einschließlich solch fantasievoller Begriffe wie »geblasene Bohnen« oder »rankende Erbsen«.

Ich neige dazu, eher vegetarisch zu essen, aber seit es Bodie in meinem Leben gibt, denke ich bei der Auswahl meines Abendessens an seine Naschoptionen.

Die in Zitronengras pochierte Seezunge klingt gut, aber ich denke, er würde das gebratene Hühnchen oder das Lammkarree bevorzugen. Wie auch immer, ich muss die Vorspeise mit der Lavendelhonig-Vinaigrette probieren. Und als Nachtisch die Chocolate Marquise mit der »cacao nib dentelle«, was auch immer das ist.

Mein Vater sagt, ich hätte Gastronomiekritikerin werden sollen, da meine Reiseberichte sich so oft darum drehen, was ich gegessen habe. Auch wenn ich sicherlich keine wahre Kennerin bin, genieße ich, je älter ich werde, ein gutes Essen umso mehr. Und das geht über den Geschmack hinaus. Mir wird ganz wohlig, wenn ich mich umschaue: die Lichter in den Bäumen, das Hintergrundplätschern eleganter Konversation, die fast perfekte Temperatur, da der Tag in den Abend übergeht.

Während ich an meinem Glas gekühlten Rosé nippe, denke ich über unser kalifornisches Abenteuer nach, von der De-luxe-Hundemassage in Montecito bis zum wilden und freien Rennen durch die Chappellet-Weinberge. Es ist äußerst befriedigend, zu wissen, dass Bodie eine so gute Zeit hat. Genau wie ich. Es scheint unwirklich, dass ich eine Woche zuvor noch ein schluchzender Haufen Elend war, so erdrückt vom Liebeskummer. Ich weiß, ich bin da noch nicht ganz raus, aber es liegt nun eine Aufregung in der Luft, ein Gefühl der Hoffnung …

»Ich bin so froh, dass wir weggefahren sind«, sage ich, während ich meine Hand auf Bodies samtigen Kopf lege. »War es nicht wunderbar bisher?«

Er sieht mich an, als wolle er sagen: »Lass uns für immer so leben.«

Ich blinzle die Tränen zurück. Er ist das Beste, was mir passiert ist. Der allerbeste Gefährte.

Ich lehne mich verträumt zurück, halte mein Glas ins abendliche Sonnenlicht und erfreue mich am erfrischenden Prickeln und am rosigen Leuchten.

»Prost«, seufze ich, »auf Bodie und auf Kalifornien.«

Teil drei
In Oregon

Kapitel 20
Ich liebe Weed

Ich schiele zur Uhr – 3.54 Uhr. Ich wollte zwar früh losfahren, aber das wäre ja vollkommen übertrieben.

Eine Stunde lang versuche ich, wieder einzuschlafen, aber die Aufregung, in einen »neuen Staat« zu fahren, nach Oregon vorzustoßen, lässt mich innerlich zappeln; also beschließe ich, dass wir so tun, als wären wir auf der Flucht und schleichen uns im Schutze der Dunkelheit hinaus.

Zu Beginn fühlt es sich wie ein Spiel an – das einzige Scheinwerferlicht auf der leeren Straße, wir stehlen uns vorwärts, während andere schlafen –, aber dann werden meine Augenlider so schwer, dass wir nach einer halben Stunde wieder zurück sind in Calistoga und ins *Yo el Rey Bio*-Café gehen. Während die Bedienung die Milch für meinen Caffè Latte aufschäumt, kommt eine Anwohnerin herein und ist buchstäblich entsetzt, zu erfahren, dass sie die Haiku-Nacht verpasst hat.

»Och neiiin!«, jammert sie immer wieder. »Haiku? *Ich fass es nicht!*«

Das kommt mir sehr reizend vor, eine Welt, die sich um Fair-Trade-Bohnen und kurze japanische Poesie dreht.

Ich schaue zu dem stillen Kerl in der Ecke mit seinem kunstvoll gestutzten Bart und staune über all die Möglichkeiten, die wir haben, unser Leben zu gestalten. Natürlich kommt es einem im täglichen Versuch, den Tag zu überstehen, nicht vor, dass dies einfache Entscheidungen sein können – wir haben einfach zu viele Verpflichtungen und sind zu vielen Ablenkungen ausgesetzt. Wir fühlen uns verpflichtet, die Konsequenzen unserer früheren Entscheidungen zu tragen, von denen so viele völlig veraltet sind und der Person, die wir *jetzt* sind, und dem, was wir *jetzt* wollen, nicht mehr entsprechen. Aber wir sind so daran gewöhnt, inmitten des Chaos und des Lärms zu leben, dass wir ein Teil davon werden.

Gibt es wirklich eine Möglichkeit, sich von all den zerstörerischen Medieneinflüssen zu lösen? Kann man sich zwischen Bergketten niederlassen, die das Handysignal blockieren und so die sinnlichen Freuden im Leben genießen?

Bodie und ich denken über diese Fragen nach, während wir Calistogas rustikalen Charme auf uns wirken lassen – von einem ruhigen Park mit einem eleganten Pavillon bis zu einer Hauptstraße, die an den Alten Westen erinnert. Wir spazieren bis zum *Indian Springs Resort,* wo alles rund ums Verwöhnen angeboten wird, einschließlich dem Eintauchen in Vulkanascheschlamm und einem Chardonnay-Schaumbad.

Was ich aber am meisten an Calistoga mag, ist, wie es zu seinem Namen gekommen ist. Kaliforniens erster Millionär Samuel Brannon kaufte achthundert Hektar Land und kündigte an, er werde daraus Kaliforniens Saratoga machen. Zumindest wollte er das sagen, in seiner Aufregung verkündete er aber »Calistoga von Sarafornia.« Und es blieb hängen. Der Calistoga-Teil jedenfalls.

Apropos schrullige Namen: Unsere nächste Station ist Weed. Es ist vierhundert Kilometer entfernt, also sollten wir uns auf den Weg machen.

Trotz der verkehrsfreien Straßen ist das nicht ganz so einfach, wie ich es mir vorgestellt hatte. Die Straße ist plötzlich so steil und kurvenreich, es fühlt sich an, als würde ich eine heimtückische Zentrifugalkraft bekämpfen. Ich zerre das Lenkrad von links nach rechts, meine Ellbogen und Knie drücken an die Seitentür, als ob das irgendwie helfen würde, mich auf dem richtigen Weg zu halten. Es geht weiter und weiter, Kilometer um Kilometer. Die Landschaft ist malerisch und in mystischen Nebel getaucht, aber es ist auch nervig. Muss es immer weiter hochgehen? Ich frage mich, ob ich die beste Route ausgesucht habe. Ich spanne Muskeln an, die ich seit Jahren nicht mehr benutzt habe.

Nach ungefähr einer Stunde Fahrt nähern wir uns Clearlake, und ich fühle mich um zwölf Jahre zurückversetzt, als meine Freundin Emily und ich auf der Suche nach einem »netten« Mann in die nahe gelegene Stadt Nice gefahren sind. Es stellte sich heraus, dass es ein fundamentaler Fehler ist, einen Ort wegen seines Namens auszuwählen. Nice war Welten entfernt von ihrem Pendant an der Côte d'Azur und war lokal bekannt als »Methadon-Amphetamin-Hauptstadt Kaliforniens«. Ich erinnere mich an unseren Gastwirt, der uns auf die Sinnlosigkeit unserer Mission aufmerksam machte und sagte, dass die Männer in Nice »mehr Tattoos als Zähne« hätten. Sein Witz bezauberte Emily, und es schadete nicht, dass er Leslie Nielsen aufs Haar glich, aber da er nicht Single war, machten wir uns wieder auf den Weg. Ich schmunzle, während ich mich an unsere Aktionen erinnere, dann schaue ich Bodie an und frage mich, wie ich von Thelma & Louise zu Turner & Hooch gekommen bin.

Ich wechsle auf die Interstate 5, beobachte, wie die Wolken dunkle Schatten über die Kiefern werfen und staune über die immense Weite, die uns umgibt. Bodie ist weniger beeindruckt. Er scheint sich nicht beruhigen zu können, macht immerfort klagende, scharrende Geräusche.

»Tut mir leid, mein Lieber, ich kann hier nirgendwo anhalten, wir müssen einfach weiterfahren.«

Ich frage mich, ob er es satthat, im Auto zu sitzen, oder ob ihm vielleicht übel geworden ist. Sobald ich eine Parkmöglichkeit finde, lasse ich ihn raus.

»Herrje!« Sein Springen und Hüpfen spricht Bände.

Er erkundet den kiesigen Tierbereich, und dann gehen wir zu dem Punkt, wo das Land in ein Tal fällt und ergötzen uns an den Schattierungen von Grün, die sich weit in die Ferne erstrecken. Das ist der Pacific Crest Trail, der sich 4 279 Kilometer von Mexiko bis nach Kanada zieht. Wenn ich mutiger wäre, würde ich Bodie auf eine Wanderung mitnehmen, nur für eine Teststrecke von zwei bis drei Kilometern. Vielleicht können wir uns aber auch im Dreck rollen und aussehen, als wären wir tagelang gewandert. Wenn man bedenkt, dass wir uns im Wald bei San Ysidro Ranch verlaufen haben, wäre es hier sehr wahrscheinlich, dass wir uns auf den Weg machen und nie wieder auftauchen. Also zurück ins Auto. Und ab nach Weed.

Ich hatte beschlossen, in Weed anhalten zu müssen, da Hunde gerne pinkeln und weil die Marihuana-Konnotation nicht ignoriert werden darf. In der Tat sind die ersten Leute, die ich sehe, drei langhaarige Kiffertypen. Sie sind im Grunde *die einzigen* Menschen, die ich auf der Main Street sehe. Trotz des Mottos der Stadt: »*Weed heißt Sie willkommen!*«, ist die Einwohnerzahl seit der Blütezeit geschrumpft. Ich schaue mir die in Hippie-Lilatönen gestrichenen Gebäude an und frage mich, wie es wohl damals war, als die Damen im *Best Little Hair House* zurechtgemacht wurden und die Türen des *Black Bear Saloon* ständig aufschwangen.

»Kommen Sie herein?«, ruft eine Stimme, als wir vor dem lokalen Geschenkladen stehen.

»Würde ich gerne«, rufe ich zurück. »Sind Hunde erlaubt?«

»Ist er lieb?«

»Er ist reizend.«

»Gut, dann kommen Sie rein.«

Jedes Souvenir ist mit einem »Ich liebe Weed« versehen, und obwohl ich es besser weiß, kaufe ich Bodie ein T-Shirt für Hunde.

Als ich bezahle, fragt mich der fröhliche Kassierer, ob ich Lehrerin sei. Ich bin mir nicht sicher, wie er auf diese Assoziation kommt – außer dass ich heute besonders erschöpft aussehe –, aber ich erkläre ihm, dass ich eine Autorin auf einer Hundemission bin. Im Gegenzug erzählt er mir, wie er nach einer langen Zeit der Arbeitslosigkeit und dem Wiedereinzug bei seiner 82-jährigen Mutter zu der Arbeit in diesem Laden gekommen ist.

»Oh, das tut mir leid«, sage ich. Obwohl ich mir sicher bin, dass die Mutter froh ist.

»Es ist nicht alles schlecht, schauen Sie mal …« Er führt mich zur Tür und weist in die Ferne.

Bodie und ich starren mit offenem Mund auf den schneebedeckten 4 322 Meter hohen Vulkan.

»Mount Shasta«, sagt der Verkäufer. »Letzter Ausbruch 1786.«

»Wow.« Wieso habe ich ihn nicht schon auf dem Weg hierher bemerkt?

»Als ich ihn das erste Mal sah, war ich achtzig Kilometer entfernt, ich war zu Fuß, allein und erschöpft. Und dann verwandelte sich mein ganzes Blut in Wein, und ich war seither nie wieder lustlos, matt oder erschöpft.«

Nun starre ich ihn an. »Vielleicht sollten Sie auch schreiben …«

»Oh, das ist nicht von mir«, gluckst er. »John Muir. Etwa 1874.«

»Ah.« Ich nicke und bedanke mich, dass er mir das eine und andere beigebracht hat.

Später erfahre ich, dass der schottisch-amerikanische Naturphilosoph Muir ein Memoire rund um einen Hund mit dem Titel *Stickeen* geschrieben hat. Es wurde zunächst als Zeitschriftenartikel mit dem Titel »Ein Abenteuer mit einem Hund und einem Gletscher« veröffentlicht. Der Gletscher, um den es ging, war in Alaska, und der Hund wird beschrieben als ein »kleiner, schwarzer, kurzbeiniger, bulliger Spielzeughund«. Während ihrer Tortur in Sturm und Eis entdeckte Muir, dass unsere »horizontalen Brüder« uns nicht so unähnlich sind, was ihn zu Einsichten über Einheit und Verwandtschaft führte, was für ihn die nützlichste Erkenntnis war, die er von all seinen Aufenthalten in der Wildnis zurückgebracht hatte.

»Oregon heißt Sie willkommen!« Ich deute auf das handgemeißelte Metallschild, das unseren Übergang in den »Biberstaat« markiert.

»Bodie«, ich sehe seine müden braunen Augen im Rückspiegel, »noch zwanzig Minuten und wir haben den Luxus von zwei Nächten an ein und demselben Ort!«

Nun, vielleicht ist Luxus nicht das richtige Wort, wenn es um ein Neunundvierzig-Dollar-Motel geht …

Kapitel 21
Die Hundeshow

Klamath Falls, das wegen seiner dreihundert Sonnentage im Jahr als »Oregons Stadt des Sonnenscheins« gilt, klingt idyllisch. Ich stelle mir Blockhütten in der Nähe eines Wasserfalls vor. Aber so ist es überhaupt nicht. Es gibt schon mal keinen Wasserfall, nur falsch deklarierte Stromschnellen. Das Land ist flach und spärlich, und statt auf Schmetterlinge und Waldtiere zu stoßen, finden wir *McDonald's* und *Burger King*. Wir schlagen hier unser Basiscamp auf, weil wir am nächsten Tag zur Hundeausstellung im American Kennel Club wollen – und wir sind nicht die Einzigen. Ein Blick über den Parkplatz vermittelt den Eindruck, dass das Hotel *Cimarron Inn* mehr Hundegäste hat als Menschen, aber die Bell- und Kläffkulisse macht mir weniger aus, als es die Geräusche eines verliebten Paares im Zimmer nebenan tun würden.

Bei unter fünfzig Dollar pro Nacht inklusive Frühstück ist dies wahrscheinlich die günstigste Unterkunft auf dieser Reise, aber ich muss sagen, dass die Mitarbeiter an der Rezeption außergewöhnlich effizient und gastfreundlich sind. Während ich einen Tee auf Kosten des Hauses schlürfe, wird Bodie eine faltbare Wasserschüssel hingestellt, und er wird eingeladen, den Weg direkt hinter dem Motel auszukundschaften. Es ist immer ein willkommener Bonus, einen angrenzenden Hundeausführbereich zu haben, und dieser ist zufällig auch Oregons längster geradlinig verlaufender Park – 174 Kilometer Schienen wurden zu einem Pfad umgebaut, auf den ehemaligen Gleisen der OC&E-(Oregon, California and Eastern-)Eisenbahn.

Die Gleise wurden gepflastert; in unmittelbarer Nähe steht noch ein hellgelb und efeugrüner Güterzugwaggon. Bodie Jones springt hinten auf und macht den Eindruck eines feinen Eisenbahningenieurs wie der zum Horizont blickende amerikanische Volksheld Casey Jones. Dies ist vielleicht nicht der malerischste Ort der Welt (ein bisschen zu viel zerbrochenes Glas im Großen und Ganzen), aber das Gras ist übersät mit Löwenzahn, und der blaue Himmel ist von Sonnenstrahlen durchsetzt, was mir ein Gefühl eines Sommertages in den 1970er-Jahren gibt.

Weiter geht es mit unserem Abendspaziergang, vorbei an herumliegenden landwirtschaftlichen Geräten, einem chinesischen Restaurant *Kung Fu Panda* und der Chevron-Tankstelle, wo ich vorhin angehalten hatte und mir gesagt wurde, es sei illegal, mein Auto selbst zu befüllen. Anscheinend ist Oregon einer der letzten Staaten, die an diesem Gesetz festhalten. Ich musste sogar meine Kreditkarte aushändigen, damit der Typ sie in die Maschine stecken kann. Es ist ein bisschen wie ein Überfall, nur dass sie die Windschutzscheibe reinigen und den Tank füllen.

»Ich bin nicht rassistisch, aber die Hispanics geben das beste Trinkgeld«, sagt der Mann, als er meinen armseligen Dollar einsteckt.

Auf dem Weg zurück zum Motel treffen wir auf ein paar reinrassige Hunde. Sie scheinen eifrig zu spielen, genau wie normale Hunde, aber ich respektiere die Tatsache, dass Bodie ein bisschen zu grob und zerzaust ist, und ihre Besitzer müssen sie ihrer Form zuliebe von den Staubbädern fernhalten, die Bodie so genießt.

Und so lassen wir uns im Zimmer nieder, mit einer Pizza zum Mitnehmen, und ich checke meine Mails.

»Eine Mail von Sam!« Ich lese sie Bodie vor, verliere meine Stimme aber mitten im Satz.

Marcus hat sie gefragt, ob sie bei ihm einzieht.

Da ist es wieder. Dieses Gefühl, dass wir in sehr unterschiedliche Richtungen gehen – Sam in die Gemütlichkeit des gemeinsamen Wohnens, ich und Bodie ins Blaue, in die Wildnis. Nun, wenn ich es so ausspreche, hört es sich nicht schlecht an. Aber dann denke ich an sie, wie sie zusammen das Abendessen brutzeln und am Wein nippen, und ich sehe runter auf den Pizzakarton und auf Bodie, der auf einem Stück Pizzarand rumkaut. Warum fühle ich mich, als würde ich immer weiter von der Chance wegdriften, mich selbst zu finden? Von der Chance, mein Ich zu finden? Als ich aufgebrochen war, hatte ich das Gefühl, dass alles möglich ist, aber im Moment fühle ich mich so abgekoppelt wie dieser ausrangierte Güterzugwaggon.

Ich seufze. Wie hört man in solchen Momenten mit dem Selbstmitleid auf? Ich weiß, dass es meist hilft, das Positive aufzuzählen. Aber ich bin zu sehr damit beschäftigt, Sams positive Errungenschaften zu zählen, dass ich meine eigenen nicht mehr sehen kann.

Ich versuche, mir eine Cher-ähnliche »Schluss damit!«-Ohrfeige zu verpassen.

Das Leben eines jeden Menschen verläuft anders. Wenn bei den einen sich die Kurve nach oben bewegt, befindet sie sich bei anderen im Tal. Sam und ich haben das bereits erlebt, als ich anfänglich so glücklich mit Nathan war und sie vor Liebeskummer schier verging. Ist das jetzt die Rückzahlung?

Bleib auf deiner eigenen Spur! Ich tadle mich. Das eigene Leben mit dem anderer zu vergleichen ist der schnellste Weg, sich schlecht zu fühlen. Es sei denn, man vergleicht sich mit denen, die weniger Glück haben. Und es gibt viele, die viel schlechter dran sind. Es ist wirklich so albern – es ist ja nur Liebeskummer. Warum fühlt es sich denn so elend an? Vielleicht weil es eine universelle Kernangst berührt: *Ich bin nicht liebenswert.*

Bodie ist es. Zweifellos. Und doch war er in einem Hundezwinger. Verlassen, obdachlos, hungrig. Er beklagt sich kein bisschen, auch wenn ihn jemand, der ihn einst liebte, ausgesetzt hat und zahlreiche Leute in seinen Zwinger gespäht haben und weitergegangen sind.

Nichts davon hat ihn zu einem schlechten Hund werden lassen. Es hat ihn letztlich nur zu *meinem* Hund gemacht.

Ich ziehe ihn näher an mich heran, besänftigt von seiner Gegenwart und dem fernen Pfeifen eines Zuges.

Am Morgen gehen Bodie und ich getrennte Wege: er in die Hundetagesstätte, ich zur American Kennel Club-Hundeausstellung.

So hundezentriert eine solche Veranstaltung auch ist, Bodie darf mich nicht begleiten – nur registrierte Hunde können teilnehmen, und alle Hunde müssen einen reinen Stammbaum nachweisen. Ich habe gemischte Gefühle dabei, denn ich kann keine Haltung befürworten, die gemischten Rassen keinen Wert beimisst, aber meine Neugierde ist einfach größer. Ich meine, es gibt »Hunde-Leute« und es gibt »Showhunde-Leute«, und ich kann der Gelegenheit nicht widerstehen, diese bestimmte Sorte von Menschen aus nächster Nähe zu sehen. Ironischerweise wäre Bodie zur Unterwanderung besser gewesen, denn er hat eine tolle Showhund-Haltung. Es scheint seine Standardpose zu sein, wenn er eine Bühne betritt oder eine Brise einatmet – er steht stolz da, die Hinterbeine angewinkelt, das Kinn nach oben, der Schwanz aufrecht, vollkommen still und statuenhaft, bis ich ihn weiterziehe. Ich schüttle den Kopf. Es finden jährlich 22 000 American Kennel Club-Veranstaltungen statt – wäre es schlimm, eine Mischlings-Kategorie einzuführen? Sie könnten sie die Underdogs nennen.

Die Show wird in einem großen Flughafenhangar abgehalten, mit verschiedenen Wohnmobilen und Hundekistenlagern drum herum. Als ich eintrete, sehe ich eine Frau, die einen Einkaufswagen voller Hunde schiebt, und eine andere, die einen schweren Flachbett-Trolley zieht, schnaufend wie ein Lasttier, während ihr riesiger Hund eine königliche Attitüde beibehält. Aber was mich am meisten überrascht, ist die Kleiderordnung. Ich hatte eine matschige Country-Atmosphäre erwartet und habe meine Jeans und eine unechte Tweed-Jacke angezogen, aber der gängige Look ist 1980er-Jahre-Power, aber mit flachen Schuhen statt Stilettos. Ich beobachte eine Schar von Teenagern im Alexis-Colby-Look, die mit ihren Hunden den Ring ablaufen. In puncto Schönheit gibt es einen absoluten Gewinner in der Kombination eines makellosen Akitas und eines Mädchens, das aussieht wie Elizabeth Taylor in *Kleines Mädchen, großes Herz*. Ich bin erstaunt, dass die Richter ihnen einen niedrigen Ranglistenplatz geben.

Als sie in Tränen ausbricht und in die tröstenden Arme ihrer Mutter flüchtet, frage ich nach einer Erklärung. Anscheinend war das ein Junior-Hundeführer-Bewerb, und es wurde das Mädchen und nicht der Hund (der auf den wundersamen Namen Reign hört) bewertet.

»Das ist wahrscheinlich die schwierigste Erfahrung, die sie in ihrer Karriere machen wird«, sagt ein anderer Teenager. »Sie sollte mit ihrer eigenen Hündin auftreten, aber sie ist läufig, also war sie nicht zugelassen.«

Ich nicke verständnisvoll – ich weiß, dass das wahr ist, da ich die *Sex and the City*-Episode gesehen habe, in der Charlotte mit ihrem Cavalier King Charles Spaniel konkurrierte, der zufällig Elizabeth Taylor hieß.

Ich fühle mich schlecht, da das Mädchen so traurig ist und die Chance verpasst hat, wirklich zu leuchten. Trotzdem hat sie noch viele Möglichkeiten – sie ist das typische Beispiel für eine Frau, die mit über siebzig Jahren glamourös für Fotos mit ihrer Auszeichnung posiert. Ich bin beeindruckt, dass sie ihren Zweiteiler perfekt abgestimmt hat auf die eisblauen Augen ihrer Sibirischen Husky-Dame. Als ich meine Kamera hochhebe, bückt sie sich, um das hintere Bein ihres Hundes zu positionieren, und als ich auf das Foto schaue, sieht es aus, als hätte sie die Angewohnheit eines Hundes angenommen und würde am Hinterteil schnüffeln.

»Oh!«

Ich drehe mich um und erblicke das perfekte Hunde-Outfit für mich. Es besteht aus voluminösem schwarzem Nylon mit einem Frontreißverschluss und ist mit süßen Hundebildern bedruckt. Ich nehme an, es ist für professionelle Hundepfleger gedacht, aber ich bin immer ganz nass, wenn ich Bodie wasche und denke, das könnte eine großartige Ergänzung meiner Garderobe sein, besonders wenn ich es mit kaugummirosa Lippenstift und großen Creolen trage. Wenn sie nur auch eine passende Duschhaube dazu hätten ...

»Können wir Ihnen behilflich sein?«

Die Verkäufer Bill und Mike verweisen fröhlich auf einige weitere absurde Pflegeprodukte, einschließlich Kölnischwasser für Haustiere und Sprays in weiteren Duftvarianten. Ich frage mich, ob Bodie Pina Colada tragen könnte? Ich denke, er ist eher Zitronen-Vanille.

»Wir haben ein Aloe Vera und Hamamelis Aftershave-Spray«, erläutert Bill, obwohl Bodie dieses morgendliche Ritual gar nicht pflegt. Und zum Glück braucht er auch kein atemerfrischendes Zahnspray.

Nach dem Umfang der Produkte, die sich an weiße Hunde richten, zu urteilen, müssen sie am aufwendigsten zu pflegen sein. Verständlicherweise – es muss ähnlich sein wie mit weißer Kleidung. Ich inspiziere eine Packung von Angels' Eye-Fleckenentferner und entdecke, dass es aus Marshmallow-Wurzel gemacht wird, dann versuche ich, die Inhaltsliste auf einer riesigen Packung aufhellendem Shampoo zu lesen, aber sie ist zu schwer, als dass ich sie auf Augenhöhe heben könnte. Ich frage mich noch, ob das Rote Shampoo ein Haarfärbemittel ist, als ich den Cafébereich entdecke. Zeit für ein belebendes Getränk.

Ich hoffe, dass die Getränke in Hunde-Größen angeboten werden – zum Beispiel klein (Pinscher), Standard (Pudel) und groß

(Dogge) –, aber es ist nur ein normales Event-Catering. Während ich an meinem Tee nippe und über die höhlenartige Arena hinwegschaue, stelle ich fest, dass kaum ein Bellen zu hören ist – eine ziemlich starke Leistung, wenn man bedenkt, wie viele Hunde sich hier gerade tummeln. Und während ich dachte, es würde eine stressige, pingelige Umgebung für die konkurrierenden Hunde, merke ich, dass sie in Aufmerksamkeit schwelgen. Ein mit vielen Rosen geschmückter Hund stolziert daher und scheint zu nicken: »Crème de la crème, Baby!« Ich nehme an, es ist ein mittelmäßiger Schönheitswettbewerb, aber jeder Kandidat muss auch in bester Gesundheit, gut trainiert und gepflegt sein, was insgesamt nicht schlecht ist, wenn man bedenkt, dass viele Hunde kaum weiterkommen als in den Hinterhof zum Pinkeln.

Und dann ist da noch das Klischee des Show-Hundebesitzers als neurotisches, aufdringliches Bühnenelternteil. Stattdessen sehe ich viele vernarrte, engagierte Männer und Frauen, die zugeben, dass dabei zu sein, langes Warten beinhaltet, aber dass sie es aus Liebe zum Hund tun. Wir alle brauchen einen Sinn und eine Leidenschaft im Leben, und sie haben das sicher. Sie haben auch bewundernswerte Fähigkeiten, wenn es darum geht, ihre gehorsamen, fokussierten Hunde zu bewegen. Ich sollte Bodie auch wirklich besser unter Kontrolle haben, zumal ich von der Barbara Woodhouse-Hundeschule komme – beinahe jedenfalls, Barbara Woodhouse und ich sind auf dieselbe Schule gegangen (Headington School, Oxford), sie fünfzig Jahre vor mir.

(Barbara Woodhouse war die lebhafte, rustikale, sensible Vorläuferin von Cesar Millan. Im Alter von siebzig Jahren hatte sie ihre eigene TV-Show, und ihr Werbespruch »Gassi gehen!« war auf jedermanns Lippen.)

Ich erinnere mich an den Tag, an dem sie ihre alte Schule besuchte: Das ganze Gebäude war in heller Aufregung, und als ein Klassenkamerad sie in der Einfahrt erblickte, strömten wir alle zum Fenster, sehr zur Verärgerung unserer steifen, älteren Geschichtslehrerin. Sie scheuchte uns zurück zu unseren Büchern. Geschichtsbücher. Es war nichts darin, was nicht bis zur nächsten Stunde hätte warten können. Ich hätte darauf verweisen können, was sie nur noch wütender gemacht hätte. Ich ärgere mich jetzt darüber, dass sie uns den flüchtigen Nervenkitzel und einen Moment des Stolzes verwehrt hat. War sie eifersüchtig? Hatte sie den Ansturm der Aufmerksamkeit als unverdient oder einfach ungehobelt empfunden? Dies geschah fast zehn Jahre vor dem *Club der toten Dichter*, denn sonst wäre ich auf den Tisch gestiegen und hätte ausgerufen: »Oh Barbara! Meine Barbara!«

Ziemlich schnell ist mein Tag der Bewunderung von Salukis und Beagles zu Ende, und ich gehe zurück zur Hundetagesstätte.

»Ich bin hier, um Bodie abzuholen!«

»Oh!«, fängt die Frau an der Rezeption an. »Er ist kräftig!«

Ich frage mich nur, was er getan hat, um das zu beweisen, als er um die Ecke biegt.

»Bodie!« Ich kann nicht anders, als vor Freude zu platzen, wenn ich ihn sehe. Ich habe heute einige exquisite Hundeexemplare gesehen, aber für mich kommt niemand an Bodie heran, er ist einfach einzigartig.

Kapitel 22
Bobbie, der Wunderhund

Nach einem entspannten Abendessen mit Snacks vom Supermarkt sind wir bereit für unsere Vierhundert-Kilometer-Fahrt von Klamath Falls nach Silverton, der Heimat eines Collies, der in den 1920er-Jahren weltberühmt war. Silverton ist nur eineinhalb Stunden von unserer Zielstadt Portland entfernt, aber es ist ein bisschen zu weit, um an einem Tag durchzufahren. Eine Sache, die ich in den letzten Jahren gelernt habe, ist, dass die Zeitangaben von Google Maps selten stimmen. Man fährt »für fünf Minuten« von der Straße ab, um zu tanken, um aufs Klo zu gehen und um etwas zu trinken, und schon ist eine Stunde vergangen, und man hinkt dem Zeitplan hinterher. Kein Auf-die-Uhr-Gucken heute – wir fahren einfach die Straße runter …

Manch eine Landschaft kann einen wirklich tief berühren, frei machen, die Gedanken und Träume zum Fliegen bringen. An der kalifornischen Küste ist mir das passiert, und der Höhepunkt war, als wir durch Big Sur fuhren. Hier, wo wir Klamath Falls verlassen und auf der Route 97 weiter nach Oregon fahren, habe ich das gegenteilige Gefühl. Während wir uns durch die flache Einheitlichkeit des Winema National Forest graben, fühle ich mich, als wäre ich auf einem endlosen, von Pinien gesäumten Laufband, und aus irgendeinem Grund fange ich an, über mein Leben nachzudenken und bekomme das Gefühl, es erfordert eine genaue Prüfung.

Das ist ziemlich unangenehm. Teil des Vergnügens dieser Reise war bisher der Eskapismus, die Ablenkungen, nicht darüber nachzudenken, wie es nach der Reise weitergehen wird.

Natürlich muss ich nach Hause zurückgehen und mich dem Ganzen in ein oder zwei Wochen stellen, also ist jetzt vielleicht eine gute Zeit, Bilanz zu ziehen – wenn ich weiß, dass da noch gute Dinge vor uns liegen.

Fangen wir mit dem an, was funktioniert: Ich mag, wo und wie ich wohne – ich mag die Menschen, die um mich herum leben. Ich wünschte, ich könnte meine Lieblingsmenschen aus Großbritannien mitnehmen und sie als Nachbarn haben, aber ich verstehe auch, dass das nicht geht, obwohl ich hoffe, eines Tages eine Wohnung mit einem einladenden Gästezimmer zu haben. (Oder, besser noch, mit einem dieser Gästehäuser, wie man sie auf dem Gelände von Hollywood-Villen sieht – Mädchen können träumen!) Ich schreibe gern, und vor allem mag ich meinen Hund.

Und was funktioniert nicht? Beziehungen. Das scheint eine andauernde, lebenslange Qual zu sein. Und deswegen fühle ich mich manchmal von der Welt abgetrennt, als ob ich meinen Platz in ihr noch nicht gefunden hätte. Ich fühle das jetzt, während ich mich umschaue und kein anderes Auto auf der Straße sehe. Ich frage mich manchmal, ob ich die Fähigkeit besitze, das Glück zu halten. Ich scheine fähig zu sein, in schwindelerregende Höhen aufzusteigen, falle dann aber und schlage sehr hart wieder auf. Es ist wie am Tag nach dem Urlaub – das sorglose Strand-Ich verschwindet, sobald man zurück im Büro ist, und plötzlich ist es so, als hätte es den magischen Sonnenschein und die Romantik nie gegeben. Alles kehrt wieder zum Normalzustand zurück, und da gerate ich in Panik, dass das Leben an mir vorbeizieht. Ich möchte nicht, dass das passiert. Ich möchte aktiv sein, nicht passiv.

Ich schaue in den Rückspiegel zu Bodie. Vielleicht könnte ich mir was von ihm abgucken – er nimmt immer jede Aufregung und jedes Abenteuer mit, ist aber auch glücklich mit den eher eintönigen Aspekten des Tages.

Er ist heute ziemlich ruhig, vielleicht ein bisschen müde vom gestrigen Spieltag. Ich lasse ihn noch etwa eine Stunde dösen. Sein

Wachwerden fällt dann zusammen mit einem schöneren, bewaldeten Gebiet, also halte ich an einem Bach an, um ihm eine kleine Pause zu gönnen.

Er schnüffelt in dem moosigen, mit Farn bewachsenen Unterholz, dann sieht er das Wasser, dreht sich zu mir um und lächelt mit strahlenden Augen direkt in mein Herz, und ich fühle mich wieder gut.

Wir steigen über herabgefallene Äste, und ich bewundere den Unterhaltungsfaktor des Vorankommens mit einem Tier an der Seite – ich liebe Bodies Schnüffeltechnik und wie er in Gefahr scheint, umzukippen wie eine Schubkarre, jedes Mal, wenn er sein Bein hebt. Grundsätzlich interessiert mich immer alles, was er tut, ohne vorher genau zu wissen, wie er reagieren oder sich verhalten wird. Ich bin auch dankbar für den mütterlichen Instinkt, seine Bedürfnisse über meine eigenen zu stellen, denn er bietet eine wunderbare Ablenkung von meiner Nabelschau.

Wir bleiben etwas länger als geplant, was gut ist, denn die Idee einer sonnigen Terrasse zum Mittagessen und eines nachmittäglichen Schlenderns in der Universitätsstadt Eugene fällt wegen eines allmächtigen Regengusses aus.

Man sagt, die Einwohner Oregons altern nicht, sie rosten. Sobald wir aus dem Auto aussteigen, rutschen meine Flip-Flop-Füße in alle Richtungen. Bodie versucht, sich jede zweite Minute trocken zu schütteln, und das Beste, was wir tun können, ist, uns unter den Vorsprung eines Sandwichladens zu stellen.

»Tut mir leid, Kleiner.«

Ich binde Bodie an einen Zweig an und ducke mich in den Laden. Immer wieder kehre ich zurück und überprüfe, dass Bodie nicht stromabwärts gespült wurde, während der Mann hinter dem Tresen überfordert ist mit meiner »Britishness«. (Nicht zuletzt, weil er erst dachte, ich sei Australierin und dann Südafrikanerin.)

»Aber was machen Sie hier?«, fragt er verwirrt.

»Ich fahre nur durch.«

»Von wo kommen Sie?«

»Klamath Falls«, sage ich.

»Nun, ich weiß, dass Sie nicht von dort sind. Ich stamme zwanzig Minuten südlich von hier, und dort gibt es wirklich nichts ...«

»Ich bin auf dem Weg nach Portland«, unterbreche ich ihn. »Mein Hund hat eine dringende Verabredung mit einer Mastiff-Dame namens Winnie.«

Das scheint den Zweck zu erfüllen – jetzt denkt er, ich bin verrückt.

Was mich daran erinnert, dass Ken Kesey, Autor von *Einer flog über das Kuckucksnest*, hier in Eugene zur Universität ging und später auch hier starb. Ich wollte Bodie neben der lebensgroßen Bronzeskulptur des lesenden Autors in Broadway Plaza fotografieren, aber es ist nichts zu machen, wir müssen zurück zum Auto.

Ich setze mich im Kofferraum des Autos neben meinen durchnässten Hund, teile die Füllung des Sandwiches mit ihm und versuche, das unangenehme Gefühl von nassem Jeansstoff auf der Haut zu ignorieren.

So ist es nun mal – wir werden weiterfahren müssen.

Als wir wieder auf der Autobahn sind, drehe ich die Heizung auf und leite die warme Luft zu meinen Füßen. Ich habe keine Ahnung, wohin oder an was wir vorbeifahren, alles, was ich sehen kann, sind Wasserspritzer, die andere Autos hochschleudern. Eine Stunde vergeht, bevor ich wieder lächle – wir fahren durch Oregons Hauptstadt Salem und überqueren eine Straße namens Wolverine. (Gedanken an Hugh Jackman sind immer willkommen.) Dann kommt die Sonne plötzlich heraus, und als wir unser Ziel erreichen, sehen wir einen Regenbogen!

Es scheint ein passendes Symbol für die merkwürdig bunte Stadt Silverton zu sein – eine Mischung aus historischen Wandgemälden, einzigartigen Cafés und durchwühlten Schnickschnackläden. Mich zieht besonders der Laden *Books-N-Time* an, der »neue und gebrauchte Bücher« und »alte und neue Uhren« verkauft. Wie gut sie zusammenpassen. Ich mag die Idee, einen Tisch mit einer alten Kaminuhr zu dekorieren, einer Palme und einem Stapel abgenutzter Lederbuchrücken, aber Bodie zieht mich weiter zur Main Street, wo wir Schilder finden, die den Eingang in oder das Verlassen des China Towns ankündigen, auf beiden Seiten von *Chan's Restaurant*.

Aber das Beste sind zwei Vintage-Tankstellen – eine wurde in ein cooles kleines Café verwandelt und die andere in einen Hundepflegesalon namens *Le Pooch*. Es ist keine Hundewaschstraße, aber es ist das Nächstbeste. (Ich stelle mir vor, wie Bodie auf dem Beifahrersitz eingeseift wird, während ich Zeitung lese.)

Natürlich ist die wahre Hundeattraktion, die auf der ganzen Welt berühmt ist, das etwa einundzwanzig Meter lange Wandbild, das den lokalen Helden ehrt: Bobbie der Wunderhund. Er hat eine erstaunliche Geschichte: Im Jahr 1923 reiste ein zweijähriger Collie-Mischling mit seiner Familie durch Indiana, als sie voneinander getrennt wurden und er verloren ging. Die Familie hat ihn überall gesucht und musste ohne ihn zurück nach Oregon fahren (über viertausend Kilometer). Sie gingen davon aus, ihren lieben Hund nie wiederzusehen.

Sechs Monate später stolperte Bobbie mit verletzten Pfoten in die Stadt – er war Tag für Tag, Monat um Monat gelaufen. Es wird geschätzt, dass er durchschnittlich 22,5 Kilometer pro Tag zurückgelegt hat, durch Ebenen, Wüsten und über Berge – und das alles im kalten Winter.

Die Geschichte seiner unglaublichen Loyalität und Entschlossenheit fand schnell Verbreitung: Der Wunderhund bekam Fanpost von überall auf der Welt, und Menschen, die ihn auf seinem Weg gefüttert und beherbergt hatten, meldeten sich. Manche erzählten, sie wollten sich um seine Wunden kümmern und hatten versucht, ihn dazu zu bringen, sich für eine Weile auszuruhen, aber er war immer schon vor dem Frühstück wieder auf und davon.

Er bekam den Titel Bobbie der Wunderhund, wurde eine der beliebtesten Attraktionen bei *Ripley's Believe It or Not!*, spielte sich selbst in einem Stummfilm namens *Call of the West*, und als er 1927 starb, legte der deutsche Schäferhund-Filmstar Rin Tin Tin einen Kranz auf sein Grab.

Seitdem wird er jährlich geehrt bei der Silverton Children's Pet Parade. (Diese verpassen wir leider genau um einen Tag, da sie sich überschneidet mit unserem Hauptereignis – dem Oregon Humane Society's Doggie Dash in Portland.)

Um die Ecke von Bobbies Wandbild steht eine lebensgroße Replik des mutigen Hundes neben einer hölzernen Hundehütte. Damit er immer einen Ort hat, an den er nach Hause kommen kann.

Ich fühle einen kleinen Stich im Herzen. Hin und wieder frage ich mich, ob jemand darauf wartet, dass Bodie nach Hause kommt. Vielleicht wurden sie getrennt, ohne dass der Besitzer Schuld hatte. Vielleicht befand sich Bodie auf dem Heimweg, als er vom Tierdienst eingefangen wurde. Wenn ich seine Leine losließe, würde er sich auf den Weg zurückmachen?

»Komm auf keine seltsamen Ideen, hörst du?«, sage ich zu Bodie, als ich zurücktrete, um ein Foto von ihm zu machen neben dem Schriftzug: »Hund reist über viertausend Kilometer.«

»Dafür ist es ein bisschen spät.« Er rollt mit den Augen.

Zumindest ist unser Nachtlager nur einen kurzen Spaziergang weit entfernt – etwa zwei Kilometer die Straße runter im *Oregon Garden Resort*.

Kapitel 23
Der Oregon Garden

Das ist ein herzliches Willkommen: Wir werden von einer angenehm warmen Feuerstelle an der Rezeption begrüßt und dann von unserem eigenen flackernden (unechten) Kamin in der Ecke unseres gentrifiziert-ländlichen Zimmers. Und, noch besser, unser Zimmer heißt *Hundewald*!

Dies ist wirklich ein großartiger Ort, um mit einem Hund zu übernachten. Das Hotel liegt inmitten des zweiunddreißig Hektar großen botanischen Wunderlands, dem Oregon Garden. Jeder Hotelgast hat uneingeschränkten Zugang zu den Gärten, und obwohl es kurz vor der Schließzeit ist, können wir auch nach Feierabend hinein und haben ihn ganz für uns.

Er ist wunderschön gestaltet, mit genau der richtigen Mischung aus cleverem Design und Natur, die ihrer Wege geht. Bodie und ich gehen durch die zwanzig Spezialgärten, vom Lavendel und Oregano im Heilpflanzengarten kommen wir zu den Gelb-Kiefern und Prachthimbeersträuchern des Lewis-und-Clark-Gartens. Dies ist ein lebendiges Museum, nachgebaut mit den botanischen Funden, die die beiden auf ihrer Expedition dokumentiert haben, als sie in den frühen 1800er-Jahren neue Gebiete in Amerika kartografierten.

Ich entscheide, dass Bodie und ich exzellente Entdecker wären – von mir aus Lewis und Bark. Bodie erschnüffelt die Schätze, und ich dokumentiere sie.

Als wir weiter zum Rosengarten gehen, muss ich doppelt hinsehen. »Moment! Dieser Typ kommt mir bekannt vor!« Ich gehe auf eine geschwärzte Büste eines Collies zu, sie steht auf Augenhöhe auf einem Sockel. »Sieh mal, Bodie – es ist Bobbie!«

Aber mein Kumpel interessiert sich mehr für den lebensgroßen Bronzelabrador, der auf dem Boden steht und uns in den haustierfreundlichen Garten einführt – eine moosige, felsige Nische mit Palmen, in der Besuchern gezeigt wird, wie man »eine Landschaft erschafft, die Sie und Ihr Haustier begeistert«.

Es wird der Rat erteilt, eher mit den Gewohnheiten des Tieres zu arbeiten als gegen sie, also eher die Umfassung des Gartens pflastern, damit der Hund patrouillieren kann, anstatt sich zu beschweren, dass er die Sträucher, die an den Zaun angrenzen, zerquetscht. Wenn man den Hund von Blumenbeeten fernhalten will, kann man sie mit »dekorativen Pfosten« oder Pfählen aus Bambus oder Holz umzäunen und dadurch verhindern, dass der Hund sich auf die Beete legt und zarte Blüten zerdrückt.

Und anstatt sich um giftige Pflanzen zu sorgen, wird geraten, essbare zu pflanzen wie Apfelbäume und Blaubeersträucher für Hunde und Katzenminze und Weizengras für Katzen.

Das größte No-Go in Bezug auf Toxizität scheint die Eibe zu sein, ein Baum, dessen Blätter noch giftiger sind als seine Beeren. Wenn ein Hund mit einem Gewicht von dreiundzwanzig Kilogramm (etwa Bodies Größe) nur zwei Gramm davon frisst, kann er sterben.

Ich mache eifrig Notizen, obwohl ich nicht genau weiß, wann – oder ob – ich jemals einen eigenen Garten haben werde. Es ist eines dieser Dinge, von denen man erwartet, dass sie mit dem Alter kommen, zusammen mit dem Haus und dem Ehemann und den Kindern, doch bisher … Ich kann nicht sehen, wie irgendetwas davon sich im Moment ereignen sollte. Aber das ist okay. Es gibt ja viele öffentliche Gärten, durch die wir streifen können. Ich blicke in den Reiseführer. Es gibt viel mehr zu sehen, aber ich denke, wir sparen uns den Rest für morgen auf, das Abendessen ruft.

Da es auf der Terrasse des *Garden View Restaurant* zu kalt zum Essen ist, nehmen wir die Portion Gemüselinguini (mit extra Hühnchen für Bodie) mit ins Zimmer, und obwohl ich aus einer Box und mit einer Plastikgabel esse, muss ich sagen, dass das die beste Pasta ist, die ich außerhalb von Italien gegessen habe. Bodie leckt den letzten Saft auf und kuschelt sich dann an die Box, als wäre sie sein neuer bester Freund. Ich bin wieder glücklich. Zwei Dinge werden mir also klar: Ich bin sehr beeinflussbar von a) meiner Umgebung und b) der Qualität des Essens.

Als ich mich auf dem Bett zurücklehne und auf die künstlichen Flammen schaue, denke ich darüber nach, warum ich mich in letzter Zeit so nach Gemütlichkeit sehne. Wahrscheinlich müssen wir uns alle zeitweise von der Außenwelt abgrenzen. Als ich mit Nathan zusammen war, war er mein Trost und mein Zentrum. Ohne ihn wurde ich daran erinnert, wie kurzweilig mein Lebensstil ist. Ich bleibe immer nur ungefähr ein oder zwei Jahre in einer Wohnung wohnen (ich bin in meinem Leben siebenundzwanzig Mal umgezogen), sodass ich nie wirklich sesshaft werde. Es hat mir schon immer gefallen, ständig das Neue zu jagen. Aber wenn man ein emotionales Erdbeben erlebt, ist es sehr beruhigend, in einem schönen Ambiente mit einem handbemalten Schreibtisch zu wohnen. Und die Krimi-Serie *Castle* läuft im Fernsehen, die ich trotz diverser Tötungsdelikte immer sehr beruhigend finde.

Bodie schläft bereits, und ich tue es ihm bald gleich. Es ist einer dieser idealen Schlafzustände, wo man sich an nichts erinnert und ganz erfrischt aufwacht. Wir verweilen noch eine Weile, bevor die Aktivitäten eines neuen Tages starten. In ein paar Stunden werden wir in der Innenstadt von Portland sein.

Ich liebe ein herzhaftes Frühstücksbuffet. Ich mag das Auffüllen und Nachfüllen, die vielen verschiedenen Speisen und den obligatorischen Vorrat an Gebäck, den man sich einpackt – auch wenn er später selten ansprechend aussieht, wenn Serviettenstücke an den klebrigen Ecken hängen. Bodie mag es, dass er seine eigene Wurst bekommt und sich nicht eine mit mir teilen muss.

Wir haben auch Spaß daran, den Weg für die Gäste hinunter in die Gärten nehmen zu können, als hätten wir den Tagesausflüglern was voraus. Es ist, als gehörten wir hierher. Zumindest für ein paar weitere Stunden.

»Oh, sieh nur!« Ich beschleunige mein Tempo. »Da ist eine Bahn – wollen wir die Tour mitmachen?« Bodie zögert und erinnert sich vielleicht an den Empfang, den wir in San Francisco hatten.

»Fahren Sie mit?« Der fröhliche Fahrer ermutigt uns, an Bord zu steigen. Es ist schön, sich willkommen zu fühlen, und Bodie zeigt seine Wertschätzung, indem er einen überraschend aufmerksamen Passagier abgibt.

»Und wenn Sie nach links schauen, sehen Sie den Bosque Garden mit seinen reflektierenden Teichen und Pacific Sunset Maple …« Bodie dreht sich pflichtbewusst zur linken Seite der Bahn. »Und auf der Rechten …« Er dreht sich und blickt gespannt zum Wasserfall und den wilden Lilien, während wir in den Amazing Water Garden eingeführt werden. Wir steigen hier aus, um den Sensory Garden zu erforschen, und dann, auf dem Weg zurück zum Pavillon, entdecken wir eine hyazinthblaue Bank in der Form eines Schmetterlings. Bodie sitzt in der Mitte und schaut aus, als wären ihm prächtige Flügel gewachsen.

Auch wenn dies das perfekte Ende unseres Aufenthaltes ist, zögere ich, hier wegzugehen. Zurück im Auto, lässt Bodie sich schnell nieder, aber ich warte noch mit dem Starten des Motors. Was ich nicht für eine weitere Nacht mit Linguine und *Castle* geben würde. Aber dann sage ich mir, dass das Ziel dieser Reise ist, nach Portland zu kommen, um Bodie wieder mit Winnie zu vereinen und uns der Oregon Humane Society's Doggie Dash anzuschließen. Und so brechen wir auf.

Kapitel 24
Portland muss merkwürdig bleiben

Nach so viel Flora und Fauna – von dichten, stoischen Wäldern zu wunderlichen botanischen Gärten – fühle ich mich, als würde ich eine Art futuristische Stadt betreten, während wir uns den Wolkenkratzern und den Brücken von Portland nähern, die an die Meccano Modellbaukästen erinnern.

Die Menschenmassen überwältigen mich: Studenten überqueren den Universitätscampus, Ortsansässige, die sich die Morrison Street herunterschlängeln, Käufer, die in und aus Macy's strömen, blauhaarige Jugendliche, die Passanten um Kleingeld anbetteln. Und als ich am Hotel *The Nines* anhalte, begrüßen uns drei Hotelbedienstete, die es kaum erwarten können, ihre Hände auf Bodie zu legen.

Unser Hotel liegt im Zentrum der Stadt, gegenüber des historischen Pioneer Courthouse Square und dem dazugehörigen Schriftzug mit dem Motto der Stadt: »Portland muss merkwürdig bleiben«.

Es ist seltsam, nicht in einer Parklücke direkt gegenüber des Hotelzimmers zu parken. »Eine Sekunde!«, entschuldige ich mich bei den Hotelbediensteten. »Ich muss ein paar Dinge sortieren.«

Ich mag eine Vielreisende sein, aber ich bin schrecklich unorganisiert. Ich mag es, mit dem Auto rumzufahren und einfach aus Koffern, Taschen und Seitenfächern Dinge rauszuziehen, die ich brauche, aber mit so vielen Augen, die mich beobachten, geht das nicht. Am Ende wühle ich praktisch in allem, was ich im Wagen habe, und schimpfe leise mit mir, keine Ordnung zu halten.

»Noch ein Schuh!« Ich lege einen einzelnen Sportschuh auf den Stapel. »Oh, und die Tasche mit den Snacks. Nur falls …«

Die Fahrt mit dem Aufzug zur Rezeption im achten Stock ist schnell, aber lang genug, um festzustellen, wie kaputt und schmutzig meine Fingernägel sind. Ich habe meinem Aussehen in den letzten Tagen sehr wenig Aufmerksamkeit geschenkt (Hunde und Natur kümmern sich nicht die Bohne um Maniküre und Pediküre) und habe nicht daran gedacht, mich für das Stadtleben ein wenig herauszuputzen. Ich habe nicht einmal gemerkt, dass wir in einem Fünf-Sterne-Hotel unterkommen werden, weil ich es zu einem Sonderrabattpreis bekommen habe. Und dabei lag der Schlüssel im Namen – *The Nines*. Ich schimpfe wieder mit mir selbst – ich bin nicht einmal für drei Sterne angemessen gekleidet.

»Oh, wow!«

Als sich die Aufzugstüren öffnen, nehmen wir uns einen Moment Zeit, um das Stadtpanorama, das sich vor uns erstreckt, zu bewundern und staunen dann über die Modernität des riesigen Atriums mit Glasdecke. In den Ecken befinden sich quadratische, in Metall gerahmte Flächen, die wie Würfel aussehen, geschmückt sind sie durch zitronengelbe, runde Stühle und orchideenfarbene Teppiche.

Während ich die kopflosen Mannequins betrachte, läuft Bodie zur schwarz lackierten Rezeption, stellt sich auf die Hinterbeine und legt seine Vorderpfoten auf die Arbeitsplatte.

»Reservierung für Bodie Jones, könnte unter Belinda stehen …«

Ich hole ihn ein, bereit, mich zu entschuldigen und zur Sicherheit noch einmal nachzufragen, ob sie Hunde auch wirklich erlauben in einer solch exquisiten Umgebung, aber bevor ich etwas sagen kann, bekommt Bodie eine Portion Hundekekse und Superstar-Schmeicheleien, was ihm beides gut gefällt.

»Ihr Schlüssel!«

»D-danke!« Das fühlt sich immer noch zu gut an, um wahr zu sein.

Zurück im Aufzug. Hoch und weiter hoch.

Als ich die Tür zu unserem Zimmer öffne, entfährt mir ein Begeisterungsschrei: Kristalltropfen-Kronleuchter, eine schillernde Tiffany-blaue Chaiselongue, eine silber und hellbraun geprägte Tapete, drapierte Voile-Gardinen, wie ich sie zuletzt bei Grace Kelly in *Über den Dächern von Nizza* gesehen habe …

Während Bodie seine Schnüffel-Hunderoutine durchführt, bleibe ich für einen Moment stehen, um das alles in mir aufzunehmen. Dieses »Hollywood Regency«-Dekor ist der Stil, den ich am liebsten zu Hause habe – sie haben hier ein mit weißem Leder umspanntes Kopfteil, ich habe zu Hause ein weißes Ledersofa. Das eine Mal, als ich ein Büro hatte, habe ich die Wände in eben diesem Tiffany-Aqua angemalt. Sogar der Teppich hat die gleiche Farbmischung wie mein eigener zu Hause.

Also warum fühle mich uneins mit meiner Umgebung? Ich kann mich in zehn Tagen nicht so stark verändert haben?

Ich betrete das Badezimmer und bewundere die Marmorplatte auf dem Eckschrank, den blaugrünen Boudoirhocker und die Glasvase mit den zarten Blumen. Und dann erschrecke ich beim Anblick meines Spiegelbildes im dreiteiligen Spiegel. Die Umgebung erweckt die Erwartung mit Elnett hochgebürsteter Haare und Diamantohrringe – und hier bin ich: eine Erscheinung in beigefarbenem Fleece. Alles, was fehlt, ist ein bisschen Lagerfeuer-Ruß auf meiner Nase. Ich gehe in den Raum zurück und zu meinem Koffer. Darin ist kein Cocktailkleid. Selbst wenn eines da wäre, fürchte ich, dass ich innerlich zu weit davon entfernt bin, um es anzuziehen. Aber ich kann zumindest von Hunde-Ausführmode umsteigen auf, na ja, etwas Sauberes.

Bodie hat sich in der Zwischenzeit entschieden, statt auf Seelensuche zu gehen, lieber Couchsurfing zu betreiben und liegt auf der Samt-Chaiselongue da wie Marie-Antoinette. Sein goldenes Fell sieht wunderschön aus auf dem vollen, schimmernden Aqua.

»Du bist weit gekommen, Baby!«, lächle ich.

Und vielleicht bin ich das auch.

Ich habe seit Tagen nicht geweint. Und wenn ich die Option hätte, dieses Zimmer mit einem anderen Menschen zu teilen, würde ich Sam wählen, ein eingefleischter Audrey-Hepburn-Fan und Luxus-Liebhaberin. Ich wünsche mir nicht, dass Nathan hier wäre – warum sollte man das Bett mit jemandem teilen, der einen nicht will? Obwohl ich einen Stich spüre bei dieser Erkenntnis, fühlt sich der Gedanke an ihn gleichgültiger als jemals zuvor an. Ich lebe jetzt in einer ganz anderen Welt als die, die ich mit ihm bewohnt habe. In der damaligen Welt ging es um Paarbildung und darum, sich niederzulassen. Die Welt mit Bodie geht viel weiter nach vorn und nach außen.

»Lust auf eine Schnupperrunde durch die Stadt?«

Man muss ihn nicht zweimal fragen. Ich mache ein Foto von uns beiden, wie wir uns in den gespiegelten Türen des Aufzugs spiegeln – und realisiere zum ersten Mal, wie unvorteilhaft mein Mittellänge-Jeansrock ist –, als sie sich öffnen und einen silberhaarigen Typ mit schwarzer Fliege im Inneren des Aufzugs enthüllen.

»Was ist er für eine Rasse?«, höhnt er fast, als Bodie in den Aufzug tappt.

Ich mache mein gewohntes Spiel: ein bisschen hiervon, ein bisschen davon …

»Oh, wir sagen dazu Abschlepphund.«

Ich schnaube leicht. Ich glaube kaum, dass Bodie an diese Erfahrung erinnert werden möchte. Außerdem sehe ich ihn nicht als durch seine frühere Unterkunft definiert. Und dann nehme ich an, dass wir Menschen uns das auch gegenseitig antun, wenn wir fragen: »*Woher kommen Sie? Auf welche Schule sind Sie gegangen?*«, obwohl wir heutzutage, wie Bodie, unsere eigene einzigartige Schöpfung sein können.

Die Türen des Aufzugs öffnen sich ein paar Stockwerke tiefer wieder.

Ein ultraglamouröses Paar gesellt sich zu uns. Er ist eine Art James Bond, und sie ist Oregons Antwort auf Rosie Huntington-Whiteley. Wenn sie berühmt wären, würden sie ihre Namen miteinander verbinden. Er schenkt uns ein warmes Lächeln, sie hebt eine Augenbraue. Ich möchte ihr versichern, dass ich weiß, dass ich aus einem ganz anderen Genpool gebaut bin und hier wirklich nichts verloren habe, in ein und demselben Aufzug mit ihnen, aber als ich einen Schritt zurücktreten will, bückt sich Bond runter, um Bodie zu tätscheln. Die Missbilligung des Bond-Girls ist deutlich spürbar. Vielleicht ist sie besorgt, dass sich Hundehaare an ihr Kleid heften könnten. Ich versuche, ihr einen verständnisvollen Blick zuzuwerfen, aber sie wendet ihre Augen ab. Ich habe das schon öfter gesehen – lockere, offene Männer mit frostigen Eisprinzessinnen. Ich hätte nicht gedacht, dass Männer von dieser Art Hochnäsigkeit angezogen werden könnten, aber Nathan pflegte zu sagen, sie hätten kaum eine Wahl: Die Frau würde sie ins Visier nehmen, und der Mann wäre zu nett, um abzulehnen. Natürlich ist ihre Schönheit nicht zu leugnen. Ich frage mich, wie es ist, so lange Gliedmaßen und so glänzendes Haar zu haben. Ich bin halt mehr Hunde-Dinner als Gala-Dinner.

»Nach Ihnen …«

Und da gehen sie zu ihrer mondänen Party, während Bodie und ich uns auf den Weg zu *Cupcake Jones* machen, ausgewählt aufgrund des Namens und der Tatsache, dass sie Hundekuchen servieren. Während er seinen Kuchen mit einem Bissen runterschlingt, überfliege ich das Angebot für Menschen einschließlich Pfirsich-Auflauf und Orangen-Creme, entscheide mich aber schließlich für The Pearl (weißer samtiger Kuchen mit Vanille-Buttercreme), und wir brechen auf und erkunden den Pearl District.

Dies ist eine Hipster-Oase mit Musikveranstaltungen, Galerien und Bars in Hülle und Fülle. Sogar Bodie bekommt ein bisschen Erfrischung in den grasbewachsenen North Park Blocks – wir nähern uns schachbrettartig angelegten Steinplatten und betrachten etwas, das aussieht wie eine vergessene Hundeschüssel. Es ist die Portland Dog Bowl – eine immerwährende Quelle frischen Wassers, entworfen von William Wegman, dem Künstler, der bekannt ist für seine erstaunlichen Fotos von Weimaranern in übergroßen Jacken und sich über Menschen mokierenden Posen. Ich mag seine Arbeit, und von hier ist es nur ein Katzensprung zu Powell's *City of Books*, wo man eines seiner vielen Bücher kaufen kann – oder einen der vielen gebrauchten Wälzer, die sie ebenfalls anbieten. Diese Buchhandlung wurde vom *Guardian* zu einer der zehn besten unabhängigen Buchhandlungen der Welt gekürt, neben *Shakespeare and Company* in Paris, die die Möglichkeit bieten, inmitten der vollgestopften Regale zu schlafen, und *Acqua Alta* in Venedig, wo eine alte Gondel voller Bücher mitten im Laden steht.

Es gibt viele verlockende Restaurants in dieser Gegend, aber wir haben beschlossen, nach echter Portland-Art zu speisen – im legendären Viertel mit Essensständen.

Bodie ist hier in seinem Schnüffelelement; seine Nasenflügel flattern zwischen den Knödeln des *The Dump Truck's Dumplings* und dem Fladenbrot von *Viking Soul Food's* hin und her, seine Zunge verbindet Geschmäcker aus verschiedenen Burritos, Wraps und Bottichen. Das ist ganz und gar Nathans Vorstellung von der Hölle: zu viele nicht identifizierbare Zutaten und ungewohnte Geschmacksrichtungen. In über einem Jahr habe ich nie gesehen, dass er von seiner Sandwichfüllung Pute und Käse mit ein wenig Senf und ganz bestimmt ohne Mayo abgewichen wäre. Seine wagemutigste Bestellung war an unserem ersten gemeinsamen Valentinstag in einem noblen französisch-asiatischen Restaurant in Chicago. Sie boten ein spezielles Fünf-Gänge-Menü »für sie und ihn« an, und er wollte das »für sie« für sich bestellen, da der Geschmack milder sei.

»Aber überleg mal, wenn wir beide bestellen, können wir zehn Gerichte probieren!« Ich wusste zu der Zeit nicht, wie entsetzlich das für ihn geklungen haben muss. Aber er hat mitgemacht, und obwohl er aussah, als stünde er vor einer Aufgabe beim Dschungelcamp, mochte er schließlich jeden Bissen.

Nun bin ich im Dilemma, während ich Angebote der Essensstände studiere.

»Hmm, Succotash … hört sich bekannt an, oder ist das ein Schimpfwort?«

Lucille's Balls bekommt den Preis fürs beste Wortspiel, und die Süßkartoffelbällchen mit Kokos-Currysauce klingen verlockend. Ich fühle mich definitiv danach, kühnere neue Dinge auszuprobieren, und wenn es nicht allzu scharf ist, kann Bodie mir beim Aufessen helfen.

Da es jetzt zu kalt ist, um an der Straßenecke zu essen, verhalten wir uns wieder nicht einem Fünf-Sterne-Hotel entsprechend, als wir *The Nines* mit unseren Pappkartons betreten. Nun, wir müssen früh ins Bett, um ausgeruht für morgen zu sein …

Kapitel 25
Der Doggie Dash

Ich wache angespannt auf.

Heute ist der Oregon Humane Society's Doggie Dash – Tausende Hundebesitzer versammeln sich zu einem gesponserten Spaziergang, mit dem Ziel, 250.000 Dollar einzusammeln für die Kampagne »End Petlessness«, die Heimtiere und Menschen zusammenbringen will.

Nach einem schnellen Frühstück mache ich mich mit Bodie auf den Weg und denke: »Großartig! Etwas mehr als drei Kilometer – das wird ein anständiger Morgenspaziergang!« Aber natürlich stürzen wir in den Kampf mit viel Energie in Bodies Knochen.

»Langsam ...« Ich bemühe mich, mitzuhalten. »Wir müssen uns nicht beeilen!«

Während wir an einem stillen Sonntagmorgen Richtung Morrison laufen, ziehen wir nach und nach Hund um Hund an, sie kommen aus den Seitenstraßen herausgeströmt, fast schon so, als wären wir Teil eines choreografierten Flashmobs. Sie sind überall – Dänische Doggen zu meiner Linken, Boxer zu meiner Rechten ... alle bewegen sich in Richtung der Registrierungsstelle.

Bodie kann anstrengend sein mit nur einem anderen Hund in seiner Nähe. Hier, im Tom McCall Waterfront Park, sind aber schon um die tausend. Und jetzt müssen wir brav in der Schlange stehen, um unsere Ausrüstung und unsere Nummer zu bekommen. Theoretisch. Bodie fängt an, mit dem Hund vor uns zu spielen, sein Frauchen ist ein Möchtegern-Cesar-Millan.

»Hey!«, faucht sie und packt Bodie in die weiche Stelle unter die Rippen.

Meine Augen ziehen sich zusammen: *Kümmer dich um deinen Hund, nicht um meinen!* Ich frage mich, wie sie es fände, wenn ich sie in die Nieren stoßen würde? Ich bin versucht, es herauszufinden, stelle dann fest, dass sie versucht, sich einen Spitzbart wachsen zu lassen wie ihr Held, auch wenn es ein blonder ist.

Der Mann hinter mir hat einen Brummbären von Hund. Ich mag ihn. Er kann seinen Hund auch nicht kontrollieren.

Aus irgendeinem Grund scheinen alle genau auf unserer Höhe hindurchlaufen zu wollen, egal wie viele Schritte wir vorwärtskommen.

»Haben wir eine Markierung an uns kleben?«, fragt er.

Der Mann und ich versuchen alles: mit dem Rücken zu den Massen zu stehen, die Lücke zwischen uns zu schließen, unsere Hunde zum Sitzen zu bringen, aber sie drängeln sich immer noch durch. Es kommt so weit, dass ich Bodie über ihre Hunde springen lasse, nur um ein Statement abzugeben.

Die meisten Leute sind liebenswert – erfreuen sich am Sonnenschein und dem Tamtam und sind einfach nur glücklich, mit ihren Hunden draußen zu sein. Die Lage ist großartig – eine riesige Grünfläche am Fluss mit allerlei Ständen und Buden und einer Bühne für die Wettbewerbe, einschließlich Hundeküssen und ausgefallenen Kostümen. Ich habe schon einige Anwärter für Letzteres gesehen – einen Dackel in Gefängnisstreifen, ein Mops als Hummel, ein Terrier in einer punkigen Lederjacke und grünem Fell auf dem Kopf.

Aber ich treffe eine weitere schlecht gelaunte Person, als wir an der Startlinie ankommen. Ihr Hund will mit Bodie spielen; er stupst und streichelt ihn buchstäblich mit seiner linken Pfote. Er ist nur ein kleiner Kerl, aber er könnte nicht süßer sein, mit wunderschönen Schlappohren, die ihn aussehen lassen wie die Welpenversion von Dumbo.

»Was für eine Rasse ist er?«, frage ich verzaubert.

»Er ist nur aus dem Tierheim«, tut sie meine Frage ab und zieht ihn näher an sich heran.

Sie gehört sicher zu jenen Frauen, die schon ausrasten, wenn man ihren Freund nur ansieht. Ich denke nicht, dass ich neben ihr gehen werde.

Und dann wird der Start angekündigt, und los geht's!

Der Strom von Hunden und Menschen, der die Hawthorne Bridge überquert, ist überraschend geordnet. Natürlich sind manche Hunde wettbewerbsfähiger als andere, wetteifern um Positionen, als wären sie Konkurrenten auf einer Rennstrecke, aber die meisten scheinen glücklich zu sein, sich zu bewegen. Oder, in Bodies Fall, in Zickzacklinien zu laufen. Er scheint ein wenig überfordert zu sein: »So viel Boden, so wenig Zeit zum Schnüffeln!« Aber er hat definitiv Spaß.

Genau wie ich. Es fühlt sich gut an, Teil von etwas Großem zu sein. Mir gefällt dieses Element eines Marsches: Wir demonstrieren, wie sehr Menschen ihre Hunde lieben und wie wichtig es für diejenigen in Notunterkünften ist, die bestmögliche Pflege und Chance für eine Adoption zu erhalten.

Es ist unglaublich, dass mit dem Geld, das an diesem einen Tag eingesammelt wird, zehntausend von der Oregon Humane Society adoptierte Haustiere geimpft werden können, dass jedes dieser Tiere im Tierheim ein Jahr lang gefüttert werden kann, dass die medizinische Versorgung für 1 250 Kastrations-/Sterilisationsoperationen gesichert ist und zwei Tierquälerei-Ermittler ein Jahr lang beschäftigt werden können. Erstaunlich. Es zeigt, was gut organisierte öffentliche Unterstützung erreichen kann – und jeder hat Spaß dabei. Eine Win-win-Situation.

Wir sind jetzt auf der Eastbank Esplanade, bestaunen die Skyline der Stadt und das zum Kult gewordene alte Leuchtschild mit dem springenden Hirsch und den Worten »Made in Oregon«, in einer Schrift der 1940er-Jahre. Für mich ist das Portlands Version des Hollywood-Schriftzugs (interessant, dass beides als Werbung begann), und ich schieße ein paar Fotos. An Weihnachten leuchtet die Hirschnase angeblich rot!

Als Bodie und ich zwei atemberaubende Dalmatiner überholen, die ihrerseits einen winzigen Chihuahua überholen, lache ich leise vor mich hin. Ich denke, ich werde mich niemals an die schiere Vielfalt des Hundekönigreichs gewöhnen. Es muss sicher mindestens einer von jeder Rasse heute hier vertreten sein.

Wir schlurfen eine entspannte Stunde lang herum und pausieren für ein paar Schnuppereinheiten im umliegenden Laub und den gelegentlichen Vergleich mit einem anderen Hund. Es ist faszinierend, all die Rituale, die sie gemeinsam haben, in der Masse zu beobachten. Ich stelle mir vor, das Beinanheben so zu koordinieren, dass sie eine Hündchen-Polonaise bilden – Schritt, Schritt, Schritt, Beinheben nach links, Schritt, Schritt, Schritt, Beinheben nach rechts.

Das Tempo verlangsamt sich, als wir uns dem engeren Gehweg in Richtung Steel Bridge nähern, aber trotz der Stauung ist niemand genervt. Es gibt viele Gruppen und Familien, die sich ausgiebig unterhalten oder ihrem Hund einen Schluck Wasser geben. Ich hocke mich zu Bodie.

»Kannst du glauben, dass wir wirklich hier sind?«

Er schaut mich mit wilden Augen an, als wäre er auf seinem ersten Rockkonzert.

»Ich weiß! Es ist verrückt!« Es fühlt sich an, als hätten die Hunde die Weltherrschaft übernommen, und die Menschen sind einfach nur Begleiter.

Was für eine wundervolle Welt das wäre.

Als wir das gegenüberliegende Ufer erreichen, legen sich die Leute ins Gras für ein Picknick oder ein kleines Schläfchen.

Bodie und ich gehen weiter – wir sind schon Hunderte Kilometer gereist, um hier zu sein, also bleiben wir nicht kurz vor der Ziellinie stehen.

Wir genießen den Moment, als wir sie erreichen – schade nur, dass es kein Band gibt, das man mit der Brust durchreißen muss.

»Wir haben es geschafft!« Ich zerzause sein Fell.

Es ist schon eine Weile her, dass ich ein solches Gefühl der Erfüllung hatte. Bodie ist unterdessen nur daran interessiert, all die kostenlosen Leckerli-Muster an den Ständen einzusammeln.

»Es ist wie Halloween für Hunde«, sage ich, während wir von Tisch zu Tisch gehen und dankend eine Kostprobe von der Dame mit den Dental-Kausnacks annehmen. »Vielen Dank!«

Wir schauen eine Weile einer Frisbee-Aktion zu, nehmen Informationen des *Stay Pet Hotel* mit und posieren neben einem riesigen aufblasbaren Welpen mit einer zusammengerollten *Oregonian*-Zeitung im Mund. Aber für mich ist das Highlight: *Run! Tagesstätte für Hunde.*

Erstens haben sie das hipste Hundemobil, das ich jemals gesehen habe. Es hat eine Retro-Farbkombination aus Schokoladenbraun und Himmelblau auf weißem Hintergrund. Ich bin auch begeistert von ihrer Fototafel, die die Frage aufwirft: »*Warum gehen, wenn man rennen kann?*«

Und warum den Hund in eine örtliche Tagesstätte mit einem Betonhof schicken, wenn er bei *Run!* frei herumlaufen kann in einem achtzig Hektar großen privaten Wald.

»Hast du das gehört, Bodie? Ein achtzig Hektar großer Privatwald!«

Ich möchte unbedingt mehr darüber erfahren, aber Miteigentümer Dave ist mit einem anderen potenziellen Kunden beschäftigt. Bodie spürt, dass es etwas länger dauern könnte, und legt sich unter den Transportwagen, um sich von der Sonne abzuschirmen, während ich dem Gespräch der Männer lausche und noch beeindruckter bin, als ich höre, dass sie die Hunde direkt von zu Hause, aus dem Büro oder Hotel am Morgen abholen und sie sauber und trainiert am Abend zurückbringen – alles für dreiunddreißig Dollar pro Tag. Und sie arbeiten, was die Gesundheit und das Wohlbefinden des Hundes angeht, eng mit den Tierärzten und den Besitzern zusammen.

»Wir betrachten uns als Fitnesstrainer für Hunde«, grinst er.

Ich bin so begeistert, dass ich Bodie sofort anmelden will.

Schließlich wendet er sich mir zu.

»Sie sind aus England!«, sage ich erfreut.

»Genau wie Sie!«, jubelt er und streckt seine Hand aus. »Southeast London!«

»Islington!«, antworte ich.

»Yeah!«

Es ist seltsam, wie über das gemeinsame Heimatland sofortige Vertrautheit entsteht. Wir lassen jetzt alle Formalität beiseite – es fühlt sich eher an, als würden wir bei einem Sommerpicknick von gemeinsamen Freunden plaudern.

»Also, wo leben Sie jetzt?«

»In Los Angeles.«

Er rollt mit den Augen. »Wann werden Sie in den Nordwesten ziehen?«

Ich runzle amüsiert die Stirn. »Das klingt so, als wäre es nur eine Frage der Zeit!«

»Es ist hier am besten. Die Leute sind echt. Wenn sie einen zum Barbecue einladen, dann meinen sie es auch so.«

»Ja, aber wie viele Grillabende kann man bei dem Wetter in Oregon haben?«

Während wir weiterreden, pinkelt Bodie an die Reifen seines Wagens.

»Oh, es tut mir so leid!« Ich reiße sein gespreiztes Bein runter.

»Das passiert ständig«, sagt er mit einem Achselzucken.

»Sie hatten gesagt …«

Bevor er weitermachen kann, verwickelt sich Bodie in ihren Aufsteller, und er fällt gegen den Lieferwagen.

»Oh, mein Gott! Ist da jetzt eine Beule?« Ich springe hin, um den Schaden zu begutachten.

»Nein, nein, es ist in Ordnung.« Er fährt mit den Fingern über die immer noch perfekte Lackierung.

»Entschuldigung.« Ich zucke zusammen und füge hinzu: »Er ist Amerikaner.«

Und dann atme ich tief durch. Das ist wahrscheinlich nicht der beste Zeitpunkt, um um einen Gefallen zu bitten, aber ich tue es trotzdem: »Meinen Sie, es wäre möglich, morgen einen Platz für Bodie zu reservieren?«

»Aber sicher!«

»Und auch für mich?« Ich halte den Atem an.

Er muss eine gute Versicherung haben, weil er Ja sagt.

Kapitel 26
Der Rudellauf

Der Treffpunkt, an dem wir für unseren Rudellauf abgeholt werden, ist das Café *The Dragonfly Coffee House*. Es ist genauso schön, wie der Name vermuten lässt. Es gehört zu der Art Cafés, die den Wunsch erwecken, in die Nachbarschaft zu ziehen, um täglich zwischen den alten Büchern, den klimpernden Kronleuchtern und den faszinierenden Inhabern herumzuhängen. Ich beglückwünsche einen Mann zu seinem adretten Fliederanzug und beneide den Bohème-Stil der anwesenden Frauen.

Und dann bin ich dran mit der Bestellung.

Es ist verrückt, wie man für eine Tasse gekochtes Wasser total abgezockt werden kann und man trotzdem so glücklich dabei ist. Ich denke, die vielen hausgebackenen Leckereien sind ein großer Teil des Lustprinzips. Ja, es kann sein, dass das Wort »Muffin« erfunden wurde, um die Leute davon abzulenken, dass sie Kuchen zum Frühstück essen, aber alle essen hier Kardamomapfelkuchen oder einen Dattelriegel – also kann es keine so große Sünde sein, oder?

Ich bekomme meinen Chai Latte to go und gehe mit Bodie an der Straßenecke auf und ab. Im Schatten ist es kühl, aber dafür in der Sonne umso herrlicher, und ich denke gerade, dass wir den Tag durchaus hier verbringen könnten, als der *Run!*-Wagen vor uns hält.

Es ist schön, Dave wiederzusehen. Es hat sich beim ersten Treffen schon so angefühlt, als sei er ein alter Freund; diesmal fühlen wir uns praktisch wie verwandt. Wir müssen noch ein paar Zwischenstopps machen, um Hunde einzusammeln, und wenn ich ihm zuhöre, wie er mit seiner Freundin und Geschäftspartnerin Erica spricht, wird er mir noch sympathischer. Er sagt am Ende eines Gespräches jedes Mal »Ich liebe dich«, auch nach einem so kurzen Austausch über den Tagesablauf wie: »Hab gerade Coco abgeholt, und mach dir keine Sorgen über Logan – ich hab ihn schon! Okay, ich liebe dich.«

Für einen typisch britischen Kerl geht er bemerkenswert unbefangen mit seiner Zuneigung um. Die andere Sache, die mich überrascht, ist, dass die Hunde im Wagen gar nicht miteinander balgen. (Bodie ist vorne bei mir.)

Unter den Hunden erkenne ich einen schelmischen Beagle, einen weisen alten Schnauzer, einen imposanten Deutschen Schäferhund und eine brutale Bulldogge – sie sehen aus wie eine bunte Crew, die sich für einen Banküberfall versammelt hat.

»Gibt es da überhaupt keinen Ärger?«, frage ich, als ein Vizsla dazukommt.

»Warum denn?« Dave runzelt die Stirn.

Ich schaue zu den Hunden.

»Versuchst du etwas anzufangen?« Sie schauen mich argwöhnisch an.

Ich zucke mit den Achseln, schaue nach vorne und bin neugierig, mehr über Daves früheres Leben als professioneller Mountainbike-Rennfahrer zu erfahren und dann – noch faszinierender – über seine katastrophalen früheren Beziehungen.

Ich sage ganz oft: »Neiiiiiin! Das hat sie nicht! Und sie ist dafür nicht verhaftet worden?«

»Wenn du denkst, das wäre schlimm, warte nur, bis du Ericas Geschichten hörst.« Er schüttelt den Kopf.

Natürlich bin ich neugierig, sie zu treffen. Und wie das immer so ist, ist sie überhaupt nicht das, was ich erwartet habe.

Erica ist im Grunde ein schöner blonder Waldgeist inklusive feenhafter Haare und einem Make-up-freiem Gesicht. Sofort habe ich den Eindruck, dass sie das ehrlichste, reinste Herz hat, und ich verspüre eine Art Beschützerinstinkt bei dem Gedanken, dass ein

Mann mit ihr gespielt oder sie verletzt haben könnte. Zum Glück hat sie die Power eines Langstreckenläufers (ihre andere große Leidenschaft neben Dave und den Hunden), und das hat ihr geholfen, sich aus der schrecklich desaströsen Beziehung, in der sie vor Dave war, zu befreien. Meine Hauptbeziehung vor Nathan war ebenso heikel und erniedrigend – die Ähnlichkeit unserer Erfahrungen ist unheimlich. Es hat eine kathartische Wirkung, mit jemandem zu sprechen, der durch den gleichen Morast gegangen ist (im Gegensatz zu den Gesprächen, wo man sich rechtfertigen muss, sich zu Beginn überhaupt auf den Typen eingelassen zu haben). Die Wirkung ist so groß, dass in mir echte Hoffnung aufkeimt, dass auch jemand wie ich eines Tages einen guten Kerl finden kann, der witzig ist und ein Funkeln in den Augen hat.

Aber vorerst steht unser Lauf mit den Hunden an.

Sie sind bereits in einem großen Gehege, wo sie sich aufwärmen und dehnen können. Das Einzige, was uns noch vom Aufbrechen abhält, ist mein Outfit: Es hat angefangen zu regnen, und obwohl meine obere Hälfte angemessen gekleidet ist – Kapuzenjacke, flauschiger Schal und kuscheliger Hut –, geben meine kurz geschnittenen Jeans und Flip-Flops Anlass zur Sorge.

»Wir leihen dir wasserfeste Sachen.«

»Oh, kein Problem, das geht schon so.«

So wie sie mich ansehen, geben sie mir zu bedeuten, dass ich das Gelände unterschätze.

»Probiere die mal.« Erica bietet mir eine synthetische Regenhose an.

Ich schaue zweifelnd auf den schmalen Bund. »Ist das deine?«

»Ja«, lächelt sie ermutigend.

»Nett, dass du denkst, ich könnte da reinpassen, aber …« Ich zeige auf meinen kräftigen Hintern.

»Lass mal sehen, was ich habe«, bietet Dave an und kehrt mit einer Männerhose zurück (meine Größe) und einem Paar klobiger Gummistiefel.

Ich fühle mich jetzt, als hätte ich untenrum Clownsklamotten an, aber das passt zu der Surrealität, dass der eingefleischte Couch-Potato einen Rudellauf in der nassen, nassen Wildnis von Oregon macht.

»Bereit?«

Ich muss gestehen, dass ich ein wenig nervös bin, in ein geschlossenes Gehege mit so vielen aufgekratzten Hunden zu gehen – dreißig, das sind viele! Das mag nach dem Doggie Dash mit zweitausend Hunden albern klingen – aber die waren alle an der Leine. Diese hier sind frei, um hervorzuspringen, zuzuschnappen oder zuzubeißen. Ich war mir meiner Unerfahrenheit noch nie so bewusst wie in diesem Moment. Ich bin noch dabei, zu lernen, wie ich mit Bodies Marotten umgehe – und nun das … Ich habe Angst, jemanden versehentlich in die falsche Richtung zu treiben oder sonst was falsch zu machen.

»Vielleicht sollte ich einfach hier warten?«, biete ich an und erkläre, dass ich nicht möchte, dass meine Nervosität das Rudel verunsichert.

Dave versichert, dass alles gut wird.

»Wirklich?«

Ich bin mir immer noch nicht sicher.

Aber ich gehe ins Gehege und wiederhole immer wieder in Gedanken Cesar Millans Mantra: »Nicht anfassen, nicht reden, kein Blickkontakt!«, als würde mein Leben davon abhängen.

Ich ignoriere sogar Bodie – ich möchte ihn nicht blamieren, indem ich ihn wie ein überfürsorgliches Elternteil am Schultor verhätschle. Ich gebe ihm lieber die Chance, sich anzupassen, als wäre ich nicht hier.

Ihm scheint es genauso zu gehen. So sehr, dass, wenn ein paar Hunde versuchen würden, eine Verbindung zwischen uns herzustellen, er schwören würde, mich nie vorher in seinem Leben gesehen zu haben.

»Okay, wir gehen raus«, warnt mich Dave.

Als die Hunde in rasender Erwartung zusammenkommen, frage ich mich, ob ich in der Lage sein werde, mitzuhalten, oder ob ich im Schlamm niedergetrampelt werde.

Wie auch immer, jetzt ist es zu spät: Dave greift nach dem Torriegel – und weg sind sie!

Es fühlt sich an, als würde Pamplona die Stiere laufen lassen. Sie reißen wie wild los.

Ich sehe voller Ehrfurcht, wie sich dieser brodelnde Fluss aus lebendigem Fell bewegt, durch das lange nasse Gras und den hellgelben Besenginster in Richtung Wald und Hügel hin zu endlosen Bergen und einem endlosen Himmel, keine Barriere oder Grenze ist in Sicht.

»Aber …« Ich versuche, Schritt zu halten. »Was ist, wenn einer von ihnen entwischt? Oder zurückbleibt? Wie kannst du sie alle im Auge behalten?«

Dave lächelt zuversichtlich. »Hunde sind Rudeltiere; sie wollen von Natur aus zusammen laufen.«

»Okay, theoretisch verstehe ich das, aber …«

»Sieh mal …«

Er pfeift und hält seine Hand hoch, um ihnen eine neue Richtung anzuzeigen. Sie alle folgen. Alle. Die Schnellen und die Langsamen haben zwar ihr eigenes Tempo, aber sie alle tun es. Er pfeift wieder. Totale Kehrtwende. Und wieder dasselbe. Und ja, einige von ihnen sind Stammgäste, aber auch Bodie, der mich völlig ignoriert, ist im Flow.

Das ist sehr beeindruckend.

Wir gehen den schlammigen Abhang entlang und folgen einem Waldweg. Manche machen unabhängige Erkundungen, andere toben und raufen. Alle in einem Radius von fünfzehn Metern.

Näher als jetzt werde ich einem Wolfsrudel wohl nie kommen. Besser noch, ich habe mich mit einem alternden Husky zusammengetan, der froh zu sein scheint, dass sich jemand ähnlich gemächlich verhält.

Als wir durch eine Kiefernallee gehen, greife ich nach unten und gebe seinem regennassen Kopf einen Klaps, und er sieht mich an, als wolle er sagen: »Ich lass die Jungs vorlaufen – sie sind alle ein bisschen zu laut für mich. Und jemand muss ja auch die Nachhut bilden.«

»Richtig«, versichere ich ihm und habe jetzt meinen Zweck gefunden. Kein Hund bleibt zurück und so.

Außerdem kann ich von diesem Standpunkt aus sehen, wie Dave mit einem cremebraunen Springer Spaniel mit zottigen Ohren spielt: Dave nennt seinen Namen, und der Hund springt hoch in seine Arme und ruht sich, mit einem riesigen Grinsen im Gesicht, an seiner Schulter aus.

Es ist wirklich beeindruckend, Menschen zuzusehen, die Hunde lieben und wissen, dass man mit ihnen interagieren kann, ohne diese süßliche Babysprache. Erica und Dave sind wie die coolen Lehrer in der Schule, die von allen gemocht und respektiert werden. Sie sind gelassen, aber sobald einer etwas anstellt, weisen sie ihn zurecht. Und wer ist heute der Schüler, der aus der Reihe tanzt?

Bodie natürlich.

Oh je, ich schäme mich, als Erica wiederholt gezwungen ist, ihn von einem Hund zu lösen, der offensichtlich keine Lust auf sein Draufspring-Spiel hat.

»Kannst du nicht sehen, dass er keinen Spaß hat, wenn du ihn so belästigst?« versuche ich, Bodie zu überzeugen.

»Ich werde ihn runterziehen!«, scheint er zu antworten. »Ich werde es tun!«

»Oh nein, das tust du nicht!« Erica greift wieder ein.

»Entschuldige«, sage ich mit schwacher Stimme, da ich weiß, dass ich machtlos bin und keine Autorität walten lassen kann. Nicht zuletzt, weil die Imprägnierung meiner Jacke anscheinend nachgelassen hat und mir Regentropfen den Rücken runterrieseln. Ein sehr seltsames Gefühl.

»Denkst du, Bodie geht komisch?«, frage ich, als ich Dave eingeholt habe. »Als ob physisch etwas mit ihm nicht stimmte?«

Er studiert seine wackelige Gangart. »Nun, er sieht aus wie John Wayne von hinten.«

»Ist das ein Problem?«

»Nicht unbedingt. Hunde aus dem Tierheim bekommen selten genug Bewegung, also könnte es einfach sein, dass er seine Muskeln wiederaufbaut.«

»Wirklich?« Ich mag diese Erklärung, und es ergibt auch Sinn – auch wenn ich daran denke, wie unfit ich bin, und dass ich von hinten sicherlich auch kein gutes Bild abgebe.

Hmmm, ich frage mich, wie viele dieser Läufe es bräuchte, um uns *beide* in Form zu bringen.

Sie bieten wirklich einen tollen Service bei *Run!*, vor allem, wenn man sich diese beiden möglichen Szenarien vor Augen hält: Der Besitzer lässt den Hund zu Hause, während er zur Arbeit geht, der Hund schreitet eine Weile auf und ab, lässt sich dann auf den Teppich sinken, schläft ein, wacht auf, dreht sich zur anderen Seite, schläft noch ein bisschen, gähnt und seufzt ohne Ende, bis sein Herrchen oder Frauchen zurückkehrt. Oder er hat ein aufregendes Abenteuer im Freien und kann sein Hunde-Ich voll ausleben.

Als wir einige Stunden später ins Gehege zurückkehren, hat sich die ursprüngliche Masse an Hunden zu unterschiedlichen Persönlichkeiten ausdifferenziert. Ich habe sogar einige Namen registriert, wie Jasper und Cookie und Frankie und (mein persönlicher Favorit) Cassidy. Es wäre keine gute Idee, sie jetzt zu ärgern: Sie sind voller frischer Luft – mit Sauerstoff angereicherte Muskeln und rollende Zungen. Obwohl der Regen aufgehört hat, ist es jetzt Zeit fürs Waschen. Ich beneide Erica in diesem Moment nicht.

Kein Hund mag das … – Moment mal! Was ist denn das? Einer nach dem anderen kommt pflichtbewusst zu ihr und steht während des Abduschens still. Manche heben sogar eine Vorder- oder Hinterpfote. Ich traue meinen Augen nicht …

Ich halte den Atem an, als Bodie an der Reihe ist, und bete, dass er sich nicht danebenbenimmt, wie er es bei mir tun würde. Aber er nimmt alles gelassen hin. Wahnsinn.

»Du hast magische Fähigkeiten«, sage ich zu Erica.

Sie zuckt mit den Achseln nach dem Motto: »Ist mein Job«.

Nun, da alle sauber und bereit sind für ein Schläfchen, gehen wir zurück ins Haus, um etwas zu essen.

Daves und Ericas Haus hat eine starke Verbindung nach außen, mit einer Fensterwand, die sowohl die weitläufige Landschaft zeigt als auch den Rasen, wo sie planen, in ein paar Monaten ihre Hochzeit zu feiern. Während ich mich umsehe, bemerke ich einen kleinen Hund, der tief eingesunken auf einem Kissen liegt. Er ist sehr krank und liegt im Sterben. Ericas Blick auf ihn bringt mich fast zum Weinen, also bin ich erleichtert, dass wir uns in die Küche bewegen. Bodie inbegriffen.

Ich kann nicht anders, als zu lächeln, während ich ihre paartypischen Interaktionen an der Arbeitsplatte beobachte. Dave wird zum *Masterchef* und erschafft großartige Quesadillas mit Avocado-Salsa, während Erica jedes grüne Gemüse, das sie in die Hände kriegt, energisch in den Mixer wirft.

»Mein Freund Sam nennt das Sumpfsaft!« Ich lache, als sie mir ein Glas reicht.

»Du musst es nicht trinken, wenn du nicht willst.« Dave sieht mich bedeutungsvoll an und witzelt, während er seinen ersten Schluck nimmt.

»Er tut dir gut«, beharrt Erica.

»Ich verstehe einfach nicht, warum er so schlecht schmecken muss«, Dave runzelt die Stirn.

Es ist lustig, aber mit ihnen fühle ich mich nicht unglücklich oder ausgeschlossen. Ich fühle mich einfach zufrieden. Als wenn ein Fehler wieder gerichtet worden wäre in der Welt, da zwei so feine Leute zusammen ihre Herzen heilen konnten. Sie sind so fleißig. Ich wette, sie schlafen nachts gut.

Und so wird's Zeit, in die Stadt zurückzukehren.

Als wir in den Transporter steigen, nehme ich Bodie auf den Schoß, um die Tür sicher schließen zu können, und Sekunden später ist er in meinen Armen eingeschlafen. Sein Kiefer ruht schwer auf meinem Unterarm, sein Gesäß auf meinen Knien, alle vier Pfoten sind zu seiner Mitte hin eingezogen. Ich hätte nicht gedacht, dass ein Hund seiner Größe auf meinen Schoß passen könnte – aber meine Oberschenkel haben auch eine beträchtliche Spannweite. Und darum bin ich nun froh.

»Wow, das ist Vertrauen«, lächelt Erica, als sie sich hinters Lenkrad setzt.

Ich bin seltsam stolz, als ob das eine Bestätigung für unsere Bindung wäre.

Und heute war sicherlich ein Tag, der noch mehr Bindung geschaffen hat. Ein wirklich guter Tag. Anspruchsvoll und anregend und anders. Und ich durfte ihn in Anwesenheit von zwei Leuten verbringen, die ein verspätetes, aber wohlverdientes Happy End erleben. Das ist sehr erfreulich und macht Hoffnung.

»Ich wünschte, du würdest hier wohnen«, sagt Erica, als alle Hunde sicher abgegeben sind und wir uns verabschieden.

Ihre Worte sind von einer Einfachheit und Echtheit, die mich berühren. Wir kennen uns erst seit einem Tag, aber auch ich fühle eine Art Seelenverwandtschaft. Es ist so schön, wahrgenommen und willkommen geheißen zu werden. Ich kann fast fühlen, wie ich mich von einer, die durch die Fensterscheibe beobachtet, zu einem eingeladenen Gast verwandle.

Kapitel 27
Das Tiermedium

Ich habe keine Bedenken, schmutzbespritzt im *Hotel Monaco* einzukehren – wir haben heute Morgen eingecheckt, und es ist buchstäblich um die Ecke vom *The Nines*, aber es herrscht eine munterere und noch hundefreundlichere Atmosphäre. Die Hotels der Kimpton-Gruppe erheben keine Haustiergebühren, und auch bei der Größenpolitik gilt das Motto: Wenn es durch die Tür passt, heißen wir es willkommen.

In der Eingangshalle steht eine Tafel in der Form eines Collies, auf der die Namen der aktuellen Hundegäste in Pastellkreiden aufgelistet sind – Bodie steht neben Riley, Shelby, Willie und anderen. Sie alle wurden von dem residierenden Direktor für Tierbeziehungen, Timmy, begrüßt, einem fröhlichen, enthusiastischen gelben Labrador und ehemaliger Blindenhund.

Es gab in Kimpton-Hotels seit der Unternehmensgründung im Jahr 1981 Hunde – Gründer Bill Kimpton brachte seinen Welpen Chianti mit zur Arbeit, in dem Wissen, dass Hunde »eine angeborene Fähigkeit haben, die Stimmung zu heben«. Dann kam der Jack Russell Terrier namens Lily – sie pflegte im *Hotel Monaco* in Denver den Vertriebs- und Marketingdirektor zu begleiten und wurde der meistgelobte »Mitarbeiter« in den Gästebewertungen. Und so entstand die Stelle des Direktors für Tierbeziehungen!

Deswegen hätte es mich gar nicht so überraschen sollen, dass ein weißer Labrador sich an der Rezeption aufrichtete und seine weichen Vorderpfoten auf die Marmorarbeitsplatte legte, als Bodie und ich uns näherten.

»Das nenne ich mal hundefreundlich!«, murmelte ich.

»Oh, hallo!« Der menschliche Rezeptionist, der in einer niedrigen Schublade gewühlt hatte, stand auf. »Das tut mir leid.«

Es gab nichts zu entschuldigen, es war wirklich der perfekte Start für unseren Aufenthalt, der immer besser wurde – was Bodie anging. In unserem Zimmer stand ein großes rot gestreiftes Hundebett beladen mit Leckereien und Gutscheinen für eine nahe gelegene Hundeboutique. Auf einer Postkarte von Timmy waren die zehn besten haustierfreundlichen Orte der Stadt vermerkt, und sein Gesicht strahlte sogar vom Etikett einer Rotweinflasche.

»Ich denke, das ist für mich«, sage ich, als ich mich an ein orangefarbenes Plaidkissen lehne und die fliegenden Vögel auf der Wandtapete inspiziere.

»Wirklich sehr nett.«

Obwohl ein »Eau de nasser Hund« vom Rudellauf in der Luft hängt, habe ich es nicht eilig zu duschen, und während Bodie döst, blättere ich ein wenig durch den Ordner mit den Hotelangeboten. Ich habe bereits viele tolle Extras für Hunde auf dieser Reise gesehen, aber dies ist das erste Mal, dass ein Haustiermedium auf der Liste steht.

Bridget Pilloud von *Pets are Talking* hat im Jahr 2001 ihre Fähigkeit, mit Tieren zu kommunizieren, entdeckt, als ihre Hündin Beaulah, die sie aus dem Heim hatte, in der Nacht mit einer dringenden Frage aufwachte. Beaulah wurde von ihrem Herrchen, bei dem sie neun Jahre lang war, aufgegeben, weil er eine Frau geheiratet hatte, »die Hunde hasste«. Da war Bridget plötzlich hellwach und fragte sich, warum sie plötzlich so viel Kummer verspürte. Sie schaute zu Beaulah und hörte sie fragen: *»Was habe ich getan? Was habe ich getan, dass er mich nicht mehr nach Hause ließ und mich dazu brachte, hierherzukommen?«*

Und so erklärte Bridget die herzzerreißende Situation, so gut sie nur konnte, beruhigte Beaulah und half ihr, ihr neues Leben zu akzeptieren.

Ich sehe zu Bodie. Er hat mir eine solch traurige Stimmung nie vermittelt. Ich denke, als wir uns trafen, war er im Überlebensmodus, und jetzt will er sich einfach amüsieren. Aber was, wenn ich mich irre? Was ist, wenn er Bestätigung braucht, in einer Sprache, die er verstehen kann?

Ich schaue mir die Fallstudien auf Bridgets Webseite an. Die eine berichtet von einem Terrier, der unnachgiebig im Haus bellte. Als Bridget die Terrierdame Ellie fragte, warum, antwortete sie: »Weil es funktioniert.«

Ellie erklärte, wenn sie bellte, gingen die Leute weiter, was bedeutete, dass sie ihren Job gemacht hatte, also die Familie beschützt hatte. Bridget erklärte ihr, dass einige Leute vielleicht einfach nur vorbeigingen und nicht planten, sich dem Haus zu nähern, also könnte sie warten, ob sie zur Tür kommen und dann das Bellen durch einen tiefen Gurgellaut ersetzen.

Ihr Herrchen Patrick berichtete, dass er nie zuvor gehört hatte, dass sie einen solchen Laut gemacht hätte, aber sie übte ihn während der Telefonkonsultation mit Bridget, und ein paar Wochen später bestätigte er, dass sie das Bellen konsequent gegen den Gurgellaut ersetzt hatte.

Eine solche Wandlung würden viele Hundebesitzer begrüßen!

»Es ist wichtig, dass wir verstehen, was unsere Hunde durch ihr Verhalten erreichen wollen und wie sie denken, dass sie uns, mit dem was sie tun, helfen«, sagt Bridget. »Es hält uns davon ab, sie zu verwirren und ihre Gefühle zu verletzen. Und dann ist es einfacher, Lösungen zu finden, die den Geist ihrer Absichten und unsere Bedürfnisse treffen.«

Ich bin neugierig genug, um einen Termin für morgen früh zu vereinbaren. Es wäre schön, einen Einblick in Bodies Erbe zu bekommen, und niemand kann etwas gegen ein bisschen »spirituelle Heilung« einwenden. Wohlgemerkt, was das Lesen seiner Gedanken betrifft, sendet er gerade eine klare Botschaft: »Wo ist mein Abendessen?«

»Kommt gleich!«, antworte ich.

Ich bin dabei, den Hotelführer zu schließen und fühle einen kleinen Stich, als ich sehe, dass sich die Gäste einen Goldfisch (in einem Glas) aufs Zimmer bringen lassen können. Das könnte den Uneingeweihten verwundern, aber ich habe dieses nette Gesellschaftsangebot schon einmal gesehen, im *Hotel Monaco* in Chicago, in dem ich mit Nathan war.

Die Verantwortung für das Wohlbefinden des kleinen Fischs kehrte die elterliche Seite in uns heraus, und wir haben an dem Wochenende über jeden Aspekt unserer zukünftigen Kindererziehung diskutiert.

Auch wenn ich weiß, dass es mir nicht guttut, bin ich nun dabei, in meinem Laptop die Fotos von uns im *Hotel Monaco* anzusehen: wir in den Hotelbademänteln mit Zebra- und Tigerprint, so unbeschwert und verspielt. Da war unsere Beziehung erst ein paar Monate alt. Wir waren damals unbesiegbar.

Ich sehe von meinem Computerbildschirm auf. Ich hatte vor, Bodie zum hundefreundlichen Weinempfang des Hotels mitzunehmen, aber plötzlich scheint mir Geselligkeit vergleichbar mit dem Besteigen des Mount Shasta.

Zimmerservice also.

»Magst du Karotten, Bodie?« Ich mache ihm zuliebe ein tapferes Gesicht. »Wie wär's mit einer Honig-Orangen-Glasur darauf?«

Ich habe schon ein paarmal ein Medium konsultiert. Jetzt fällt mir wieder ein, dass das letzte Medium (von einer Freundin für eine Mädelsparty angeheuert) mir gesagt hat, dass Nathan nicht *der* eine ist. Ich hatte ihn bereits früh im Gespräch erwähnt und wollte eine Reihe von Fragen rund um ihn und mich stellen, aber sie ließ ihn sofort fallen und wollte zu Themen kommen, die sie für relevanter hielt.

Wenn ich ihn nur so leicht abschütteln könnte.

Ich schaue auf die Uhr: 10.55 Uhr. Bridget sollte in Kürze hier sein.

Ich habe einen Platz reserviert in einer exotischen Lounge – der Reichtum der Farben und die Fülle von Kissen auf dem Boden lassen mich an Yul Brynner denken, der vortritt und fragt: »Sollen wir tanzen?«

Bodie war lange genug spazieren und sollte nun schlummern, aber ab dem Moment, in dem wir uns Bridget vorstellen, gerät seine Energiebahn durcheinander, und er wird total unruhig. Auch wenn Bridget nicht in seine Augen schauen oder seine Pfote studieren muss, um sich ein Bild zu machen, ist sein wildes Zappeln ablenkend. Ich entschuldige mich immer wieder und versuche, ihn zu beruhigen, aber je vehementer Bridget behauptet, er »wurde von seinem Besitzer in einem Labyrinth getrennt« und »seine Mutter war ein großer, blonder Hund«, desto unwohler fühlt er sich.

»Frau, geh aus meinem Kopf!«, schreit er fast.

Ich habe ihn noch nie so reagieren sehen.

»Sollen wir spazieren gehen?«, schlägt Bridget vor, als es unmöglich wird, sich ohne Unterbrechung zu unterhalten. »Es gibt einen Tierbedarfsladen ganz in der Nähe – wir könnten ihm einen Kauknochen holen.«

»Prima, gute Idee.«

Es nieselt, aber Bodie lässt uns in einem solchen Tempo marschieren, dass die Regentropfen von uns abprallen. Praktischerweise hat der Laden einen ruhigen Bereich mit Stühlen für uns sowie Kauknochen für ihn.

Bodie akzeptiert die Ablenkung und kanalisiert seine Verzweiflung in fieberhaftes Nagen. Ich fühle mich untreu, da ich das Medium gebeten habe, in seinen Kopf zu blicken, und frage sie nun nach ihren Haustieren – zwei Hunde, Olive und Marvin, und die Katzen Bo und Leo –, und bald ist unsere Zeit vorbei.

»Nur noch eine letzte Frage«, sage ich, als sie aufsteht.

»Ja?«

»Hat Bodie Spaß auf unserer Reise?«

Was ich damit wohl fragen will: »Ist er glücklich mit mir?«

Sie hält für einen Moment inne, als ob sie warten würde, bis die Nachricht zu ihr durchdringt. »Er sagt, er hat eine großartige Zeit – er ist nur etwas besorgt, dass Sie verloren sein könnten.«

Ich lächle. »Weil wir so lange weg waren?«

»Er fragt sich, ob sie den Weg nach Hause noch kennen.«

Das fühlt sich merkwürdig metaphorisch an, aber ich muss meine Gedanken aufschieben, denn jetzt ist es an der Zeit, Bodie wieder mit Winnie zu vereinen.

Kapitel 28
Jugendliebe

Damals in Los Angeles konnten Bodie und ich zu Fuß zu Mollys Wohnung gehen, hier verlassen wir uns auf das Navigationssystem, das uns zu den grünen Vororten führen soll. Das ist Neuland für mich – das Land der Erwachsenen. Das einzige Mal, dass ich »außerhalb der Stadt« gelebt habe, waren die neun Monate in Las Vegas, und selbst da war unser Block nur zwanzig Autominuten vom Strip entfernt (und zehn von Liberaces Villa). Es war eine unwirkliche Existenz, aber ich mochte das Leben in der Wüste – diese trockenen, heißen Sommernächte, der Blick auf die sandigen Bergketten bei Sonnenuntergang, das hat schon was. Portland könnte unterschiedlicher nicht sein – hier dringt das üppige Grün aus den Gärten und klettert über die Wände der Häuser im amerikanischen Craftsman-Style mit hübschen Veranden und zweifarbiger Lackierung. Mir gefällt besonders ein kakao- und zitronenfarbenes Haus sowie eins in Efeu und Weiß.

»Komm und hab ein schönes Leben«, scheinen sie zu sagen. »Der Kessel pfeift, die Katze schnurrt, und später am Abend treffen sich die Akademiker zu Cocktails auf Gin-Basis.«

»Hier irgendwo …« Ich fahre langsam und halte Ausschau nach Mollys Haus. »Hier!« Ich wende mich zu Bodie. »Hast du eine Idee, was dich hier erwartet?«

Das Bodie-Winnie-Treffen übertrifft alle Erwartungen.

Mollys Haus ist makellos und geräumig, mit einem offenen Küchen- und Essbereich, der zu einem großen, mehrstöckigen Garten führt, der von rosa-weißen Azaleen umrundet wird. Nicht ein Zentimeter davon bleibt unberührt, als die beiden Hunde ihren Freudenringkampf starten – sie reißen sich hierhin und dahin, bäumen sich auf wie Bären, rollen und taumeln wie Zirkusakrobaten. Bodie versucht, Winnies Lederhalsband festzuhalten, aber sie windet sich frei, sie stehen sich jetzt gegenüber, die Kiefer breit, und die Zähne und Zungen stoßen zusammen zu einem Hundekuss.

»Sie sind verliebt. Das weißt du, oder?«, bemerkt Molly, als sie mir einen Drink reicht.

Ich nicke zufrieden.

»Du weißt also, dass du jetzt hierherziehen musst«, fährt sie fort. »Sie auseinanderzuhalten wäre gleichbedeutend mit Tierquälerei.«

Ich kann nicht sagen, ob sie Witze macht, und selbst wenn sie es tut, habe ich das Gefühl, dass sie nicht unrecht hat. Bodies Glück steht im Vordergrund, und er kann einfach nicht genug von Winnie bekommen.

»Erfrischungen, ihr Lieben!«

Molly ist wirklich eine tolle Gastgeberin, sie bringt Wasserschüsseln und Kekse und Spielzeug. Das Glanzstück ist jedoch das Frosty Paws-Hundeeis.

Es ist nur ein kleiner Pappbecher – die Größe, die man in einer Theaterpause essen würde –, aber irgendwie schaffen es diese beiden Hunde, ihre klobigen Köpfe zusammenzudrücken und abwechselnd an dem Eis zu lecken, sodass sie das cremige, kühlende Vanilleeis teilen können. Bis zu dem Punkt, an dem Bodie den letzten Rest aufgeleckt hat und dann taumelt: »*Gehirnfrost!*«

Sie keuchen beide ein bisschen, ruhen sich aus, und dann geht's wieder los.

»Von all den Orten, wo sie spielen könnten …«, sagt Molly, weil sie uns immer wieder mit ihren Gliedmaßen streifen.

Aber natürlich gefällt es uns.

»Lass uns ein paar Fotos machen!«, schlägt Molly vor.

Aus der Nähe bewundere ich Winnies rauchschwarzes, samtiges Gesicht vor dem Hintergrund ihrer beigefarbenen Falten und lächle über die Art, wie ihre Zunge an der Seite heraushängt, als hätte sie eine rosa Socke im Mund. Irgendwann stupst sie mich an, und es ist, wie von einem pelzigen Autoscooter getroffen zu werden.

Wenn ich versuche, ein Foto von Bodie zusammen mit Molly zu machen, ist er immer noch im Spielmodus und schnappt aufgeregt nach ihren Händen. Zum Glück ist sie ein Profi und bringt ihn dazu, sich niederzulassen und neben ihr zu posieren. Sie sitzt mit gekreuzten Beinen in ihren engen schwarzen Jeans da. Ich sehe mir das Bild genau an – im Grunde posiert Heidi Klum mit einem Straßenkind mit übermäßig gegeltem Haar, gestylt mit Winnies Speichel.

Als Bodie zu mir kommt, ist er schon zu erschöpft, lehnt sich zurück, und wir blicken grinsend in die Kamera. Das Foto kommt einer »Stolze Mutter mit Kind«-Pose sehr nah.

Ich frage mich, ob das auch so ist, wenn Mütter und ihre Kinder Spielverabredungen haben, nur dass wir die stumme Variante erleben – bei all dem Toben und Rollen gibt unsere Meute kaum einen Ton von sich. Am lautesten ist es, wenn sie Wasser trinken.

Ich mag Hunde sehr.

»Bist du morgen Nacht im *Monaco*?«, fragt mich Molly, als ich ihr unseren Reiseplan unterbreite.

Ich schüttle den Kopf. »Irgendein altmodischer Ort mit sehr dunklen Innenräumen.« Ich nenne den Namen.

»Nein, nein«, sagt sie. »Kommt doch zu uns.«

»Wirklich?« Ich strahle.

»Ich denke, die beiden sollten so viel Zeit miteinander verbringen wie möglich, meinst du nicht auch?«

Ich bin ganz ihrer Meinung.

»Ihr bekommt euer eigenes Zimmer mit brandneuer Bettwäsche. Und ich koch uns was.«

Ich schmelze dahin.

»Ich habe am Nachmittag eine Tour durch die Oregon Humane Society gebucht, aber danach könnten wir kommen.«

»Perfekt!«

Als Bodie wie ein o-beiniger Triathlet zum Auto wackelt, habe ich das Gefühl, meinen Job gut gemacht zu haben. Umso besser, dass morgen noch mehr davon kommt.

Ich esse Cornflakes zum Frühstück – aufgehäuft auf einen French Toast mit Ahornsirup; daneben ein Stück Bacon für Bodie. *Mother's Bistro* ist sehr beliebt, es ist eine Mischung aus Landhaus-Schick und Kronleuchtern und einer Fülle von Erinnerungsstücken und Fotos. Jeden Monat wird die Geschichte einer Mutter der Stadt (»Mutter des Monats«) vorgestellt und ihr außergewöhnlicher Weg geehrt. Ich erhebe eine Tasse gewürzten Pflaumentee zu Ehren meiner eigenen Mutter, und zum ersten Mal kommt mir die Idee, dass es tatsächlich richtig ist, wenn die Linie gebärender Frauen in unserer Familie mit ihr enden sollte. Ich habe mich immer so gefühlt, als hätte ich unsere Genealogie zum Erliegen gebracht, aber jetzt sehe ich, dass sie mit ihr auf einem Höhepunkt endet – es gibt einfach keine freundlichere, mütterlichere Person.

»Wir können hoffen, dass die Tiere bei der Oregon Humane Society so ein liebevolles Zuhause finden, nicht wahr, Bodie?«

Während ich meine Tour mache, wird er im *Stay Pet Hotel* sein (eine weitere Entdeckung vom Doggie Dash Tag). Wie so viele Hundestätten hat es ein budenähnliches Äußeres, aber dieses hier folgt dem Hipster-Trend mit einer coolen Leuchtreklame auf dem Parkplatz und einer Theke mit kitschigen Hundeporzellanfiguren (von pinken Pudeln zu rehäugigen Cavalier King Charles Spaniels) neben einem Silberteller mit pastellfarbenen Hundekeksen.

Normalerweise würde ich mir wünschen, dass das Personal dafür sorgt, dass sich Bodie viel bewegt, aber heute frage ich: »Können Sie bitte dafür sorgen, dass er etwas Ruhe bekommt?«

Sie schauen mich fragend an.

Ich zeige ihnen ein Bild von Winnie und sage: »Er hat eine lange Nacht vor sich.«

Wenn man ein Tierheim besucht, denkt man nicht unmittelbar daran, dass man alle freudig begrüßt und Hände abklatscht, aber so fühle ich mich auf meiner Tour durch die Oregon Humane Society. Ich kann mir keine besser geführte Organisation vorstellen. Ein schneller Blick auf die Zahlen spricht Bände: Hundeadoptionen liegen bei sechsundneunzig Prozent und Katzenadoptionen bei achtundneunzig Prozent. Im Vergleich dazu: Der nationale Durchschnitt liegt bei zwanzig Prozent für Katzen und fünfundzwanzig Prozent für Hunde.

Noch verblüffender ist die durchschnittliche Anzahl der Tage – von der Ankunft des Tieres im Tierheim, bis es ein neues Zuhause findet: neun. Das ist etwas mehr als eine Woche! Ich habe noch nie zuvor von so schnellen Vermittlungen gehört.

Es hilft sicherlich, dass die hundertvierzig Mitarbeiter von zweitausend Freiwilligen unterstützt werden (was zu einer Verdoppelung der gesamten Arbeitszeit führt), aber im Zentrum dieses Erfolges steht das OHS-Motto: »Es gibt einen pelzigen Seelenverwandten für jeden.«

Im Jahr 2008 hat die lokale Marketing-Firma Leopold Ketel ihre Dienste gespendet und etwas, das ich für eine absolut geniale Kampagne halte, geschaffen: Statt traurige Hunde mit bittenden Augen zu zeigen, die allzu oft empfindliche Herzen dazu bringen, sich abzuwenden, haben sie mit ihrer Reihe »End Petlessness«, also »nie mehr ohne Tier«, Bilder geschaffen, die ein gemütliches Zuhause und Freizeitaktivitäten zeigen, die durch ein Haustier gefördert werden. Da ist ein Mädchen mit einer Gitarre, die zusammen mit ihrem Beagle eine Melodie singt, ein Outdoor-Typ, der sich mit seinem Hund am Lagerfeuer entspannt, eine Fitness-

Enthusiastin, die eine Rückenmassage von ihrer Katze genießt, ein alter Archäologe, der bei einer Grabung begeisterte Hilfe bekommt.

Es ist so clever – es spielt an das moderne »Was ist für mich drin?«-Denken auf eine süße Art an.

Natürlich wird jeder, der ein Haustier hat, für die unzähligen Vorteile bürgen und immer wieder gerne bestätigen, was für eine ausgezeichnete Gesellschaft es bietet. Nicht zu fassen, dass ich mich vor gerade mal ein paar Wochen, als ich auf dem Adoptionsbogen das Wort »Gefährte« umkreist habe, peinlich berührt gefühlt habe, so als würde das ein Licht auf meine persönlichen Mängel werfen. Nun sehe ich diesen Grund eingerahmt und in Wandmalereien verarbeitet über alle Ebenen der Innenstadt von Portland verteilt!

Und es sind nicht nur die lokalen Tierheime, die von diesem Erfolg profitieren. Unsere Tour-Führerin, Veranstaltungsmanagerin Rebecca Ramach, erklärt, dass die OHS dadurch, dass die Einwohner Oregons so großherzig beim Adoptieren sind, in der Lage ist, in andere Staaten zu reisen und von dort Tiere aufzunehmen. Und während Bodies ehemaliges Heim South Central Facility eine maximale Aufenthaltsdauer von vier Wochen (bevor sie eingeschläfert werden) vorsieht, gibt es hier keine zeitliche Begrenzung für den Aufenthalt eines Tieres.

(Sehr selten kommt es vor, dass ein Tier eingeschläfert werden soll aufgrund von Verhaltensproblemen. Zuvor wird aber eine E-Mail verschickt, die das ankündigt, und wenn ein Mitarbeiter oder ein Freiwilliger sich um dieses Tier kümmern will, kann es adoptiert werden. Und es findet sich immer jemand.)

Rebecca zeigt mir die übrig gebliebenen vier von ursprünglich siebenundsechzig misshandelten Akitas, die aus den Händen einer skrupellosen Züchterin gerettet wurden – eine etwa sechzigjährige Frau, die nur eine Stunde nördlich von hier lebt, hat die Hunde in luftlosen, schmutzigen Räumen gehalten. Die Schönheit der Hunde ist unversehrt, aber sie stehen ganz hinten im Zwinger und schauen vorsichtig und beunruhigt.

»Wie lange sind sie schon hier?«, frage ich und spüre, dass sie über dem Neun-Tages-Durchschnitt sind.

»Ein Jahr.«

Ich zucke zusammen. »Aber Sie haben die anderen dreiundsechzig vermitteln können, also gibt es immer noch Hoffnung?«

»Immer«, bestätigt sie.

Natürlich stammt ein großer Teil dieser Hoffnung von den Spendengeldern des jährlichen Doggie Dash. Mir fällt die Kinnlade runter, als Rebecca erzählt, dass sie, als die Veranstaltung von einem lokalen Radiosender organisiert und beworben wurde, ungefähr 16.000 Dollar eingenommen haben, aber seit sie übernommen haben, kommen sie auf Einnahmen von rund einer Viertelmillion Dollar. (Im Jahr 2016 über eine halbe Million!)

Nicht schlecht für ein Unternehmen, das mit einem Angestellten und etwa einem Dutzend Freiwilligen begann.

1868, als alles begann, war die Mission, den Missbrauch von Zugtieren zu verhindern, aber sie erweiterte sich bis 1933 um Haustiere und sogar um verwaiste Kinder. Es muss ein enormer Trost für die Kinder gewesen sein, von so viel pelziger Liebe umgeben zu sein, obwohl ich annehme, dass sie nicht sehr vertraut werden konnten.

Tiere und Menschen leben noch heute dort zusammen, denn einige Medizinstudenten wohnen vor Ort.

»Einmal kamen wir von einer Veranstaltung zurück und sahen, dass ein Welpe sich seine Infusion rausgerissen hatte, also haben wir oben angerufen, und einer der Studenten hat alles wieder in Ordnung gebracht.« Rebecca lächelt und erklärt, dass das Programm ihnen viel praktische Erfahrung bietet. »Sie kommen an und haben noch keinen Kater kastriert, und bis sie wieder gehen, haben sie es dreißigmal gemacht.«

Sie richtet meine Aufmerksamkeit auf den makellosen Operationsraum, aber selbst wenn ich eine Katze nur in Bauchlage auf dem Tisch sehen würde, wäre ich der Ohnmacht nahe. Ich werde mich sicherlich nicht in ihren speziellen Kanal einloggen, über den Medizinstudenten die Operationen mit ansehen können. Mein Ding ist eher das Katzenspielzimmer mit einem Live-Internet-Feed ... Man wartet in einer virtuellen Warteschlange, und wenn man an der Reihe ist, kann man auf Tasten drücken und so verschiedene Katzenspiele starten. Das kann man von überall auf der Welt machen.

»Gibt es irgendetwas, das Sie hier nicht haben?«, staune ich.

»Oh, wir sind nicht zu schüchtern, um nach Dingen zu fragen.« Rebecca lächelt. »Aber dieses System wurde uns freundlicherweise gespendet.«

Unser letzter Halt ist ein großer Raum für Trainings und Workshops (heute Abend geht es darum, wie man am besten Katzen und Hunde fotografiert). Die Wände sind mit Kunstwerken lokaler Schulkinder gesäumt, und jedes Kind hat eine kleine Nachricht neben seine Zeichnung geschrieben, in der es beschreibt, was es am liebsten an seinem Haustier mag.

»Wir denken, es hilft ihnen, Respekt und Wertschätzung zu entwickeln«, erklärt Rebecca. »Wenn sie von klein auf verstehen, dass sie Tiere gut behandeln müssen, wird es im Großen viel weniger Misshandlung geben.«

Sie haben wirklich jeden Aspekt des Wohlergehens der Tiere hier durchdacht – von der beruhigenden Klaviermusik bis zur Temperatur im Gebäude (nicht zu warm) –, und sie bitten die Menschen, sich entsprechend anzuziehen.

Ich bin tief beeindruckt und voller Hoffnung, als ich mich verabschiede und Rebecca für die Führung danke. Ich kehre zum Auto zurück und schaue noch einmal zum Gebäude zurück – sollte ich jemals der Aufforderung von Molly und den *Run!*-Betreibern folgen und nach Oregon ziehen, dann würde ich hier arbeiten wollen.

Kapitel 29
Die Aussicht vom Mount Tabor

Bodie und ich fahren zu Molly und haben eine Flasche Wein und sechs Schoko-Labradore dabei – verschiedene Trüffel mit Augen, Nasen und Halsbändern. (Die in Oregon ansässige Moonstruck Chocolate Company ist so begehrt, dass sich ihre Leckereien zwei Jahre hintereinander in den Oscar-Geschenktüten befanden!)

»Winnie hat auf euch gewartet!« Molly zeigt mir die Spuren ihrer Nase, die sie am Fenster mit dem Blick auf die Straße hinterlassen hat. »Ich kann anhand der Anzahl der Flecken immer sagen, ob ich zu lange weg war.«

Während die »Kinder« spielen, bereitet Molly alles für das Abendessen vor, und ich setze mich an die Frühstücksbar und fühle mich wie in einer Live-Kochshow. Das Zischen ist verlockend, und ihre Kochkünste sind kühn, auch wenn sie an Winnie etwas verschwendet sind, da sie nur Rohes isst.

Ich erfahre, dass diese alternative Hundediät mit unverarbeitetem Fleisch, essbaren Knochen und ausgewähltem Obst und Gemüse beliebter wird, nicht zuletzt wegen der erstaunlichen Ergebnisse bei Hunden mit Allergien.

»Es ist die gesündeste Option und für alle Hunde«, bekräftigt Molly und bietet Bodie ein Stück von einem rosa Burgerbratling an.

Er rollt ihn im Mund hin und her und lässt ihn dann zu Boden plumpsen.

»Nichts für mich, das Steak Tartar.«

Da hören wir ein Knirschen im Hintergrund – Winnie, die Puristin, frisst sich durch die Schale mit getrocknetem Hundefutter, das ich für Bodie hingestellt hatte.

»Wie Popcorn«, scheint sie zu sagen.

»Ah«, verziehe ich das Gesicht. »Das tut mir leid.«

Molly greift zur Erdnussbutter – beide Hunde halten sofort aufmerksam inne und warten auf ihre Löffelportion.

Und jetzt sind wir dran.

Während sie unser Steak serviert, erinnere ich mich an Daves Quesadillas und sage Molly, dass ich ihr die Kontaktdaten für *Run!* geben muss – Winnie würde so viel Spaß haben.

»Oh nein, sie würde es nicht mögen.«

Ich blinzle sie an. »Aber sie liebt es zu spielen!«

»Ich mag die Idee nicht, dass sie sich schlechte Angewohnheiten von anderen Hunden abgucken könnte.«

»Was für schlechte Angewohnheiten?« Ich runzle die Stirn und stelle mir eine Horde von Hunden vor, die sich Einbruchstipps geben.

»Sie ist zu schüchtern«, kontert sie.

Als ich vorschlage, dass das dann genau das Richtige ist, schüttelt sie energisch den Kopf.

Ich schaue zu Winnie, die sich mit Bodie wohlzufühlen scheint, aber der Grund, dass dieses Set-up funktioniert, ist, weil es kontrolliert ist. Molly macht es richtig bei ihrem Hund, und ich mache es richtig bei meinem. Wir sind beide die Eltern, die wir sein wollen. Sie möchte, dass Winnie eine sichere, regelmäßige, ausgewogene Ernährung hat, reinste Lebensmittel, frischeste Luft und die luxuriösesten Betten. Und ich möchte, dass Bodie sich austobt und erfährt, was angstfreie, grenzenlose Freude ist.

Vielleicht ist es gut, dass ich keine Kinder habe.

»Aber Mama, ich will nicht Gleitschirm fliegen – ich muss für meinen Physiktest lernen.«

»Unsinn! Du wirst es mögen, du wirst sehen!«

Das Steak ist perfekt zubereitet und das Gespräch belebend wie immer, auch in dieser heimeligen Umgebung. Sie erzählt von den militärischen Herausforderungen, ich schildere meine Ressentiments und die Vermutung, dass es für alle eine triste Lebensweise ist. Sie spricht über die Marine und ihren Vater, der ab seinem achtzehnten Lebensjahr und bis zum Ruhestand mit großer Ehrfurcht und Respekt gedient hat. Und ich fühle mich gedemütigt.

Obwohl wir eindeutig aus unterschiedlichem Holz geschnitzt sind, befinden wir uns beide immer noch auf der Suche nach der Liebe und sind beide ein wenig eigen und unabhängig. Aber ich wette, sie bekommt mehr Angebote als ich, da wir, wie bereits erwähnt, das Bild Heidi Klum versus eine englische Birne abgeben. Oder Patsy versus Edina, wenn wir noch mehr Wein trinken.

Wir bringen die Hunde für ein letztes Mal an diesem Tag raus. Ich schaue zu den Sternen hoch und dann runter zum Gras, und Molly erzählt, dass nur weibliche Hunde das Grün ausbleichen, wegen des erhöhten Östrogens im Urin. Es gäbe eine Menge, das sie mir über Hunde und das Leben beibringen könnte, aber es ist nun Zeit, sich aufs Ohr zu hauen.

»Vielen Dank für eure Gastfreundschaft, euch beiden.« Ich gebe Winnie einen sanften Klaps. »Es bedeutet uns sehr viel.«

Im Gästezimmer liegend, fühle ich mich sicher und umsorgt.

»Kannst du glauben, dass dies unsere letzte Nacht in Portland ist?« Ich greife nach Bodie. »Ich muss gestehen, dass ich ein wenig nervös bin, weiterzufahren.«

Aber er schnarcht schon, seine kleinen Pfoten zucken, während er in seinen Träumen mit Winnie spielt.

»Bagels zum Frühstück?«

»Gerne!«

Bevor wir uns auf den Weg machen, schlägt Molly eine Wanderung zum lokalen Vulkan vor, zum Mount Tabor.

Herrliche achtzig Hektar, das ist der Park der Träume für einen Hundebesitzer. Schattig und ausladend, Pfade, die sich um Stauseen, Picknickplätze und unendlich hohe Bäume winden. Es gibt ein Amphitheater für Sommerkonzerte und eine Bronzestatue von Harvey W. Scott, dem ehemaligen Redakteur der Zeitung *The Oregonian*, von einem gewissen Gutzon Borglum – derselbe Künstler, der die vier Präsidenten im Mount Rushmore in South Dakota verewigt hat. Er arbeitete an beiden Projekten gleichzeitig – weil man ja so viel Zeit übrig hat, wenn man achtzehn Meter hohe Gesichter in Granit schnitzt, die die Menschen für die kommenden Jahrzehnte ins Erstaunen versetzen.

Als wir oben ankommen, richtet Molly meine Aufmerksamkeit auf eine beeindruckende Sicht über die Innenstadt von Portland, schön umrahmt von vielem Grün.

Als wir uns auf eine Bank setzen, fühlt es sich an, als hätten wir den Platz in der ersten Reihe erwischt, um eine der besten Kollaborationen zwischen Natur und Architektur zu betrachten – die eckigen Turmblöcke werden durch das dichte Grün und die abfallenden Berge aufgeweicht und sehen wie ein mit Stumpenkerzen geschmückter Weihnachtsbaum aus.

»Das ist eine tolle Sicht«, gebe ich zu.

»Ich versuche nur, es dir ein bisschen schwerer zu machen, zu gehen«, lächelt Molly.

Sie scheint fast genauso stolz auf Portland zu sein wie auf Winnie. Ich finde es toll, wenn Menschen den Ort finden, der perfekt zu ihnen passt. (Später wird sie auch ihren perfekten Mann hier finden: einen Arzt mit drei Kindern, die alle in Winnie verliebt sein werden.)

Aber das Schicksal hat andere Pläne für Bodie und mich. Es bringt uns weiter weg von zu Hause und von menschlicher Gesellschaft, wieder zurück auf die Straße.

Teil vier
Der Weg nach Hause

Kapitel 30
Mürrischer Hund

Obwohl wir auf einer ganz anderen Route unterwegs sind und viele neue Zwischenstopps eingeplant haben, ist der Heimweg nicht so aufregend. »Weg von« verspricht viel mehr als »zurück zu«.

Natürlich haben wir Aktivitäten geplant – eine Abschlussfeier bei den Blindenhunden, eine Wanderung über die Dünen von Oregon und ein Fototermin neben einem Baum, durch den man durchfahren kann, um nur drei zu nennen –, aber trotzdem fühle ich mich seltsam leer, als wir durch eine unscheinbare Vorstadt fahren.

»Komm schon! Kopf hoch!«

Ich muss die Vorstellung, dass es »ab hier nur noch bergab geht«, ablegen. Die letzten Tage, die wir erlebt haben, haben mir doch gezeigt, dass jederzeit noch etwas Wunderbares *passieren kann* …

So viele Menschen sträuben sich vor Veränderungen; ich hingegen scheine ein größeres Problem mit dem Status quo zu haben.

»Und schon wieder stehe ich am Anfang!«, habe ich geklagt, als Nathan ging.

»Nein, das tust du nicht!«, protestierte meine Mutter. »Denk an alles, was du gelernt hast, wie sehr du gewachsen bist!«

Aber es fühlte sich nicht so an. Ich fühlte mich nicht weiterentwickelt – ich fühlte das Gegenteil. Das Einzige, was ich gewonnen hatte, waren weitere Beweise dafür, dass ich unglücklich in der Liebe war oder dazu bestimmt, immer allein zu sein oder irgendeins von den Dingen, die man sich sagt, wenn man einfach keine

Energie mehr hat, optimistisch zu sein. Ich wollte das Handtuch werfen, aber natürlich bringt das nichts. Man muss weitermachen. Wenn also das, was ich gemacht hatte, nicht funktionierte, dann könnte es jetzt Zeit für ein Umdenken sein … Diese Reise hat sicherlich meine innere Nomadin wieder aufgeweckt – vielleicht ist solo der richtige Weg. Könnte ich das einfach annehmen, statt mich davor zu fürchten? Gerade jetzt habe ich so einen tollen Partner in Bodie gefunden. Nicht alle unter uns können für langfristige Beziehungen bestimmt sein. Für manche fühlt sich langfristig wie etwas an, das schwer zu ertragen ist. Und wer sagt denn, dass es mit Nathan und mir überhaupt langfristig gehalten hätte?

Aber mit Bodie laufen die Dinge sogar besser als erwartet.

»Nicht wahr, Kumpel?« Ich lächle ihn an, er hat immer so ein liebes Gesicht.

Und plötzlich fühle ich mich wieder gut.

Und kurz danach kommen wir auch schon zu unserem ersten Halt an der Küste Oregons: Lincoln City.

Da ich alles mag, was retro ist, bin ich sehr zufrieden mit unserer Unterkunft für heute Abend. Die Eigentümer des Hotels *Ester Lee* haben moderne Upgrades mit Altem gemischt, und obwohl in den 1970er-Jahren Zimmer neu hinzugebaut wurden, wurde das Erbe der 1940er-Jahre in den Cottage-Zimmern beibehalten. Als wir auf den Parkplatz fahren, stelle ich mir mich selbst in Katharine-Hepburn-Hosen und mit einem seidenen Kopftuch vor und Bodie – in einen Westie verwandelt – mit einem roten Samtkragen.

»Oh, die Dinge, die man vom Ester Lee aus sieht!«

Ich lese das Schild mit einer singenden Betonung. Esthers Name war auf der ursprünglichen Beschilderung falsch geschrieben, aber das Ehepaar (Esther und Lee) wollten so schnell wie möglich eröffnen, also sahen sie über den Fehler hinweg.

Die Fenster im Empfangsraum haben einen besonderen Wow-Effekt, man hat aufgrund der weißen Kanten und der endlosen Seelandschaft dahinter den Eindruck, sich an Bord eines Kreuzfahrtschiffes zu befinden. Ich trete näher und will einen Blick auf den Strand werfen – er erstreckt sich über zwölf Kilometer, und es ist keine Menschenseele in Sicht.

Ich kann es kaum erwarten, den Felspfad runterzugehen, aber Bodie wird mürrisch und schlecht gelaunt, sobald seine Pfoten auf Sand treffen. Ich weiß nicht, ob es das starke Toben des Windes ist (dieser Bereich eignet sich am besten zum Drachenfliegen), aber er scheint weder laufen noch spielen, graben oder schnüffeln zu wollen. Ich habe ihn noch nie so erlebt, und es ist ein wenig beunruhigend.

»Was ist los?« Ich suche nach einem Hinweis, aber wie ein schmollender Freund weigert er sich zu kommunizieren.

Natürlich sind Hunde berechtigt, ihre Launen und schlechten Tage zu haben, genau wie Menschen – ich hoffe nur, dass es nicht daran liegt, dass ich etwas getan habe. Wie zum Beispiel ihn von seinem neuen Rudel und seiner geliebten Winnie zu trennen.

»Komm schon«, versuche ich, ihn hochzuziehen. »Schauen wir mal, ob wir es bis zu dem großen Stein da schaffen!«

Wir kämpfen gegen den Wind, der Wind schiebt uns zurück, meine Haare fliegen in alle Richtungen, und Bodies Fell wird wild durchgekräuselt. Seine Ohren sind ganz zurückgesteckt.

Ginge es nach mir, würde ich vermutlich am Panoramafenster sitzen, die Füße hochgelegt, würde Tee schlürfen und mich an der Gemütlichkeit erfreuen. Aber manchmal ist es gut, durchgepustet zu werden. Es ist wie ein belebendes Peeling der Sinne, die stagnierende äußere Schicht, verursacht durch zu viel Fernsehen und durch Zeitverschwendung beim Wünschen, das eigene Leben wäre anders, wird weggespült.

Als der Sand anfängt auf der Haut zu reiben, suchen wir Schutz unter einem Baum. Ich versuche, Bodie an mich zu ziehen und ihn mit meinem Körper zu beschützen, den ich über ihn beuge, aber er schüttelt mich weg und guckt dabei finster drein.

Es sind Momente wie diese, an denen ich mich am meisten wie ein Elternteil fühle – ein Kind wird einen nicht immer mögen, und das muss man akzeptieren. Bei Bodie kann ich aber keine Fragen stellen und versuchen, die Art und Herkunft seiner Stimmung zu diagnostizieren, wie ich es bei Nathan immer gemacht habe. Ich kann ihn nur in Ruhe lassen und warten, bis er sich mir wieder zuwendet. Wenn ich diese einfache Strategie nur auch auf Beziehungen anwenden könnte: *Aufhören, einen großen Wirbel zu machen und es einfach ruhen lassen!*

Vielleicht braucht Bodie einfach nur Platz. Wir haben zwar viel Platz um uns herum, aber wenig zwischen uns, auch weil wir immer mit der Leine verbunden sind. Ich stelle sie auf maximale Länge, als wir zurückgehen, und versuche, ihn nicht so genau zu beobachten, um ihn mal aus meiner konstanten Kontrolle und Faszination zu befreien.

Er bekommt ein bisschen bessere Laune, als er eine leere Plastikflasche findet, auf der er rumkauen kann, dann gräbt er sich einen Bunker, legt sich hinein und schließt die Augen. Zum Paddeln hat er heute keine Lust, was bei der Brandung auch besser ist.

Mein Bruder Gareth war Rettungsschwimmer in Devon und trainiert immer noch die neuen Rekruten. Ich beschließe, ihn anzurufen, und vergrabe mich in meinen Mantel, während ich die Nummer wähle. Ich möchte wissen, ob er jemals einen Hund gerettet hat.

»Ungefähr einmal im Jahr, und es geschieht immer so …«, beginnt er. »Der Hund wird von der Strandmauer gerissen oder kommt in Schwierigkeiten, während er einen Ball zurückholen will. Der Besitzer geht hinein, um den Hund zu retten, und ertrinkt. Der Hund paddelt zum Strand und kommt ungeschoren davon.«

»Jedes Mal?«

»Jedes Mal.«

Er erzählt mir dann von einem neunzig Kilogramm schweren Neufundländer namens Bilbo, der mit seinem Herrchen, einem Rettungsschwimmer, an einem der gefährlichsten Strände an der Küste Cornwalls zusammengearbeitet hat. Drei Jahre lang hat Bilbo für die Sicherheit der Schwimmer mitgesorgt, aber als die RNLI (Royal National Lifeboat Institution) übernahm, haben sie Bilbo am Strand verboten, was zu einem öffentlichen Aufschrei geführt hat.

»Bitte sag mir, dass er wieder eingestellt wurde!«

»Nun, eine Petition, ihn zurückzubringen, erhielt zwanzigtausend Unterschriften, und die RNLI war gezwungen, einen Kompromiss einzugehen; sie erlaubten ihm, bei der Sicherheitserziehung teilzunehmen.«

»Interessant.«

»Google das mal«, sagt er mir.

Das tue ich und bin ziemlich erstaunt über das, was ich lese. Ich hätte nie gedacht, dass diese großen, struppigen, bärenartigen Hunde fürs Wasser so gut geeignet sind, aber sie sind in der Tat natürliche Schwimmer mit großen Schwimmfüßen, extragroßen Lungen und einem Doppelfell, wodurch das Fell, das am nächsten an der Haut anliegt, vollständig trocken bleibt.

Bilbos Herrchen – Steve Jamieson – fing an, seinen Hund an den Strand zu bringen, als er vierzehn Wochen alt war. Er trainierte ihn zu erkennen, ob eine Person in Not war. In diesem Fall würde Bilbo mit einem Floß an einem Gurt hinschwimmen, und wenn er das Gewicht der Person auf dem Floß fühlen würde, würde er zurück zum Strand schwimmen und die Person auf dem Floß hinter sich herziehen.

Ich stecke das Handy in meine Tasche und ziehe den Kragen hoch. Wenn es um Romantik geht, ist das »Gerettetwerden« ein beliebtes Motiv. Aber sosehr ich die Prinzenrolle im Märchen übernehmen möchte, indem ich alles für das Objekt meiner Begierde tue (und es sich dadurch mir gegenüber bis in alle Ewigkeit verschuldet), frage ich mich, wie ich mich fühlen würde, wenn ich gerettet werden würde. Ich denke nicht, dass ich jemals der Illusion erlag, ein Mann könnte alles Falsche in meinem Leben glätten. Außerdem, *wovor* sollte ich gerettet werden? Ich habe mich immer sehr bemüht, ein Leben zu leben, das ich mag. Ich nehme an, die Antwort darauf ist Einsamkeit. Das ist etwas, das man nicht allein beheben kann. Ich erinnere mich, dass Nathan davon sprach, zu jemandem »gehören« zu wollen. Er pflegte zu sagen, dass ich die Inkarnation des Gefühls sei, nach dem er sich sein ganzes Leben lang gesehnt hatte. Und auch ich fühlte mich glücklich und froh nach einem seiner Anrufe. Ich hatte auch festgestellt, dass ich mich in dieser Zeit nicht so verletzlich gefühlt habe. Ich musste nicht so wachsam sein – ich fühlte mich geliebt und beschützt, und ich hatte sogar ein Gefühl der Erleichterung, dass es nicht immer nur »an mir« war. Ich musste nicht immer alle Antworten auf alle Fragen haben, weil er vielleicht einspringen und mir dabei helfen konnte, hin und wieder ein paar Rätsel zu lösen.

Warum also, wenn ich relativ wenig von ihm verlangt habe, warum war es dennoch zu viel?

Jetzt bin ich in der Krise.

Ich kann nicht einmal Bodie bitten, alles besser zu machen, wie er es normalerweise tut, denn er ist immer noch mies gelaunt.

Es ist Zeit, zurück zum *Ester Lee* zu gehen.

Wenn ich nur den Weg finde, auf dem wir gekommen sind …

Auf dem Weg hierher war ich zu sehr von der schäumenden Brandung fasziniert, um mir Landmarken für unsere Rückkehr zu merken. All die klapprigen Holztreppen scheinen zu privaten Häusern zu führen. Sind wir wirklich so weit gelaufen? Ich blinzle an den Klippen entlang, aber da ist keine Spur vom *Ester Lee*. Zumindest sieht es nicht so aus, als würde die Flut reinkommen. Früher oder später werden wir einen Weg zurückfinden, die Klippe hinauf …

Natürlich geschieht dies eher später als früher. Und es ist kälter.

Aber es braucht nur eine Portion Fish and Chips, und alles wird besser, oder?

Meine Augen tränen von dem Essigdampf, und ich kann nicht widerstehen und zerreiße das Papier an einer Ecke, um ein paar Chips herauszufischen, während wir zu unserem Hotelzimmer zurückkehren. Es ist schon eine Weile her, dass ich etwas so Schmackhaftes gegessen habe, und in meinem Zustand, so durcheinander wie ich bin, stolpere ich über die Fußmatte, und der Inhalt der ganzen Tüte verteilt sich über dem Boden.

Bodie verdreht nur die Augen. *Ich nehme an, du erwartest, dass ich das aufräume?*

Danke, du bist ein wahrer Freund.

Nun ist es dunkel, und wir können das Meer nicht mehr vom Himmel unterscheiden. Ich schalte den altmodischen kastenförmigen Fernseher ein und werde von der Live-Übertragung einer Gemeinderatssitzung in den Bann gezogen. Es ist ein wenig trocken, aber real und das in einer Art und Weise, wie Reality-TV es nicht sein kann – niemand in dieser Sendung erwartet, »entdeckt« zu werden oder Geld mit seinem Aussehen zu machen, und es gibt keine dramatische Musik, die das Gesagte unterstreicht; sie argumentieren einfach bezüglich des lokalen Tierheims. Es ist seltsam, wie man, sobald man eine neue Leidenschaft gefunden hat, ständig auf damit verwandte Dinge stößt. Geistesabwesend esse ich eine ganze Tüte Schokoladenbrezeln auf, während ich zusehe.

»Nein, tut mir leid, du darfst keine Schokolade essen.« Ich bewege wiederholt die Tüte weg von Bodie.

Während ich dieser Tieranwältin, die mit solcher Überzeugung spricht, zuhöre, fällt mir auf, dass Menschen sich immer auf Schutzhunde beziehen, die sie und ihr Zuhause und ihre Familienmitglieder schützen. Ihr geht es um den Schutz der Gesundheit, Sicherheit und – tatsächlich – des *Lebens* der lokalen Hunde.

Es scheint ein vernünftiges Geben und Nehmen zu sein – du bewachst mich, ich bewache dich.

Ich gehe zu Bodie, um ihm zu versichern, dass ich immer auf ihn aufpassen werde, aber er schläft schon fest. Und sobald der Fall um den Bau eines Tierheims gewonnen ist, schließe ich mich ihm an.

Kapitel 31
»Bad to the Bone«

Das Morgenlicht verleiht dem Strand eine fast mystische Note. Als sich die Brandung zurückzieht, wird der Sand zu einem glänzenden Spiegel, der die weißen Streifen der Wolken und das reine Blau des Himmels reflektiert. Ich gehe langsam, denn ich bin kaum in der Lage, zu sagen, wo oben und unten ist.

Und dann fühle ich eine Beklemmung in der Brust, wie jedes Mal, wenn ich eine atemberaubende Szene sehe. Ich frage mich, warum. Weil der menschliche Instinkt einem sagt, dass man einen solchen Moment mit jemandem teilen will? Oder weil große Schönheit einen ähnlich berührt wie das Verlangen? Manchmal nahm Nathan seine Brille mitten in einer Unterhaltung ab, und die Anmut, die ich in seinen Augen sah, überraschte mich. Ich erinnere mich an meine Tante Gill, die über Skype zu ihm sagte: »Du siehst ohne Brille so viel besser aus!«

Er hat wirklich die schönsten Augen. Und die schönste Nase. Und ich will erst gar nicht von den Ohren anfangen. Natürlich könnte man all das auch über Bodie sagen. Ich nehme sein Gesicht in meine Hände, ziehe ihn an mich und küsse ihn ganz laut – »muah-muah-muah«. Er lässt es mit der leichten Genervtheit eines Teenagers, der von seiner Mutter abgeknutscht wird, über sich ergehen, aber ich bin sehr erleichtert, dass wir heute wieder Freunde sind.

»Okay, okay. Lass uns frühstücken gehen.«

Wenn ich das Lokal alleine aufgrund des Namens wählen würde, wäre es ein Wettstreit zwischen *Eleanor's Undertow Café* und *Pirate Dan's Pastry Shop*.

Aber das *Nelscott Café* hat ein offenes Fenster »für unsere Freunde mit Hunden«, was es zum klaren Gewinner macht.

Anschließend verbringen wir zu viel Zeit bei *Paws On The Sand*, was eher ein Geschenkladen für Tiere ist und kein klassischer Tierbedarfsladen. Das Personal ist extrem freundlich, und eine Dame versucht mir zu zeigen, wie ich das Klickertraining mit Bodie verwenden kann. Das Grundprinzip ist positive Verstärkung – jedes Mal, wenn man auf den Klicker drückt (ein einfaches kleines Teil, nicht viel größer als ein Bleistiftanspitzer), gibt man dem Hund ein Leckerli, sodass er Klicken mit Essen assoziiert und dann eifrig angelaufen kommt. Sie sagt, wenn Bodie so »essensmotiviert« ist, macht ihn das zu einem guten Kandidaten. Dem kann ich nicht widersprechen, aber mal sehen, ob ich mit dem Training überhaupt mithalten kann.

Nach schnellem Packen und Auschecken sind wir wieder unterwegs. Es gibt rund um Depoe Bay einige wunderbare Aussichtspunkte, um die Wellen zu beobachten – es ist der Ort mit dem kleinsten Hafen der Welt und mit einer Ansammlung ebenso winziger Geschäfte. In einem gibt es fünfundachtzig verschiedene Aromen von Salzwassertoffees, aber wir fahren weiter, vorbei an Cape Foulweather und noch weiter bis zu unserem ersten Stopp in Yaquina Head mit dem historischen Leuchtturm.

Laut der Webseite hat dieser »außergewöhnliche Naturraum« vorgelagerte Inseln, die Seehunde, nistende Seevögel und Grauwale anziehen. Und dann gibt es Cobble Beach, wo Basaltfelsen zu Kieselsteinen abgetragen werden, und sie produzieren einen Klang, der wie Applaus klingt, wenn sie umeinander rotieren und aneinanderscheuern. Bei Ebbe wird ein vibrierender Meeresboden voller oranger Seesternen, lila Seeigeln und riesiger grüner Anemonen sichtbar. Klingt wundervoll, aber ich muss ihnen das einfach glauben, ohne es gesehen zu haben, denn das Erste, was uns begrüßt, als wir aus dem Auto steigen, ist ein Schild mit den Worten: »KEINE HAUSTIERE«.

Ich hätte schwören können, dass sie erlaubt waren, als ich mich ursprünglich erkundigt hatte. Ich überprüfe die Webseite und sehe, dass es ein paar Bereiche gibt, wo sie zugelassen sind, aber mit diesem Vorbehalt: »*Jedes Haustier, das von den Behörden dabei beobachtet wird, wie es Wildtiere belästigt oder tötet, darf zur Not im Sinne der öffentlichen Sicherheit oder zum Schutz der Wildtiere getötet werden.*«

Getötet? Haben sie hier Scharfschützen in den Aussichtstürmen? Ich denke, wir werden einfach weiterfahren.

Die Brauerei Rogue's Brewery im nahe gelegenen Newport hat unsere Reiseroute ergänzt, als ich über das Brewer's Memorial Ale-Fest gelesen habe – ein jährliches hundefreundliches Ereignis, das Geld für die Oregon Humane Society sammelt und dem schwarzen Labrador von Rogue namens Brewer seinen Tribut zollt. Wir verpassen das Festival um ein paar Tage, was sehr schade ist, da der Schwanzwedel-Wettbewerb großartig klingt und ich schon ein Auge auf ein T-Shirt mit einem witzigen Hundebierspruch geworfen hatte.

Wir wollen nun heute hin, um dennoch ein Glas zu seinen Ehren zu trinken, aber als wir in die Stadt einfahren, bekomme ich ein ungutes Gefühl. Die Gegend hat die Atmosphäre eines Industriegebiets, ist voller lagerähnlicher Gebäude, und ich fange an zu zweifeln, dass die Stadt touristenfreundlich sein wird. Was normalerweise bedeutet, dass mein britischer Akzent besonders hochnäsig und absurd klingen wird: »Meine sehr verehrten Herren, wie bekommt Ihnen dieser schöne Tag?«

Ich stehe vor der Tür zur Kneipe und zögere. Soll ich, oder soll ich nicht? Aber dann sehe ich die Speisekarte, und mir fällt Kobe-

Rindfleisch »Haute Dogs« ins Auge. In diesem Moment erkenne ich, dass ich genauso »essensmotiviert« bin wie Bodie, und trete ein.

Anstatt dass die Konversationen anhalten und alle schauen, wer die beiden »Fremden in der Stadt« sind, wird Bodie begrüßt wie ein lange vermisster Kumpel. Ich bin so erleichtert. Und auch ziemlich beeindruckt – ich habe die unverwechselbare Rogue-Biermarke schon in Spirituosenläden gesehen und die mutige eckige Grafik bewundert, die angehobene Fäuste und Männer mit Bärten und behaarten Unterarmen darstellt. Ebenso innovativ sind sie mit den Aromen. Wie wäre es mit Voodoo-Donut-Schokolade oder dem extrastarken Toter-Mann-Bier, das mit der überraschenden Note »karamell-beträufelte getrocknete Aprikose« beschrieben und gewürztes Schweinefleisch als begleitende Speise dazu empfohlen wird. Das ist eindeutig ein Leidenschaftsprojekt, und das gefällt mir.

Nach einem gemeinsamen Mittagessen gehen Bodie und ich über die Terrasse, wo wir den wohl flauschigsten Hund überhaupt entdecken – schwarz und bernsteinfarben mit einem Schwanz wie ein Staubwedel. Er sieht uns an und weiß scheinbar nicht recht, wie er reagieren soll. »Ich habe keine Gesellschaft erwartet …«

»Hallo Kumpel!«, sage ich, während ich mich runterbücke und Bodie vorgeht, um zu schnüffeln.

Ich stelle fest, wie ähnlich gebaut die beiden sind, mit ihren kurzen Beinen, stämmigen Körpern und den schönen Gesichtern. Der Energielevel dieses Hundes ist ganz anders als Bodies, er ist ruhiger und sanfter. Während ich in seine dunklen Augen schaue, habe ich das Gefühl, dass er mir etwas sagen will. »Was ist los?«, frage ich. Und da er nicht antwortet, sage ich: »Hast du überhaupt eine Ahnung, wie hübsch du aussiehst?«

»Nähern Sie sich nicht diesem Hund – er ist gefährlich.«

Ich schaue auf und sehe einen sehr verwirrt aussehenden Mann. »Wirklich?« Ich zögere. »Er sieht so süß aus …«

Der Mann spottet und kommt näher. Er will ganz klar, dass ich seinen Hund in Ruhe lasse. Ich stehe auf und führe Bodie zum Tor raus und beschleunige mein Tempo, als wir auf der Straße sind.

Aber als ich im Auto sitze und losfahren will, zögere ich. Etwas sagt mir, dass dieser Hund gerettet werden muss – er konnte es mir nur nicht sagen. Stimmt das? Hat er mir das nur mit seinen Augen gesagt? Jetzt fühle ich mich noch schlechter. Ich denke darüber nach, zurückzugehen, aber was würde ich sagen?

»Entschuldigen Sie meine Unverschämtheit, aber ich habe den Eindruck, dass Sie diesen Hund nicht so behandeln, wie er es verdient, und ich denke, es wäre besser, wenn er mit mir mitkommt.«

Ich stelle mir vor, wie der Mann mein Gesicht mit Speichel bespritzt, während er seine fluchende Antwort ausspuckt. Er war nicht wie die gutmütigen Leute in der Kneipe. Vielleicht ist er nur auf der Durchreise?

Was wäre, wenn ich zur Terrasse fahre, verlangsame, die Beifahrertür öffne und pfeife? Würde der Hund darin eine Chance für ein besseres Leben sehen und reinspringen?

Letztlich fege ich diese Gedanken beiseite und fahre weiter. Der Hund sah gesund aus. Vielleicht ist der Mann zu Hause ein Weichei und nur in der Öffentlichkeit so grob.

Später sehe ich ein T-Shirt mit der Aufschrift »DER HUND IST FREUNDLICH – ACHTUNG VOR DEM BESITZER.«

Das sagt alles.

Zurück auf der Küstenstraße, ist die Fahrt beruhigend malerisch, bis wir um eine Ecke biegen und sich ein solch atemberaubender Anblick bietet, dass ich anhalten muss.

Die Hügel sind saftig grün, sie fallen zu einem Sandstrand in feinstem Beige hin ab und einem Meer von metallischem Silberblau. Und das zieht sich Kilometer um Kilometer um Kilometer. Ist es so, dass ich, nur weil ich Britin bin, noch nie davon gehört habe, wie atemberaubend die Küste Oregons ist? Man könnte meinen, die Leute müssten immerzu von ihr schwärmen. Aber vielleicht zeigt das Wetter sie nicht oft genug im besten Licht. Dann wieder verfinstert sich der Himmel zu einem düsteren Grau, und es sieht immer noch atemberaubend aus. Noch ein paar Jahre globale Erwärmung und das könnte das neue Hawaii werden.

Bodie ist zu müde, um aus dem Auto zu steigen, er lehnt nur seinen müden Kopf hinaus und sieht aus, als sei er ein gebrechlicher Patient, der gerade seinen letzten Atemzug machen will. Ich vermute, er hatte genug Seeluft für einen Tag und wird froh sein, für die Nacht einzukehren. Es ist nicht mehr weit…

Das *Park Motel* in Florence ist eine weitere Unterkunft mit Retro-Touch, diesmal inmitten von zwei Hektar Douglastannen mit Kajüten ähnelnden Zimmern aus altmodischen knorrigen Kiefern. Ich nehme an, ein Hinweis auf die Klientel war die Beschreibung: »ausreichend Parkplätze für große Autos«. Nicht, dass ich Trucker sehe, als ich parke, nur eine Schar kräftiger Biker. Anscheinend abergläubische Biker, denn sie haben eine Reihe von Zimmern auf beiden Seiten der Nummer 13 gebucht und somit mir die 13 überlassen. Die Biker in 12 und 14 sitzen draußen auf der Veranda, plaudern über meinen Eingang hinweg, sind ganz in Leder und mit Ketten und widerspenstigen Barthaaren gerüstet. Ich fühle mich schrecklich unsicher. Meistens vergesse ich, dass ich eine allein reisende Frau bin; hier fühle ich mich wie Rotkäppchen. Ich tue so, als würde ich meine Taschen sortieren, wobei ich eigentlich versuche, die Ruhe und Selbstsicherheit zu finden, um an ihnen vorbeizugehen. Ich werde nicht durch das Badezimmerfenster einsteigen können, es führt kein Weg an ihnen vorbei. Ich atme tief durch und gehe auf die Tür zu.

»Oh, was für ein Süßer!« Ihre Gesichter leuchten bei Bodies Anblick auf. »Wir lieben Hunde!«

Sie scheinen zeigen zu wollen, dass sie nette, freundliche Leute sind, und ich bin ihnen dafür sehr dankbar. Das wird mich lehren, Menschen nicht nach ihrem Äußeren zu beurteilen. Als wir es uns im Zimmer gemütlich gemacht haben, erinnere ich mich, dass ich mal über die Bikergruppe Rescue Ink gelesen habe; sie sind New York State-Biker und haben sich dem Kampf gegen Tiermissbrauch und Vernachlässigung verschrieben – in diesem Zusammenhang gesehen, ist ein Bikertreff um mich herum nichts anderes mehr als spannend.

»Wenn es eine Situation gibt, die außer Kontrolle gerät, können Sie sich auf uns verlassen«, versichern sie auf ihrer Webseite. »Wir sind Straßenjungs, Militärangehörige, Polizisten, Privatdetektive und Rechtsanwälte. Rescue Ink tut alles Notwendige und bewegt sich dabei im gesetzlichen Rahmen – unsere Anwälte empfehlen uns, das zu sagen –, um Missbrauch und Vernachlässigung aller Art zu bekämpfen.«

Auf ihrer Webseite ist ein Profil von einem ihrer Mitglieder, Jimmy the Bull. Er ist ein Marine Sergeant, der auf dem ganzen Globus unterwegs war, mit Bombenhunden gearbeitet hat und einst den Weltrekord fürs Bankdrücken von vierhundertdreiundfünfzig Kilogramm innehatte. Er und sein großer Bizeps helfen, Täter dazu zu »erziehen«, wie man Tiere respektvoll behandelt.

Nun fühle ich mich sicherer denn je, lege mich hin und summe zum Einschlafen George Thorogoods Song »Bad to the Bone«.

Kapitel 32
Die Oregon Dunes

Die windgeformten, sich ständig verändernden Oregon Dunes erstrecken sich über etwa sechzig Kilometer Länge und steigen bis zu fünfhundert Meter über den Meeresspiegel – und trotzdem sind sie nirgends zu sehen, als wir auf dem Parkplatz in einem Waldstück anhalten.

Den Morgen haben Bodie und ich bei einer Oldtimershow verbracht; ich winkte Frankie Valli zu – wir haben rosa Cadillacs und kirschrote Chevys bewundert. Aber das Naturwunder der Dünen wird für meinen vierbeinigen Freund eher der Höhepunkt des Tages sein. Wenn wir es nur finden …

»Ich kann nicht glauben, dass wir Verstecken spielen mit einem über tausend Quadratkilometer großen Areal!«, schimpfe ich, während wir einen schattigen Pfad entlanggehen. Einzelne verspielte Sonnenstrahlen dringen dennoch durch das Blätterdach durch.

Der umliegende Wald hat etwas von einem Zauberwald. Nach kurzer Zeit schweifen unsere Blicke über eine glitzernde Stelle hinweg: ein grüner Teich voller prachtvoller Seerosen. Bodies Augen glänzen.

Also hier ist die Oase, und wo ist jetzt der Sand?

Wir gehen weiter und überqueren eine Holzbrücke, bewundern rosa und gelbe Wildblumenteppiche, bis der Wald aufhört und ein mit Seegras bewachsener Damm sichtbar wird. Wir klettern hoch und fahren innerlich zurück, als sich uns eine *Lawrence von Arabien*-Szene eröffnet – so weit man sehen kann nur die sanften Linien des Dünenwunders. Und ganz weit hinten funkelt der Ozean.

Dies ist ein wirklich beeindruckender Anblick, viel überwältigender und anders, als ich ihn mir vorgestellt habe. Und wir haben ihn ganz für uns allein.

»Bist du bereit, wild und frei rumzulaufen?«, locke ich Bodie.

Ich kann fühlen, wie er aufdreht, bereit ist, Gas zu geben. In dem Moment, in dem ich seine Leine losmache, düst er los, stampft und springt ekstatisch die Dünen auf und ab. Er rennt in eine Richtung, dreht dann in einer breiten Schleife um. Seine Muskeln sind in voller Streckung, sein Herz ganz geweitet. Seine Begeisterung ist ansteckend. Ich fange auch an zu rennen und zu jubeln, laufe eine Düne hoch und rutsche dann in vollem Tempo runter und lade Bodie dadurch ein, mich zu verfolgen, während ich im Talbecken eine Pause mache. Er befindet sich mittlerweile so in Raserei, dass er beschließt, mich auf die gleiche Weise umzuhauen und runterzudrücken, wie er es mit einem anderen Hund machen würde, also mit den Zähnen. Als er seine Reißzähne in mein Bein versenkt, stürze ich mit einem heftigen Schmerz zu Boden.

Er hat mich gerade gebissen!

Ich kann es nicht fassen, dass er das gerade getan hat, greife zu meinem Bein und fahre mit den Fingerspitzen über den durchlöcherten Jeansstoff.

Er springt immer noch aufgeregt um mich herum und wartet zweifellos darauf, dass ich wieder aufstehe. Aber ich kann nicht.

Ich hebe eine Hand: »Beruhige dich, beruhige dich …«, flehe ich ihn an und ziehe meinen Arm schnell zurück, damit er nicht auch noch auf die Idee kommt, da reinzubeißen.

Das habe ich nicht kommen sehen. Ich liege geschockt im Sand, bis der Schmerz langsam nachlässt. Das war vollkommen meine Schuld – ich habe ihn provoziert. Von seiner Seite aus war es nur ein unschuldiges Spiel, denn er hat nicht die Haut durchbissen. Aber ich werde ab diesem Tag vorsichtig mit dem Fangenspielen sein.

»Wie wäre es mit ein bisschen Buddeln?«, schlage ich vor.

Ich muss es nicht zweimal sagen.

Ich beobachte, wie er buddelt und buddelt, und gelegentlich kippt er um, nur um sich wieder aufzustellen und mit neuer Kraft weiterzumachen. Tiefer und tiefer – und niemals tief genug. Er setzt sich kurz hin, und dann fängt er wieder an, gräbt weiter und schafft es jedes Mal, mich mit feuchtem Sand zu bewerfen. Schließlich sackt er zusammen und ruht sich auf der Kante seines Bunkers aus; seine schwarze Nase hat eine Sandkruste, die aussieht wie Streusel auf einem Cupcake.

Er atmet aus. Endlich Frieden.

Das Drama ist vorbei.

Eine Weile lang liegen wir einfach da. Es ist fast wie auf einem anderen Planeten. Ich wäre nicht überrascht, ein halb vergrabenes Raumschiff in unmittelbarer Nähe zu entdecken.

Die Zeit hat hier keine Bedeutung. Und Herzschmerz hat keinen Halt. Nichts zählt – all die schlechten Sachen, die davor passiert sind, sind: *vorbei*. Sie scheinen nicht einmal mehr real.

Auf dem Rückweg halten wir inne, um die Trennlinie zwischen dem Sand und dem dunklen Grün der Bäume genauer zu beobachten. Es ist so ein ungewöhnlicher Anblick, dass ich mich noch einmal in den Sand fallen lasse, um den Moment zu genießen. Bodie bleibt stehen und sieht dabei so edel und wehmütig aus wie der von der Brise geküsste Held, der in die Zukunft blickt, dabei zur Hälfte auf den Horizont konzentriert ist und zur anderen Hälfte gedankenverloren. Hätte er einen Stift, würde er *Der Alchimist* schreiben.

Wenn ich gewusst hätte, dass die Dünen so majestätisch sind, hätte ich einen ganzen Tag hier vorgesehen. Wir wären ans Ufer gewandert, hätten geplanscht und gepicknickt.

So wie es aber aussieht, haben wir nichts Essbares mehr im Auto, und unser geplantes Abendessen ist sechzig Kilometer weit entfernt. Also, los geht's.

Es ist eine schöne Fahrt nach Bandon. An einem Punkt dehnt sich das blaue, glitzernde Wasser auf beiden Seiten der Straße aus, und dann hebt uns die prächtige Coos Bay Bridge so hoch, dass wir überhaupt kein Land mehr sehen.

Bei North Bend halten wir mit heruntergelassenem Fenster bei der *Top Dog Espresso Company* an, aber obwohl sie einen Bernhardiner als Logo haben und einen glauben lassen, dass sie »da sind in der Stunde der Not«, ist der Laden geschlossen.

Das ist aber okay, denn dreißig Minuten später stehen wir vor einer babyblauen Bude, die mit einem Schwarm von regenbogenfarbenen Fischen verziert ist.

Für Bodie ist der Bandon-Fischmarkt Liebe auf den ersten Biss.

Ich habe gelesen, dass Hunde verrückt sind nach den hiesigen Peperoni-Lachsstäbchen, und Bodie verwandelt sich tatsächlich in eine räuberische Bestie, während er sie frisst.

»Pass auf meine Finger auf!«

Ich kaufe ihm noch ein paar mehr und eine Portion Pommes für mich, und dann schlendern wir an der hölzernen Promenade entlang, wo handgeschnitzte Kunstwerke verkauft werden und strahlend weiße Segelboote vor Anker liegen.

Mir ist gemütlich warm in meinem pfirsichfarbenen Mohair-Pullover, und als wir uns auf eine Bank setzen, halte ich mein Gesicht in die Sonne und genieße ihren goldenen Schein. Wieder haben wir den ganzen Platz nur für uns, und ich stelle fest, dass sich ein Gefühl des Friedens und der Anerkennung in mir festsetzt. Ich bin allein, aber nicht einsam. Ich horche in meinen Körper hinein auf der Suche nach Gefühlen von Traurigkeit und des Nathan-Vermissens und finde keine. Seltsam.

Wir sitzen noch etwas länger da, und ich lese in meinem Reiseführer und erfahre, dass Bandon früher als Oregons Cranberry-Hauptstadt bekannt, und davor, während des Dampfschifffahrtszeitalters, der Spielplatz am Pazifik war. Passagiere, die zwischen Seattle und San Francisco reisten, hielten für ein wenig Spaß an

Land hier an, aber ein verheerendes Feuer im Jahr 1936 setzte dem ein Ende, und heutzutage ist die Hauptattraktion der Stadt ein Weltklasse-Golfplatz (davon muss Bodie unbedingt ferngehalten werden) und eine Felsformation namens Howling Dog, die in der Tat eine auffällige Ähnlichkeit mit einem Spaniel hat, der im Sand sitzt und seine Nase in den Himmel reckt.

Von hier aus machen wir einen kleinen Spaziergang durch die Altstadt mit ihren künstlerischen Läden, einschließlich den Geschäften *The Cobbler's Bench* und *Washed Ashore*. Letzterer hat ein Schild im Schaufenster stehen: *Bring uns deine Abfallfunde aus dem Ozean, und wir machen Kunst daraus, um das Meer zu retten!*

Es fängt an zu nieseln, also stecke ich meinen Kopf in die Tür der Buchhandlung *WinterRiver Books* und frage: »Hier dürfen keine Hunde rein, oder?«

»Doch, natürlich, kommen Sie herein!«

Das freut mich sehr. Auch Bodie ist begeistert und zieht mich ungeduldig in die Kinderabteilung. Wirklich? Ah. Er ist an der grau getigerten Katze interessiert, die aus dem Hinterzimmer herausguckt.

»Das ist unser Streuner, Bookish«, sagt Grover, der Besitzer. »Unsere Geschäftsmanagerin Gina hat ihn zunächst immer nur an der Hintertür gesehen – er war sehr schüchtern und lief, sobald sich ihm jemand näherte, den Hügel hinauf, um sich inmitten der Pflanzen zu verstecken. Wenn die Hintertür offen stand, während die Mitarbeiter Mittagspause machten, kam er zurück!«, lächelt er.

Bald sprang die grünäugige Schönheit in ihre Runde, um gestreichelt zu werden, und jetzt hat sie ein Zuhause im Hinterzimmer des Ladens – mit einem Bett und einer warmen Decke.

»Wenn die Buchhandlung leer ist, kommt er manchmal den ganzen Weg bis zur Theke, aber er ist immer noch sehr vorsichtig und zieht sich zurück, sobald ein Kunde den Laden betritt.«

Vor allem, wenn dieser Kunde ein neugieriger Hund ist.

Ich sage Grover, dass mir der Name Bookish sehr gut gefällt: »Ein Bücherwurm, vollkommen dem Lesen und Studieren gewidmet.«

»Meine Frau Debby hat ihn ausgewählt. Bookish treibt sich nie woanders in der Altstadt herum – er bleibt immer hier in der Nähe des Hinterausgangs.«

»Passt perfekt«, stelle ich fest und denke darüber nach, wie gut Katzen und Buchhandlungen zusammenpassen.

Ich gehe mit Bodie in die Tierabteilung und bin begeistert, mehrere Regale voller Hundebücher zu finden, darunter ein Bündel rabattierter Schätze, die ich mitnehmen muss.

Auf dem Weg zur Kasse sehe ich eine Sepia-Grußkarte, der ich ebenfalls nicht widerstehen kann: eine Frau aus den 1950er-Jahren, die an der Motorhaube ihres Autos lehnt und stirnrunzelnd eine Karte betrachtet. Die Bildunterschrift lautet: »*Wo zum Teufel ist Easy Street?*«

Auf dem Rückweg zu unserem Auto gehen wir an einem Spielzeugladen vorbei, der in seinem Schaufenster fast lebensgroße Hundekuscheltiere in Westernkleidung ausgestellt hat – darunter ein Golden Retriever mit einem Strohhut und einem roten Halstuch, der auf einem getrockneten Grashalm kaut, ein Beagle mit einer Lederweste und einem Sheriffabzeichen, ein weißer flauschiger Hund mit einem rosa Stetson und ein Rottweiler in Cowboystiefeln.

Ich spähe, mit einem halben Zeh im Laden, durch die Tür und versuche, die Preisschilder zu entziffern, als die Ladenbesitzerin ruft: »Ist Ihr Hund ganz nass?«

»Ja, Entschuldigung!« Ich trete zurück, aber sie fordert uns auf, einzutreten, und fängt an, Bodie mit Papierhandtüchern abzutrocknen und viel Aufhebens um ihn zu machen.

Ich bereue es, Bandon nicht als Übernachtungsstation gewählt zu haben. Es ist bisher meine Lieblingsstadt an Oregons Küste. Ich habe absichtlich im Voraus geplant, um nicht das Beste zu verpassen, aber man kann eben nicht vorausplanen, was man in einem bestimmten Ort fühlen wird. Oder dass man sich fragt: »Wie wäre es, hier zu leben?«

Aber da ich merke, wie mich die Müdigkeit überkommt, beschließe ich, dass es Zeit ist, aufzubrechen – nur noch eine Stunde fahren und wir erreichen unser Zimmer für diese Nacht.

Das denke ich jedenfalls …

Kapitel 33
Strafzettel für zu schnelles Fahren

Ich brause den Oregon Coast Highway entlang und erfreue mich an dem durch die Bäume scheinenden, frühen Abendlicht, als die Geschwindigkeitsbegrenzung plötzlich von hundertzehn Kilometer pro Stunde auf fünfzig absteigt. Ich bremse ab, habe aber keine Stuntschule besucht und bin deshalb nicht so schnell so langsam wie erfordert, und plötzlich – tatütata – ertönen Sirenen, und ein Polizeiwagen fordert mich auf, rechts ranzufahren.

Bodie hebt eine Augenbraue, als wolle er fragen: »Soll ich reumütig oder bissig gucken?«

Ich bitte ihn, sich reuevoll zu zeigen, und ich werde den britischen Akzent ein bisschen verstärken – das hat bisher immer geklappt.

Aber nicht bei diesem Verkehrspolizisten. Er prahlt tatsächlich mit der Anzahl an Geldstrafen, die er an diesem Tag verhängt hat.

»Ich kriege fast jedes Auto«, bläht er sich auf. »Das letzte war das einer sechsköpfigen Familie!«

Ich runzle die Stirn. Bekommt er Extrapunkte für ein volles Fahrzeug?

Er nimmt meinen Führerschein und den Fahrzeugschein und geht zu seinem Auto, um sie zu überprüfen. Ich habe kein gutes Gefühl.

»Die Chancen, dass er sich als schießwütig entpuppt, sind gering«, sage ich zu Bodie und will zur Beruhigung in sein Gesicht schauen, aber er hat sich weggeduckt. Ich bin auf mich allein gestellt.

»Alles in Ordnung?« Ich lächle, als der Polizist zurückkehrt.

Er tut jetzt sehr kumpelhaft, will eine Weile plaudern, um herauszufinden, woher ich komme und um mehr von meinem verrückten Akzent zu hören. Ich würde ihn verhätscheln, wenn ich nicht gerade ein Stück Papier in der Hand halten würde, das unser Reisebudget um zweihundertsiebzig Dollar schrumpfen lässt.

Das ist wirklich viel. Ich meine, es war ja nicht so, dass ich Fußgänger gefährdet hätte. Hier ist alles geschlossen und verrammelt, und er ist der einzige Mensch weit und breit. (Ich vermute, die 1 000-Einwohner-Gemeinde hat die Bußgelder genommen und ist nach Florida umgezogen.) Trotzdem fühlt er sich besonders gut dabei, das, was ich mir als hiesiges Stadtmotto vorstelle, zu verkörpern: »*Kommen Sie nach Port Orford und bezahlen Sie eine Geldstrafe für zu schnelles Fahren!*«

Als er weg ist, fahre ich die Seitenstraße entlang, um den Sonnenuntergang besser sehen zu können, der vielversprechend zu werden scheint. Vielleicht werde ich dort eine Erleuchtung haben, die ich ohne diese Kursabweichung nicht gehabt hätte, und dann wird die Geldstrafe von zweihundertsiebzig Dollar jeden Cent wert sein. Aber die einzige Bank ist von einem älteren Ehepaar besetzt, das aufs Meer hinausblickt, wahrscheinlich zum letzten Mal, bevor auch sie nach Palm Beach ziehen.

Vielleicht liegt es daran, dass wir nach Einbruch der Dunkelheit ankommen, aber unsere Unterkunft, obwohl malerisch am Wasser gelegen und als Resort bezeichnet (zumindest von der Person, die ihr den Namen gegeben hat), ist gruselig. Das Zimmer ist geräumig, aber das gibt Bodie nur noch mehr Platz, um hin und her zu laufen. Wir haben so gut geschlafen seit dieser ersten beunruhigenden Nacht in *San Ysidro Ranch*. Es gab zwar dieses lächerlich frühe Wachwerden in Napa Valley, aber Bodie hat alle Zimmerwechsel sehr gut mitgemacht. Wie kann ich jetzt mit ihm schimpfen, dass er unruhig ist, wenn ich es auch bin? Alle paar Minuten schauen wir uns an, als ob wir uns sagen würden: »*Was war das? Bist du auch so erschrocken? Ich drehe gleich durch!*«, und verbringen die Nacht dann damit, uns aneinanderzuklammern, mit den Zähnen zu klappern und zu erwarten, dass gleich eine Axt in unsere Tür geschlagen wird. Dreimal stehe ich auf, um zu überprüfen, dass das Auto noch da ist, und versuche, mich damit zu beruhigen, dass wir im Ernstfall schnell entkommen können.

Als die Sonne aufgeht, würde man denken, dass wir ganz schnell aus Dodge abhauen, aber wir fahren zurück zu einer Sehenswürdigkeit, zu der wir es am Tag zuvor nicht mehr zu Öffnungszeiten geschafft haben.

Die Prehistoric Gardens sind das Leidenschaftsprojekt des Bildhauers und Dinosaurierenthusiasten E. V. Nelson. 1955 eröffnete er seine Version von Jurassic Park und fuhr fort, in den nächsten dreißig Jahren dreiundzwanzig Repliken in Lebensgröße zu bauen. Ich dachte, es würde Bodies Morgenspaziergang beleben – ein paar Stegosaurier und einen Pterodaktylus zwischen Riesenfarnen und Stinktierkohl zu sehen in diesem dreihundert Jahre alten Küstenregenwald.

»Was denkst du?«, frage ich.

Bodie sieht die Tiere mit den langen Hälsen und den dicken Schwänzen mit großen misstrauischen Augen an und blickt ein paarmal zurück, um sicherzugehen, dass sie ihm nicht folgen.

»Sieh dir das an!« Ich halte inne, um eins der hölzernen Schilder zu lesen. »Cynognathus – bedeutet wörtlich Hundekiefer.« Ich schaue zwischen Bodie und dem grüngelben Reptil hin und her. »Ich erkenne da keine Ähnlichkeit.«

Es ist Furcht einflößend, sich vorzustellen, mit diesen Tieren zu leben, wenn sie lebendig wären– all die stacheligen Scheitel und die riesigen schweren Füße. Ich bevorzuge die bekloppte *Flintstones*-Version dieser Periode inklusive dem Hunde-Ersatz Dino mit seiner langen, schlürfenden Zunge.

Als wir uns dem Ende des Gartens nähern, gehen wir an Herrn Nelsons ganzem Stolz vorbei – ein sechsundzwanzig Meter langer Brachiosaurus –, und ich beobachte die Reaktion von Bodies Nase, aber es kommt keine. Manchmal stelle ich seinen Geruchssinn infrage, wenn er auf eine Kaninchenstatue aus Stein steigt oder auf die Statue des Bürgermeisterhundes in Sunol und somit zuerst auf die Form reagiert, die ihn zum Schnüffeln bringt. Den Dinosauriern nähert er sich aber nicht. Vielleicht ist er hier verdattert, weil die Formen so ausgefallen und unbekannt sind.

Dennoch ist ein Spaziergang in der Natur ein Spaziergang in der Natur. Ich erkenne jetzt, dass ich so ziemlich alles gerne mache, solange ich es mit Bodie mache. Und auch er springt mit demselben Enthusiasmus aus dem Auto und schlendert mit mir zu den merkwürdigsten Sehenswürdigkeiten, wie er es auf dem Parkplatz eines Einkaufszentrums machen würde. Er ist immer bereit. Er ist neugierig. Er redet nicht viel. Ich mag das bei Reisebegleitern. Er könnte mein Lieblingsbegleiter werden.

Zurück im Auto, überqueren wir die Rogue River Bridge, schaudern kurz, als wir an der Unterkunft von letzter Nacht vorbeifahren und haben dann noch etwa achtundvierzig Kilometer bis zu unserem letzten Anlaufhafen in Oregon. Aber schon nach wenigen Minuten parke ich das Auto auf einem Kiesbett an einem Aussichtspunkt, von dem aus man die Vielfalt von Meyers Creek Beach bewundern kann.

Die aus dem Wasser ragenden Felsformationen sind sehr auffällig – riesige schroffe Formen, manche mit Grünbewuchs, andere dunkel und pockig. Dann sind da noch der Elefantenfriedhof aus bleichem Treibholz und die flatternden weißen Vögel, die uns über die grasbewachsenen Dünen hinunter zum flachen braungrauen Sand locken. Der Strand selbst ist sehr breit. Bodie mag schon seinen Morgenspaziergang gehabt haben, aber nichts ist vergleichbar mit Laufen mit voller Geschwindigkeit. Ich werfe den Ball, so weit ich nur kann, und schaue ihm zu, wie er hinterherläuft, und wir sind beide überrascht, als er auf einer Wasserlache landet. Ich kichere, als ich ihm dabei zusehe, wie er versucht, den Ball von der Wasseroberfläche zu holen. Nach vorsichtigem Schnüffeln an den Seepocken geht er näher an die schaumige Brandung heran. Die Wellen hier bewegen sich nicht in einer Linie, sondern kommen aus allen Winkeln, was Bodie angesichts der Unvorhersehbarkeit zum Tanzen bringt.

Ab und zu bleibt er stehen und hält sein Kinn in die salzige Brise – der nasse Sand reflektiert ein perfektes Spiegelbild, während er seine beste Show-Pose einnimmt.

Und dann trottet er wieder zu mir und fängt an, fröhlich zu graben und große Klumpen feuchten Sandes aufzuwirbeln.

Das ist das Gegenbild zum mürrischen Hund am Ester-Lee-Strand. Hier ist er jugendlich, verspielt und voller Energie, was mich sehr zufrieden sein lässt. Ich würde sagen, dieser Strand und Carmel Beach waren die Strände, die unsere Herzen am höchsten haben schlagen lassen.

Ich schaue gen Himmel, folge den pudrigen Streifen über die blaue Weite, als Bodie ein tiefes Knurren ausstößt – sein Mürrischer-alter-Mann-Alarm. Ich sehe mich am Horizont nach Eindringlingen um und erspähe ein weißes Pferd mit einem rot ummantelten Reiter. Ein schwarzer Hund läuft vor ihnen her und erkundet offensichtlich die Route; seine schlanken Beine haben doppelte Geschwindigkeit, während das Pferd lautlos hoppelt, da alles Trappeln vom Sand absorbiert wird. Bodie ist nun von dieser filmähnlichen Szene genauso fasziniert wie ich, und zusammen beobachten wir, wie sie die Krümmung der Bucht durchqueren und wie die pinienbewachsenen Hügel die perfekte Kulisse bilden. Ich seufze und grabe meine Hände tief in den Sand, wie um dieses Bild für immer in der Erinnerung zu verankern.

Diese Reise hat mich dazu gebracht, alle schönen Naturlandschaften aufzusuchen. Bei der Ankunft in einer neuen Stadt hätte mein altes Ich alle Geschäfte aufgesucht, aber mittlerweile erscheint mir die Aussicht auf einen Azaleenpark vielsprechender.

Ich weiß nicht, ob es mir mit Farben wie Bodie mit dem Schnüffeln geht, aber sie sind ein zusätzlicher Bonus für mich – die seidige Anhäufung von Pfirsich, Koralle und Pink kontrastiert so kräftig mit dem strahlenden, grünen Laub und dem klaren blauen Himmel. Das ist Brookings, unser letzter Halt in Oregon, aber es fühlt sich eher an wie eine dieser hügeligen Welten im Kinderfernsehen – Regenbogenpalette und Sonnenschein. Ich merke, ich fange gleich an zu springen. Nein, ich hüpfe! Bodie trottet neben mir her, hin und wieder vergräbt er sein Gesicht in die niedrigen Blüten.

Während wir uns einen Moment Zeit nehmen und aus dem Pavillon über den Hauptrasen blicken, erinnere ich mich an den Ausflug, den ich mit Nathan zum Botanischen Garten in Santa Barbara unternommen habe … In der Regel schwärmen Frauen von den Blumen, die die Männer ihnen präsentieren, aber ich war beeindruckt von Nathans Interesse an den Blumen und Pflanzen – es war, wie neben einem Jane-Austen-Helden zu schreiten, der meine Aufmerksamkeit auf die Form eines Astes oder einer kleinen Blume inmitten von Moos lenkt. Ich war noch nie mit jemandem zusammen, dem solche Details aufgefallen wären. Es ist seltsam, dass er so lange und so weit vom trockenen Land entfernt ist. Er müsste nun jeden Tag wieder zurückkommen. Bei diesem Gedanken fühle ich einen dumpfen Schmerz in der Magengegend. Nicht, dass es mich noch etwas angehen würde. Trotzdem kann ich nicht anders, als mich zu fragen, ob er an mich gedacht hat, während er weg war. Selbst wenn er mich aus einem plötzlichen Impuls heraus hätte anrufen wollen, er hätte es während der Mission nicht tun können. Ich nehme an, dass das eine saubere und klare Trennung leichter macht – kein Kontakt, keine »Ich war gerade in der Nachbarschaft«-Ausreden. Nur Stille und Distanz.

Bodie streckt seine Vorderpfoten weit aus und schaut erwartungsvoll zu mir.

»Ist das mein Stichwort fürs Mittagessen?«, frage ich.

Ein schnelles Panino in der *Salty Dog Coffee Bar* und wir sind wieder im Auto.

Kaum sind wir losgefahren, sehe ich schon ein Schild, das uns in Kalifornien willkommen heißt. Einfach so, *bye-bye Oregon!*

Mir ist sofort mulmig zumute – wir sind jetzt auf der Zielgeraden, es ist kein neuer Staat mehr als Puffer zwischen uns und der Realität. Plötzlich ziehe ich rechts ran, dieses Mal auf eine grasbewachsene Felskante.

Ich bin nicht bereit!

Ich steige aus dem Auto, lasse Bodie raus, und wir gehen zum Rand der Klippe. Es ist ein atemberaubender Aussichtspunkt, aber das waren sie alle, Kilometer um Kilometer.

Während Bodie im Unterholz schnüffelt, drehe ich mich um und schaue zurück in Richtung Oregon. Habe ich alles bekommen, was ich brauchte? War ich aufmerksam genug? Habe ich mich ausreichend verändert? Oder bin ich wenigstens besser gerüstet, um vorwärtszugehen?

Bodie wühlt weiter rum, schenkt meiner Seelenforschung keine Beachtung, ist einfach nur auf dieses Geschenk eines außerplanmäßigen Stopps konzentriert. Ich nicke mir selbst zu, während ich ihn beobachte. Es wäre bescheuert, diese letzten Nächte unserer Reise mit Sorgen zu überfrachten. Besser ist es, vollständig in unsere Umgebung einzutauchen.

Im Zweifelsfall nach (dr)außen gucken! Das ist mein neues Motto.

Kapitel 34
Geheimnisvolle Bäume

Wir fahren den Highway 101 entlang und sehen immer wieder Werbetafeln für SkyTrail – eine Art Seilbahn, die einen knarrend und schwankend an den Küstenmammutbäumen vorbei hochzieht. Jedes Mal, wenn ich das Bild sehe, denke ich, was für eine schreckliche Situation das für einen Hund wäre. Ich meine, sie sind Erdschnüffler und nicht zum Herumhängen in der Luft bestimmt. Aber als wir tatsächlich mit der Situation konfrontiert werden, einzusteigen, bin ich diejenige, die nervös und widerwillig ist.

Es war eigentlich nicht der Plan, bei den geheimnisvollen Bäumen, den Trees of Mystery, anzuhalten. Wir wollten zu der Tour Thru Tree, der Tour durch die Bäume. (Hunde mögen es, an Bäume zu pinkeln, Menschen fahren gerne durch sie hindurch.) Aber dann haben wir die riesigen Statuen eines bärtigen Holzfällers und eines blauen Ochsen am Straßenrand gesehen, und ich habe angehalten, um ein Foto zu machen.

Bodie sieht hamstergroß aus neben dem bedrohlich wirkenden fünfzehn Meter großen Holzfäller. Es ist Paul Bunyan – ich hatte noch nie von ihm gehört, aber in Amerika gibt es viele Holzfäller-Legenden um seine Person und er ist berühmt für seine Kraft, sodass er verewigt und 1958 in einem Disney-Musical zum Leben erweckt wurde.

Nun, da wir zu Fuß sind, haben die geheimnisvollen Bäume es leicht, uns anzulocken – wir gehen durch einen Torbogen und hinein in den Wald.

Eine Gruppe von enthusiastischen Amish-Jugendlichen geht uns voraus und drosselt etwas das Tempo. Wir überholen sie, bleiben dann aber selbst staunend neben dem Kathedralenbaum stehen, der eigentlich eine Gruppierung von etwa sieben schlanken Stämmen ist und aufgrund der halbkreisförmigen Anordnung zu einem Plätzchen als Hochzeitssetting beliebt ist.

Sink hinunter, oh Reisender, auf deine Knie,
Gott steht in diesen Bäumen vor dir.

Obwohl Bodie und ich aufrecht bleiben, mögen wir das Gefühl, das auf dem Schild evoziert wird. Vielleicht ist es ein neuer Wunsch, dem Himmel näher zu kommen, der Bodie dazu bringt, zur Plattform des SkyTrails zu laufen.

Ich sehe den Betreiber reumütig an.

»Ich nehme an, Sie sehen hier nicht so viele Hunde, die einsteigen wollen«, sage ich. »Es ist wahrscheinlich nicht vernünftig, oder? Oder sicher?«

»Oh, es ist vollkommen in Ordnung«, antwortet er fröhlich. »Es fahren ständig Hunde mit.«

Ich fühle einen mulmigen inneren Widerstand. Denken wir wirklich ernsthaft darüber nach?

Ich habe immer gedacht, ich habe keine Höhenangst, bis ich in Costa Rica eine Seilrutsche ausprobiert und beim Wackeln in höchster Höhe die Nerven verloren habe. Ich wollte dann einen Baumstamm umklammern, um mich zu stabilisieren, und mir wurde gesagt, dass es eine Art giftigen Ameisenbefall gab und ich ihn nicht berühren sollte. Ich fühlte mich so schwach und musste mich für den Rest der Strecke von einem Profi führen lassen. *Keine Baumkrone mehr für mich*, habe ich mir damals geschworen. Und doch, hier sind wir.

Bodie sieht mich bittend an.

»Wie lange dauert es, um an die Spitze zu kommen?«

»Sieben Minuten.«

Nicht schlecht.

»Und machen Sie sich keine Sorgen, wenn auf dem Weg nach oben mal angehalten wird – manchmal dauert es ein bisschen länger, um zum Beispiel eine Familie mit Kinderwagen reinzusetzen.«

»Okay«, nicke ich. »Also keine Panik, wenn es stoppt. Es wird weitergehen.«

»Genau.«

Trotzdem zögere ich. Es ist ein geschlossener Raum, sage ich mir. Es dauert nur sieben Minuten. Bodie bittet mich so selten um etwas. Und so steigen wir ein.

Als sich die Tür hinter uns schließt, beginnt Bodie bedauernd zu gucken. So, jetzt sind wir zu zweit. Je höher wir steigen, desto mehr geht er auf und ab, und es ist ein sehr enger Raum – zwei Sitzbänke und ein Stück Metallboden dazwischen. Aber dann kommen wir an einer Kabine vorbei, die sich auf dem Weg nach unten befindet, und darin sitzt ein Paar mit einem Dackel auf dem Schoß. Der Dackel schaut zu Bodie, Bodie schaut zu dem Dackel, und es ist fast so, als ob er sagen würde: »Es ist cool, Bruder, keine Sorge. Die Aussicht von der Spitze hat sich absolut gelohnt.«

Wir werden weiter in die Höhe gezogen, und dann – oh, welch ein Gefühl – spüren wir wieder festen Boden unter den Füßen. Wir klettern auf die Aussichtsplattform und blicken über Schichten und Schichten von Berggrün, die sich bis zum glitzernden Ozean hinziehen.

Amerika liebt Aussichtspunkte. Überall im Land sind Schilder angebracht, auf denen steht: »Das wird Ihnen gefallen! Nehmen Sie die nächste Ausfahrt und genießen Sie die Aussicht.« Sie enttäuschen einen nie.

Aber das hier?

Ich höre, wie ein Paar sich fragt, ob man den Weg zurück auch zu Fuß gehen kann. Anscheinend ist es machbar, aber rutschig nach dem vielen Regen. Wir stellen uns klebrigen Schlamm und verdrehte Knöchel vor und steigen wieder ein.

»Nur sieben Minuten.«

Diesmal sieht Bodie ganz verwundert aus, wie er aus dem Fenster in die im Sonnenlicht glühenden Blätter schaut.

»Ich nehme an, das ist ziemlich erstaunlich!« Ich seufze, als er versucht, auf meinen Schoß zu klettern.

Wieder am Boden angekommen, beginnt das Einzigartige dieser Sehenswürdigkeit erst. An jeder Ecke, um die wir biegen, steht eine andere Holzskulptur – schwungvolle, grob behauene und oft komische Entwürfe mischen sich mit zerfurchten Baumrinden und Farngewächsen.

Max the Axe zeigt einen muskulösen Mann, der gerade Stahl in einen Baumstamm hacken will, seine Oberschenkel und Unterarme sind moosbewachsen. Ich ziehe meinen Hut vor Ol Redthumb Robbie mit dem langen Bart und Sawdust McPherson mit seinen großen Stiefeln. Dann schnüffelt Bodie an der Schnitzerei eines riesigen Hundes mit Schlappohren, der auf einem Stock kaut; seine stumpfe Nase ist größer als Bodies ganzer Kopf.

Meinem Bruder würde all das sehr gefallen. Er ist ein genialer Holzschnitzer und Steinbildhauer. Es wäre so toll, wenn man Freunde und Familie herbeamen könnte, um bestimmte Momente mit ihnen zu teilen. Meiner Mutter hätte der Azaleenpark gut gefallen, meinem Vater der Golfplatz, an dem wir bei den Bandon-Dünen vorbeigekommen sind. Ich durchlebe gerade einen Teenager-Moment und habe plötzlich Heimweh. Das passiert mir nur, wenn ich mich emotional verletzlich fühle und mich nach dem Vertrautesten sehne. Aber warum jetzt? Ich schaue über meine Schulter, als ob eine düstere Vorahnung auf mich zukommen würde, und schüttle den Gedanken dann ab. *Es sind nur die Nerven*, beschließe ich. Nur ein harmloses Nervenflattern.

Als wir durch den Geschenkeladen zum Ausgang gehen, widerstehe ich der Versuchung von frischem Fudge und Bigfoot-Pantoffeln, und wir gehen schnell zur Tour Thru Tree. (Es wurde Tour Thru statt Drive-Thru genannt, da letzterer Name bereits von einer rivalisierenden Sehenswürdigkeit drei Stunden die Küste runter benutzt wurde.)

Ich mag solche eigenartigen Stopps wie diesen, auch wenn man sich dafür kilometerweit vom eigentlichen Weg entfernen muss und die eigentliche Aktivität dann nur ein oder zwei Minuten dauert.

Wir zahlen am Tor, fahren in den Wald und erreichen eine Lichtung, in der einigen Autos vor uns stehen und warten. Nacheinander fahren alle mitten durch den Baum, halten kurz an, springen heraus, machen ein Foto und fahren weiter. Es ist erstaunlich, dass so viele von diesen Straßenrandsehenswürdigkeiten in den 1960er- und 1970er-Jahren entstanden sind, da man denkt, dass sie eigentlich für Facebook und Instagram entwickelt wurden.

Während wir warten, bis wir an der Reihe sind, überfliege ich die Broschüre und bin überrascht, zu erfahren, dass dieser Baum noch lebt. Dies scheint wie eine passende Metapher – es kann einem ein großer Teil von sich selbst fehlen, sogar von den Wurzeln, und trotzdem kann man weiterleben! Mehr als das: Dieses scheinbare Loch in der Seele kann das sein, was einen einzigartig oder besonders macht.

Vielleicht muss ich die Vorstellung überdenken, dass man, wenn man verlassen wurde, weniger ist als vorher.

Ich freue mich zu sehen, dass nun alle anderen Autos weg sind und wir den Ort für uns alleine haben. Weniger ist in der Tat mehr.

Ich parke und lasse Bodie am Baumstamm herumschnüffeln. Obwohl es seltsam klingen mag, dachte ich, es könnte ihm gut gefallen, an so einen großen Baum zu pinkeln, als ob er anschließend unter Hunden damit prahlen könnte, aber ihm scheint nicht danach zu sein. Gemeinsam gehen wir also durch das, was im Grunde ein Holztunnel ist – 2,3 Meter breit und fast drei Meter hoch. Von hier kann man gut nachvollziehen, wie die Redwoods, die Küstenmammutbäume, zu ihrem Namen gekommen sind. Das feuchte Holz hat einen schönen rostigen Rotton, der mit grünen Sprengseln überzogen ist, die Rinde ist schnörkelig. Einst ist seine Spitze bei einem mächtigen Sturm abgeknickt, und er trägt die verkohlten Narben eines Waldbrandes, aber er steht immer noch, seit 725 Jahren – 725!

Bevor wir gehen, starre ich auf den Baum und dann in den scheinbar undurchdringlichen Wald und frage mich, wie die ersten Entdecker hier überhaupt ihren Weg gefunden haben. Und dann geht mir auf: Nicht nur diese Männer waren Pioniere – im Grunde ist niemand, der genau wie man selbst ist, jemals zuvor hier gewesen. Wenn man also Glück in echter Maßanfertigung erschaffen will, muss man seinen eigenen Weg schmieden.

Wie der spanische Dichter Antonio Machado sagte: »Wanderer, es gibt keinen Weg: Der Weg entsteht, wenn man ihn geht.«

Ich denke, es ist Zeit, dass ich die Vorstellung, immer wissen zu müssen, was als Nächstes passiert, loslasse. Wenn ich noch nicht dort war, wie kann ich es wissen?

Es gab eine Zeit, da fand ich es faszinierend, dass mein Leben eine unerwartete Wendung nehmen könnte. Das war der große, erstrebenswerte Nervenkitzel – bloß nichts Vorhersehbares! Ich frage mich, ob ich die Sorgen wieder durch die Neugier ersetzen könnte. Sie durch Hoffnung besiegen.

In der ersten Zeit mit Nathan, als er in Chicago war, bin ich zu einer Hypnotherapeutin gegangen, weil ich Schlafprobleme hatte. Ich machte mir ständig Sorgen, wie das mit unserer Fernbeziehung klappen sollte.

Sie sagte: »Sie sind Schriftstellerin – können Sie Ihre Vorstellungskraft nicht positiv einsetzen, anstatt all diese Worst-Case-Szenarien heraufzubeschwören?«

Sie hatte recht. Ich war ständig besorgt. Ich habe immerzu Tränen und Herzschmerz visualisiert.

Und es ist selbstverständlich sinnvoller, sich auf das zu konzentrieren, was man will, als auf das, was man nicht will.

Und nun möchte ich, mehr als alles andere, eine gemütliche Nacht.

Wegen unserer Zwischenstopps liegen wir hinter dem Zeitplan, aber ich denke, es ist besser, zu unserem geplanten Hotel zu fahren, vorbei an Big Lagoon, Fickle Hill und Eureka, wo wir ein riesiges Wandbild mit einem Husky in einem Hawaiihemd sehen.

Nur sechzehn Kilometer nach der Auffahrt auf die Avenue of the Giants verlassen wir die Autobahn und fahren durch die Dunkelheit zum *Benbow Historic Inn*. Verglichen mit unserem letzten elenden Motel, fühlt sich diese Unterkunft an wie eine verzauberte Burg. Oder, genauer gesagt, ein Herrenhaus im Tudor-Stil mit einem – aufgrund der grünen Umgebung – Hauch von *Kellerman's Resort* aus *Dirty Dancing*. Bodie und ich gehen die Haupttreppe hoch, wo wir von einem Hundepaar aus Stein begrüßt werden, das einen Fruchtkorb trägt. Ich nehme eine imaginäre Traube, und dann treten wir über die Schwelle in eine andere Welt.

»Oh, wow!«

Unsere Herzen erwärmen sich an dem Bild, das sich uns zeigt – und das nicht nur, weil hinter einem mittelalterlichen schmiedeeisernen Gitter ein Feuer flackert. Neben mehreren keuchenden Blasebälgen tanzt ein Hofnarr in Satinschuhen und mit einer Narrenkappe mit roten Bommelkügelchen. Und drüben beim Schachspiel steht ein riesiger Teddybär mit einem mächtigen Bauch und einer schief sitzenden Krone. Es scheint, als wären wir bei einem exzentrischen Onkel königlicher Abstammung angekommen.

»Ich habe mir schon gedacht, dass ich meinen Hermelin-Umhang hätte umwerfen sollen«, sage ich mir und zerre an meiner Fleecejacke.

Ich bin vielleicht ein wenig kaputt von der Reise, und meine Klamotten sind abgetragen, aber die beiden Abende zuvor habe ich auch erst gedacht, ich sehe zu zerzaust aus, und es war dann doch okay.

Die gute Nachricht ist, dass das *Benbow Inn* ein Zimmer für uns hat – die schlechte Nachricht ist, dass wir das Abendessen verpasst haben. Ich muss ziemlich niedergeschlagen aussehen, denn sie schlagen mir vor, mir doch noch etwas von den Resten zusammenzustellen. Ich hätte, ehrlich gesagt, auch einfach nur die Pfefferminzbonbons, die auf den Kopfkissen auslagen, gegessen, Hauptsache, ich musste nicht noch einmal ins Auto steigen.

Das übliche Entladen der Sachen aus dem Auto wird uns hier leicht gemacht, denn wir betreten unser Zimmer direkt von der Terrasse, die einen Blick über den weitläufigen Rasen und die stoischen Bögen einer alten Steinbrücke bietet. Im Inneren ist das Farbschema eine beruhigende Anordnung von Hellgrün, Bordeaux und Gold, versetzt mit warmem Holz. Art-déco-Lampen, gerahmte Radierungen und faszinierende Nachttische mit Marmorplatten, die aussehen, als wären sie aus einer alten Apotheke, zieren den Raum. Das Deko-Kissen wird sogar von einem goldenen gestickten B verziert.

Wenigstens für eine Nacht fühlen wir uns hier wie zu Hause.

Mein Abendessen aus Brotstücken und Dessertkuchen wird auf einem schweren Tablett mit Leinenservietten gebracht, und ich erhebe das Weinglas auf Bodie, während er knirschend frisst.

»Weißt du, ich denke, es wird alles gut«, sage ich. »Das Schlimmste ist vorbei.«

Alles, was wir tun müssen, ist, weiterhin nach den Schätzen des Lebens zu suchen, und mit Bodies anspruchsvoller Nase und meinen Google-Kenntnissen werden wir es uns sehr schön machen.

Als wir morgens aufwachen, früh, aber ausgeruht, herrscht keine hastige Atmosphäre wie sonst üblich. Motels bieten wenig Anreiz zum Verweilen, aber dieser Kokon aus ägyptischer Baumwolle ist etwas, das man auskosten will.

Bodie und ich dehnen uns ausgiebig und liegen dann da und fühlen uns sicher und verwöhnt. Es sind Momente wie diese, in denen ich mir wünsche, ich hätte etwas mehr Flexibilität eingeplant. Ich würde gerne den ganzen Tag hier verbringen. Ich würde mich gar nicht weiter wegbewegen wollen als bis auf die Terrasse. Ich möchte einfach nur dieses Gefühl verlängern – und es ist wunderbar, Bodie so entspannt zu sehen. Aber dann erinnere ich mich an unseren besonderen Nachmittagstermin – die Abschlussfeier der Blindenhunde in San Rafael.

»Lass uns zum Frühstück gehen und einen Spaziergang machen!«

Wir erkunden das Gelände, finden einen eigenen abgesicherten Hundebereich und gehen dann runter zum Eel River, einem tief liegenden Fluss, gesäumt von einer breiten Kieselfläche und immergrünen Pflanzen. Es gibt kein Zeichen von modernem Leben, und ich habe kurz das Gefühl, wir wären Goldsucher, die sich gleich an die Arbeit machen. Aber zuerst beschließt Bodie, seine eigene Ablagerung zu produzieren.

Und dann klingelt plötzlich mein Telefon. Ich verheddere mich mit der Leine, der Tasche und der Jackentasche, das Telefon gleitet mir aus der Hand und fällt auf die Steine, ganz nah am Wasser.

»Oh, meine Güte – hallo?« Ich halte es ans Ohr, ohne auf dem Display gesehen zu haben, wer anruft.

»Hallo du.«

Plötzlich stehe ich ganz still. Es ist Nathan.

Kapitel 35
Schutzengel

»W-wo bist du?« Ich stocke und fühle mich plötzlich benommen.

»In Russland«, antwortet er. »Ich habe nur ein paar Minuten.«

»Russland?« Ich sehe sofort ein Facebook-Foto vor mir, auf dem er mit Matrosenkollegen und einer atemberaubenden Schönheit an einem malerischen Ort posiert, und ich höre mich selbst fragen: »Sind die Frauen dort wirklich so schön?«

Denn das ist wirklich das, was ich wissen möchte, wenn wir nur ein paar wertvolle Sekunden Zeit zum Sprechen haben.

»Sie sind okay.«

Großartig. Ich bin eifersüchtig und stichle.

»Wo bist du?«, fragt er.

»In Nordkalifornien. Ich habe einen Roadtrip gemacht …«

»Ich bin in den Staaten.«

»Was?« Ich bin verwirrt.

»Ich bin nicht in Russland. Ich bin zurück in den USA.«

Ich schaue mich um, als könnte er mich hier überraschen, obwohl es kaum jemanden gibt, der weiß, wo ich gerade bin. Nicht einmal ich weiß es genau.

»Warum hast du gesagt, dass du in Russland bist?«, frage ich desorientiert.

»Ich habe nur Spaß gemacht.« Er lächelt deutlich ins Telefon. Ich nicht. Ich habe das Gefühl, dass mit mir gespielt wird.

»Ich bin in Virginia«, fährt er fort, »aber nächste Woche …«

»Ja?«

»Ich komme nach L. A.«

Vielleicht erwartet er einen Freudenschrei, aber stattdessen fühle ich mich in eine Ecke gedrängt, und meine Gedanken sind in Aufruhr.

»Ich dachte, du könntest mich vielleicht am Flughafen abholen …«

Mir wird schlecht. Er spricht von einem konkreten Treffpunkt. Und will mich als Erstes sehen. Ist das ein Date? Machen wir wieder weiter? Ich will was sagen, aber es ist zu spät, die Zeit ist um.

»Ich rufe dich am Mittwoch an«, sagt er. »Dann kann ich länger reden.«

Mittwoch. Zwei Tage.

»Muss auflegen!«

Nachdem wir früher alle unsere Telefonate mit »Ich liebe dich« und »Ich liebe dich auch« beendet haben, scheint es seltsam, sich nun zurückzuhalten und nichts Liebevolles zu sagen, nichts in Bezug darauf, wie ich mich fühle. Alles, was ich hinkriege, ist ein knappes »Tschüss«.

Für eine Weile stehe ich unter Schock.

Schließlich bemerke ich, dass Bodie mich anschaut, als wolle er sagen: »Und?«

»Ich weiß nicht, was ich sagen soll.« Ich zucke mit den Achseln. »Ich weiß nicht, was gerade passiert ist.«

Ich fühle mich, als ob ich die nächsten dreihundert Kilometer mit einem permanenten Stirnrunzeln im Gesicht fahre. Normalerweise nehme ich jeden Baum am Straßenrand wahr und sehe jeden Hinweis auf eine Sehenswürdigkeit – heute fahre ich den Redwood Highway in einem Zustand abgelenkter Irritation entlang, ohne das Majestätische der Landschaft zu würdigen.

Warum fühlt sich sein Anruf wie ein Einbruch an? Es ist so, als hätte ich gerade erst begonnen, die Vorteile einer Entgiftung festzustellen, um dann einen Teller mit Junkfood zu verschlingen und mir damit selbst zu schaden. Es ist typisch, nicht wahr? Als alles geschmiert lief (in meinen Gedanken), wollte er sich trennen. Jetzt, wo ich endlich damit klarkomme, dass wir getrennt sind, hat er einen raffinierten Weg gefunden, um das kaputt zu machen. Ich bin empört. *Er denkt, er kann einfach anrufen, und ich lasse alles fallen!* Das ist nicht die Person, die ich sein möchte. Ich will mich nicht in einem Zustand ständiger Beziehungswut wiederfinden. Plötzlich wird die Traurigkeit, die ich seit Monaten in mir getragen habe, mit der Realität konfrontiert. Ist dieser Mann wirklich der »Traummann«, als den ich ihn immer präsentiere? War es einfach, ihn so zu nennen, weil er gegangen ist? Ich meine, ich sitze hier und schaue die Straße hinunter und wünschte, er hätte nicht angerufen, wobei ich bis vor Kurzem die ganze Zeit darauf gewartet habe, dass er es tut. Ich habe seine Zärtlichkeit vermisst, aber was ich am Telefon gehört habe, war Überheblichkeit. Das hat mir nicht gefallen. Aber früher hat es das getan. Ich habe gelacht, als ich Leuten erzählt habe, er hätte die Louisiana-Manieren eines Gentlemans aus dem Süden und die Arroganz eines Texaners. (Die Orte, an denen er geboren und aufgewachsen ist.) Habe ich mich in diesen letzten Tagen wirklich so verändert, dass ich nicht mehr die gleichen Dinge möchte wie früher? Ich fühle mich jetzt eher überfallen als angebetet. Und irritiert. Sehr. Sehr. Irritiert.

Wie viel davon ist Wut auf mich selbst? Auf all die Beziehungsentscheidungen der letzten Jahre. Ich möchte mich nicht mehr so fühlen. Ich möchte mich nicht mehr verwirrt und durcheinander fühlen. Es muss einen besseren Weg geben …

Ich atme tief durch und versuche, mich wieder auf Bodie und auf unseren Roadtrip zu konzentrieren, und werde rund ums Napa Valley sentimental, als ich mich an Bodies sorgloses Laufen im

Chappellet Vineyard erinnere. Und dann, als wir an Santa Rosa vorbeikommen, erinnere ich mich, wie ich in dem verdunkelten Vorführraum im Snoopy-Museum saß und mir die alten Aufnahmen mit Charles M. Schulz angesehen habe.

»Du musst deinen eigenen Weg gehen«, murmle ich.

Plötzlich wünschte ich, ich könnte unsere ganze Reise noch einmal durchleben – noch eine Runde drehen und die guten Gefühle noch einmal erfahren.

Aber das sind eben die gemischten Empfindungen beim Reisen: all die wundervollen Erfahrungen, die man aber nicht festhalten kann. Allzu bald werden sie zu flüchtigen Erinnerungen. Und alles, was, man tun kann, ist, weitergehen, weiter zur nächsten.

Wir sind jetzt in San Rafael, der Heimat von Tupac Shakur, der zusammen mit dem Rapper Dr. Dre meinen Lieblings-Hip-Hop-Song geschrieben hat: »California Love«. Es gibt wahrscheinlich wenige Dinge im Leben, die so lächerlich sind, wie wenn ich Texte singe über Kugeln in meiner Brust, aber das Lied bringt mich immer dazu, mich auf der Tanzfläche richtig »zu schütteln«. Das, was ich Bodie auch immer sage, wenn er aus dem Wasser kommt.

Nach einem leckeren Gangsta-freien Essen bei *Panera Bread* bringe ich Bodie in eine Hundetagesstätte und fahre zu der Blindenhundeschule in der Los Ranchitos Road. Ich habe nicht erwartet, dass ich mich so uneins mit mir fühle, wenn ich hier ankomme. Ich wollte reichlich Bonhomie (und Bon-Hundie) ausstrahlen und ein Gefühl von Entschlossenheit, einen positiven, sinnvollen Beitrag für die Welt zu leisten. Aber stattdessen sitze ich im Auto auf dem Parkplatz, die Hände noch am Lenkrad, und versuche, mich ausreichend zusammenzunehmen, um überhaupt reingehen und mich der Gruppenführung anschließen zu können.

Herzschmerz scheint so eine triviale Emotion im Vergleich zu dem, was diese tapferen Seelen ertragen, obwohl man nur auf die Kunst schauen muss, um den Schmerz, abgewiesen oder achtlos behandelt worden zu sein, zu sehen – all die Heathcliffs und

Cathys, Romeos und Julias, Laras und Dr. Schiwagos, die halb verrückt geworden sind wegen ihrer Wünsche oder Trennungen. Natürlich ist das alles eine schreckliche Zeitverschwendung, und es bringt zu viele Tränen und schlechte Entscheidungen mit sich, aber es ist nicht zu leugnen, wie leidend ein Herz sein kann.

Ich erzähle das alles, um zu entschuldigen, dass ich während der Führung so abwesend bin. Ich tauche immer wieder ein und bin dann wieder raus – nehme fragmentarische Informationen auf, dann werden die Worte gedämpft, als ich wieder zurücksinke, verloren im Sog der Angst über die Auswirkungen von Nathans Rückkehr. Ich bin nicht mehr anwesend. Ich fühle mich, als wenn ich in zwei Teile geteilt wäre: Der eine Teil geht durch die reale Welt (der Gruppe folgend, dem Führer zunickend), und der andere Teil kämpft gegen sich in meinem Kopf.

Ich habe erfahren: Blindenhunde erhalten keine Staatsfinanzierung – alles wird durch die Unterstützung von Freiwilligen und Spendern ermöglicht. Die Dienste sind für den Kunden kostenlos, auch Weiterbildungen oder die ärztliche Versorgung der Hunde wird übernommen. Ich finde es erstaunlich, dass eine so renommierte Institution wie Guide Dogs for the Blind sich nur auf Wohlwollen und Großzügigkeit stützt. Und sie tut es mit Stil: intelligent gebaute Gebäude um einen gepflegten zentralen Bereich mit vielen sonnenfilternden Bäumen und pfotengefälligem Gras. Sie züchten aus ihrem eigenen Bestand Labrador Retriever, Golden Retriever und Kreuzungen aus beiden, die wegen ihres »ausgezeichneten Temperaments, ihrer Intelligenz und Gesundheit« ausgewählt wurden. Die Zwinger sind aus Beton, was ich nicht erwartet hätte. Aber ich habe großen Respekt vor denjenigen, die die Welpen aufziehen: Diese Leute bringen einen niedlichen Pelzball nach Hause, verwandeln ihn in über fünfzig Wochen in den ultimativen Assistenzhund und fangen dann wieder von vorn an mit einem neuen Welpen.

»Wird es mit der Zeit leichter, sich zu verabschieden?«, frage ich eine der Trainerinnen.

»Nein.« Sie schüttelt den Kopf. »Aber es lohnt sich immer.«
Wir nehmen im Auditorium Platz.

Bevor die Zeremonie beginnt, wird ein Video abgespielt, das das Leben einer jungen Frau zeigt, vor und mit einem Blindenhund. Ich bin beeindruckt davon, dass sie sagt, dass sie jetzt alles viel schneller machen kann. Stellen Sie sich vor, wie Sie in totaler Dunkelheit eine Straße entlanggehen und wie die gleiche Situation mit einem Hund ist, der den Weg klar sehen kann. Und was für ein Unterschied herrscht, zwischen dem Gefühl, verwundbar und allein zu sein oder dem einem Team zugehörig zu sein – immer jemanden an der Seite zu haben, der sich für einen einsetzt.

Nie schien Vertrauen eine wichtigere Komponente einer Beziehung zu sein. Habe ich das mit Nathan? Oder gehe ich mit ausgestreckten Armen, unfähig zu sehen, was vor mir liegt, und versuche, nicht mit dem Knie anzustoßen – oder mit dem Herz. Auch wenn es eine Illusion ist, dass man mit dem Partner allen Widrigkeiten trotzen kann, zumindest will man fühlen, dass man zusammen in einer Sache ist. Ich habe früher Trost in seiner Anwesenheit gefunden, aber jetzt fühlt sich sogar unser bevorstehendes Telefonat an wie eine Bedrohung für mein Wohlbefinden.

Und dann beginnt die Zeremonie. Ich sehe die Leute, die liebevoll ihren Blindenhund vom Welpenalter an erzogen haben, sie bringen ihn nach vorne und übergeben ihre Verantwortung dem neuen Besitzer mit so viel Anmut und Freude, weil sie wissen, dass sie das Richtige tun – *obwohl Ihnen das Herz gleichzeitig bricht.*

Jeder, der eine kleine Rede hält, bestätigt, dass er fühlt, dass dieser besondere Hund die perfekte Ergänzung für die Persönlichkeit des neuen Besitzers ist. Weil diese Dinge wichtig sind. Eine gute Übereinstimmung ist, was den Erfolg des Duos bestimmen wird.

Ich bemerke, dass ich dabei nachdrücklich nicke, während ich mir die Augen tupfe.

Die Zeremonie ist zu Ende, und die Kunden und ihre Hunde gehen jetzt nach Hause und beginnen zusammen ein neues Leben – ein Leben mit »mehr Inklusion, mehr Chancen und mehr Unabhängigkeit« durch die »Optimierung der einzigartigen Fähigkeiten von Menschen und Hunden«.

Ich klatsche inbrünstig und seufze dann lange voller Bewunderung. Das ist so eine Demut lehrende Erfahrung. Ich will mehr tun, um in der Welt von Nutzen zu sein, aber jetzt gehe ich erst mal zum Geschenkshop, um meine Spende zu hinterlegen. Ich bleibe kurz im Hof stehen und denke an all das Gute, das mir widerfahren ist – das ist immer die klügere Wahl, als aufzulisten, was man nicht hat.

Ich bin ein bisschen früh dran, um Bodie abzuholen, also nutze ich die Gelegenheit und schreibe Sam eine E-Mail, um zu hören, wie es mit ihren Plänen, mit Marcus zusammenzuziehen, aussieht. Sie würde ihre Wohnung in Greenwich vermieten und zu ihm nach Surrey ziehen. Sie scheint sich – fröhlich und ohne Zweifel – auf der Überholspur zu befinden. Aber als ich ihr von meiner Situation berichte, weiß sie auch nicht recht, zu welchem Schritt sie mich ermutigen soll.

Einerseits sagt sie: »Ich denke, es ist zu blöd, dass es mit euch beiden nicht geklappt hat. In einer Beziehung steht einem immer noch ein kilometerlanger Lauf bevor, man muss nur wagen, sich darauf einzulassen, meinst du nicht auch? Es war eine große Veränderung in deinem Leben, einen so wunderbaren Mann zu treffen – es ist eine Schande, nicht auszuprobieren, ob es nicht doch klappen könnte …«

Als ich ihr meine Bedenken schildere, sagt sie: »B, es ist dein Leben, und du kannst so glücklich werden, wie du es willst. Du bedeutest mir sehr viel und dir selbst auch – sei glücklich in allem, was du tust, und wenn du dich dabei nicht glücklich fühlst, dann bedanke dich bei ihm für eure gemeinsame Zeit und lass ihn gehen. Dann ist Platz für jemand Neues, mit dem du wirklich glücklich sein kannst.«

Ihre beiden Punkte machen Sinn. Aber ich fühle mich gleichermaßen in zwei verschiedene Richtungen gezogen und gerate in eine Sackgasse.

Natürlich gibt es aber einige Dinge im Leben, die wunderbar einfach sind.

»Es tut mir immer gut, dich zu sehen«, sage ich Bodie, als wir zurück zum Auto gehen. »Und ich möchte, dass du weißt, dass ich immer so gut für dich sorgen werde wie für mich.«

Was auch bedeutet, ihn nicht in emotional verwirrende Situationen zu bringen. Wenn ich jemals daran erinnert werden musste, dass die Gefühle der Hunde auf die ihrer Besitzer abgestimmt sind, dann ist das heute geschehen.

Kapitel 36
Die Reise mit Charley

Wir übernachten in einem eleganten, geräumigen Loft in der Silicon-Valley-Stadt Cupertino alias Apple HQ. Das ikonische Symbol taucht an jeder Straßenecke auf, und nach einem emotional so aufgeladenen Tag fühlt es sich ansprechend gut an, dort zu übernachten.

Aber der Morgen kommt viel zu früh.

»Hausservice!« Es klirrt an der Tür.

Ich rufe, dass wir in Kürze gehen, aber ich scheine nicht gehört worden zu sein, denn die Servicekraft kommt herein, was dazu führt, dass Bodie aufspringt und anfängt zu bellen. Die Frau schreit »Pitbull!« und rennt den Flur entlang. Bodie denkt, das ist eine Art Spaßfangspiel und läuft ihr nach. Ich beginne den Tag joggend, und mir wird klar, warum ich diese Art des Wachwerdens nicht zur Gewohnheit werden lasse.

Nach all der nervigen Hysterie kommt es dazu, dass ich genau den Gegenstand, für den diese Stadt berühmt ist, im Hotel vergesse: meinen Apple-Laptop, den ich zum Akkuaufladen neben das Bett gelegt hatte. Schlimmer noch, wir sind bereits drei Stunden unterwegs, als ich es merke.

»Oh, mein Gott – nein!«

Ich halte an, rufe an der Rezeption an, mein Herz pocht. Nach einer Reality-TV-typischen Pause sagen sie mir, dass sie ihn sicher verwahrt haben und ihn mir nach L. A. schicken. Ist zwar ziemlich blöd alles, aber was kann ich tun? Umzukehren würde noch sechs Stunden Fahrzeit an diesem Tag bedeuten, und, selbst wenn ich es könnte, Bodie würde das nicht aushalten.

Wenn ich es nur schon gemerkt hätte, als wir zum Mittagessen in Salinas angehalten haben.

Salinas hat eine Bevölkerungszahl in einer Größenordnung wie Slough, hat aber den Spitznamen »Salatschüssel der Welt« wegen seiner großen Salatproduktion. Sie zählt zu den Städten Kaliforniens mit der reinsten Luft, aber sie hat auch, aufgrund von Bandenkriminalität, die höchste Jugendmordrate der USA. Warum also sind wir hier? Nun, Salinas ist der Geburtsort (und die Grabstätte) von Pulitzer- und Nobelpreisträger John Steinbeck, Autor von *Früchte des Zorns*, *Von Mäusen und Menschen*, und, am wichtigsten für Bodie und mich: *Die Reise mit Charley*.

Dieses Memoire über seine amerikanische Rundreise durch ganz Amerika, die er mit seinem Pudel Charley unternommen hat, wurde 1962 veröffentlicht und hat nach über fünfzig Jahren nichts von seiner Schärfe eingebüßt: »Bei allen unseren miteinander verwobenen Rassen aus allen Teilen der ethnischen Welt sind wir eine Nation, eine neue Rasse.«

Amerikanisch.

Er glaubt, dass unabhängig davon, wo man in diesem großen Land lebt oder was das Herkunftsland sein mag, »Amerikaner« zu sein, alles andere außer Kraft setzt.

Interessant.

Wir hatten gehofft, in dem Gebäude zu essen, in dem Steinbeck aufgewachsen ist – dem hübschen Steinbeck-Haus im viktorianischen Stil. Sie haben dort einen kitschigen Speisesaal für die Öffentlichkeit zugänglich gemacht, aber es gibt keinen Außenbereich mit Sitzplätzen, also gehen wir zu *Elli's Great American Restaurant*, das eine Miniaturfreiheitsstatue auf der Veranda stehen hat.

Ich betrete den lichtdurchfluteten, hundefreundlichen Wintergarten und erwarte beinahe, die Golden Girls zu sehen, wie sie Käsekuchen essen zwischen den weißen Korbmöbeln und dem Formschnittgarten. Es ist eine ganz andere Welt als der ungeschönte Realismus in Steinbecks Geschichten, aber wir sind auch nur eine halbe Stunde von Carmel entfernt. Von wegen *Jenseits von Eden*. Eine Straßengabelung und zwei vollkommen unterschiedliche Welten! Die eine Route führt zu einem Existenzkampf, die andere zu extremen Privilegien. Man muss vorsichtig sein mit den Entscheidungen, die man in Eile trifft – »Ja« und »Nein« sind so kleine Worte, aber hier sieht man, wohin sie führen können. Ja dazu, Nathan am Flughafen abzuholen und mich in seine schönen Arme fallen zu lassen? Oder nein dazu. Seinen Reizen widerstehen und weitermachen auf meinem neuen Weg, ohne zu wissen, wohin er führt?

»Was kann ich Ihnen bringen?«

Ich schaue zum quietschfidelen Kellner. Oh, ich bestelle ein Stück emotionale Klarheit mit einer Portion Zurückhaltung! Stattdessen begnüge ich mich mit einem Zucchini-Sandwich und einem Eistee, und kehre zurück zu *Die Reise mit Charley.*

Steinbeck unternahm die 16 000-Kilometer-Reise aus hauptsächlich zwei Gründen: Erstens, um wieder in Kontakt mit dem amerikanischen Volk zu treten, damit er besser darüber schreiben konnte, und zweitens (laut seinem Sohn), weil er im Alter von achtundfünfzig und mit einer Herzerkrankung noch einmal vor seinem Tod sein Land sehen wollte.

Als er seine Frau Elaine fragte, ob er Charley mit auf die Reise nehmen könnte, sagte sie: »Das ist eine gute Idee. Wenn du Ärger bekommst, kann Charley Hilfe holen.« Darauf antwortete er: »Elaine, Charley ist nicht Lassie.«

Er hat seine Route nicht um Charley herum geplant, so wie ich mit Bodie, aber der betreffende Pudel kommt dazu, Bären im Yellowstone anzubellen, weigert sich, an die Mammutbäume zu pinkeln (dito Bodie), und lässt eine Dose Hundefutter für die Kojoten der Mojave-Wüste liegen.

Ich greife nach zwei Süßkartoffelpommes – eine für mich, eine für Bodie – und versuche, den Wunsch zu unterdrücken, er könnte reden, weil ich ihm so viele Zeilen vorlesen und sagen möchte: »Klingt das nicht genau wie bei uns?«, besonders wenn Steinbeck von »einem brennenden Wunsch zu gehen, sich zu bewegen, loszukommen, irgendwohin, weg von jedem Hier.«

Ganz zu schweigen von der Sinnlosigkeit, sich Notizen zu machen – »wenn ich es tue, verliere ich sie entweder oder ich kann sie nicht entziffern.«

Jedes Mal, Kollege, jedes Mal!

Zurück auf dem Freeway 101, merke ich, dass wir an so vielen Highlights unserer Reise vorbeifahren – Big Sur, Moonstone Beach, Cambria –, und ich bekomme das deutliche Gefühl, dass ich mich kopfüber in ein Entweder-oder-Dilemma gestürzt habe: Entweder ich entscheide mich für Nathan, oder ich entscheide mich für alle Naturwunder, für die mir Bodie die Augen geöffnet hat. Was seltsam ist: Warum kann ich nicht Nathan haben *und* diese neue Begeisterung? Warum fühlt es sich so an, dass ich, wenn ich mein Herz für Nathan öffne, es für alles andere schließe?

Als wir an Santa Maria vorbeifahren, erinnere ich mich an meinen Lieblings-Promi-Lebenscoach – Marie Forleo –, die empfiehlt, wann immer man eine knifflige Entscheidung zu treffen hat, sich »mit den inneren Organen abzusprechen«, um Klarheit zu schaffen.

Ich atme tief ein, atme aus und stelle mir dann vor, mit Nathan zusammen zu sein. Sofort fühle ich mich eingeengt, nervös, unsicher, aufgewühlt, mir ist sogar übel. Hmmm …

Und dann erinnere ich mich daran, wie ich mich gefühlt habe, als ich durch Big Sur gefahren bin: stark, voller Optimismus und so, als ob ich noch einen drauflegen könnte, als ob ich noch größer, wilder, freier träumen könnte …

Und so muss ich mich fragen, warum ich jetzt, wo ich den Zyklus, meiner eigenen Bedürftigkeit ausgeliefert zu sein, durchbrochen habe, in diesen Zustand zurückkehren sollte. Immer nur warten und flehen und reagieren.

Ich schaue zu Bodie, aber er döst.

Ich schalte das Radio ein und wieder aus. Mein Inneres ist aufgewirbelt, als ob etwas in mir arbeitete und mich veränderte. Die quälende Frage scheint zu sein: »Selbst wenn ich weiß, was ich zu tun habe, habe ich mich genug verändert, um es auch durchziehen zu können?«

Nur wenn ich an Nathans morgigen Anruf denke, fühle ich eine innere Nervosität, als würde ich auf medizinische Testergebnisse warten. Wie seltsam, dass, obwohl die Entscheidung in meinen Händen liegt, ich mich immer noch nicht in der Lage fühle, zu sagen, wie es ausgeht.

Als könnte ich mir selbst nicht trauen, für mein eigenes Wohlbefinden zu sorgen.

Auf der anderen Seite gibt es keinen besseren Ort, um die Realität wegzuschieben als Solvang: ein Dorf in dänischem Stil erbaut, das sich im Santa Ynez Valley versteckt. Es ist so hygge, dass es sich anfühlt wie eine zum Leben erweckte Spielzeugstadt.

Kapitel 37
Ein märchenhaftes Ende

Wir checken in ein mit Lichterketten bespanntes und von einem klobigen Holzwikinger bewachtes Motel ein, dann spazieren wir an dem Restaurant *The Little Mermaid* vorbei, an einer Windmühle mit roten Segeln und einigen Boutiquen, die aussehen, als würden sie von Elfen und Wichtelmännern geführt.

Solvang wurde 1911 von dänischen Einwanderern gegründet. Sie waren vor der Kälte der Ostküste hierhergeflohen (die meisten von ihnen hatten sich ursprünglich in Staaten wie Minnesota und Iowa niedergelassen), und ihre zweite Heimat ist zu einer bedeutenden Touristenattraktion geworden, die erst kürzlich von *USA Today* auf die Top-Ten-Liste mit den besten historischen Kleinstädten in Amerika gehievt wurde. Der Name bedeutet auf Dänisch »sonnige Felder«, und das Wetter ist in der Tat herrlich, aber das mindert nicht die festliche (Winter-)Stimmung. Ich spähe durch das Fenster des Geschenkeladens Jule Hus (»Wir feiern Weihnachten das ganze Jahr über seit 1967!«) und schmunzle wegen einer dünnbärtigen Nussknackerarmee, als Bodie mich zu einer Wiese zieht, in deren Mitte eine bronzene Statue steht.

»Hans Christian Andersen!« Ich lächle und betrachte die Züge des Mannes, den ich mir immer als Danny Kaye vorgestellt habe, seit dieser in die Rolle des Geschichtenerzählers im gleichnamigen Musical geschlüpft ist.

Zu seinen bekanntesten Märchen gehören *Das hässliche Entlein*, *Däumelinchen* und *Des Kaisers neue Kleider*, aber ich denke, die Geschichte, die am besten zu Bodie passt, ist *Das Feuerzeug*.

Sie erzählt von der Begegnung eines Soldaten mit drei Hunden, die auf Kisten aus Kupfer, Silber und Gold sitzen.

»Der erste Hund, den er trifft, hat so große Augen wie Teetassen, der zweite hat Augen so groß wie Mühlräder, und der dritte hat Augen so groß wie runde Türme!«, sage ich und blicke in Bodies glänzende braune Augen.

Man kann sie herbeirufen, indem man ein Streichholz anzündet, und dann, ähnlich wie bei Aladins Lampe, erscheint ein Hund und fragt: »Wie lauten die Befehle meines Herrn?« Ich frage mich, was ich mir wünschen würde für Nathan? Es scheint so ein schreckliches Klischee – die Frau, die sich wünscht, dass ein Mann sie liebt. Vielleicht wäre es besser, mir eine wahre Liebe zu wünschen, anstatt eine halbherzige Seele überzeugen zu wollen? Oder sollte ich mir einfach wünschen, dass ich die Situation akzeptiere?

Ich ducke mich neben Bodie. Vielleicht ist mein Wunsch schon wahr geworden: Dieser pelzige Kerl ist alles, von dem ich nicht wusste, dass ich es wollte oder brauchte. Und so viel mehr.

Und nur um das zu beweisen, führt er mich zum Abschluss unserer hundethematischen Reise zum perfekten Abendessen aus: die *Wandering Dog Weinbar*.

Ein gründliches Schnüffeln rund um die Terrakottatöpfe auf der Terrasse enthüllt einen Hund aus Korken und Stroh mit großen, grünen Weinflaschenböden als Augen.

»Wie aus *Das Feuerzeug*!«, stelle ich fest und trete mit Bodie unter eine burgunderfarbene Markise und in den warmen Innenraum.

Die anderen Weintrinker und Verkoster sitzen auf hohen Stühlen an der Bar; wir machen es uns auf dem niedrigen Sofa bequem, so kann ich auf Bodies Höhe sitzen. Und er wiederum auf Augenhöhe mit der Käse- und Crackerauswahl.

Während ich an meinem Syrah nippe, erfahre ich, dass die Bar *Wandering Dog* nach einer gewissen, aus dem Tierheim stammenden Hündin namens Mazzey benannt wurde: Die Barbesitzer Jack und Susan Williams haben sie als Gefährtin für ihren »wilden« Neufundländer geholt, und zunächst schien sie zufrieden mit ihrem Leben im Haus der Familie. Aber in einer Nacht hatte ein wilder Sturm den Gartenzaun umgeworfen, und so traf sie zum ersten Mal auf die Nachbarn. Ihre Verbindung zu den beiden kleinen Nachbarjungen war so stark, dass Mazzey, sobald der Zaun wieder repariert war, einige Zaunbretter auseinanderschob, um zu ihnen gelangen zu können. Kaum war dieses Loch repariert, machte sie ein neues. Jack reparierte den Zaun Dutzende Male, dann gab er auf und baute eine Hundetür in den Zaun ein. Mit der Zeit dehnte sich Mazzeys sozialer Kreis weiter über die ganze Nachbarschaft aus, und es heißt, die Nachbarn konnten ihre Uhren nach ihren täglichen Besuchen stellen.

Ich könnte mir vorstellen, dass Bodie auch der Typ für solche Hausbesuche wäre, um zusätzliche Aufmerksamkeit zu bekommen – bei der genauen Zeitmessung bin ich mir aber unsicher.

»Na, wer ist denn dieser hübsche Kerl?«

Und schon läuft er los und in die ausgestreckten Arme eines jungen Paars.

Wir drei Menschen sprechen dann für den Rest des Abends über Hunde, und ich bin beschwingt und zufrieden, mit Fremden so problemlos in Kontakt treten und kommunizieren zu können und mich mit der Welt verbunden zu fühlen, im Gegensatz zu der Enge einer Beziehung.

»So, mein Lieber, bist du bereit, morgen nach Hause zu fahren?«, frage ich Bodie, als wir zurück zum Motel schlendern.

»Zu Hause?« Seine Ohren spitzen sich.

»Richtig – noch eine letzte Fahrt und wir haben unsere dreitausend Kilometer geschafft.«

Kaum sind wir im Zimmer angekommen, rollt er sich auf dem Boden wie im Delirium.

»Feiern wir?«, frage ich, als ich mich neben ihn hocke.

Er dreht sich und bietet mir seinen Bauch an. Ich streichle über sein blassgoldenes Fell, tätschle seinen Brustbogen, und dann kratze ich ihn mit den Fingernägeln an den Rippen, bis sich seine Augen schließen und er schlummert.

»Komm schon, Zeit für ein letztes Mal schlafen.«

Als wir in unser sechzehntes Bett steigen, erinnere ich mich an ein anderes Märchen von Hans Christian Andersen aus meiner Kindheit: *Die Prinzessin auf der Erbse*. Nicht einmal die größte Anzahl an Matratzen konnte die kleine Erbse abpolstern. Ich kenne dieses Gefühl. Und doch … Heute Abend, als Bodie und ich uns zusammenkuscheln, sein Körper entlang meines Beins ausgerichtet, mir Wärme und Zusammengehörigkeit vermittelnd, bin ich nicht mehr so besorgt darüber, dass morgen der letzte Tag der Reise ist, oder über die Tatsache, dass Nathan anrufen wird.

Mir geht es fast gut.

Einer der Vorteile des Aufenthalts im *Solvang Inn* ist, dass man einen Gutschein für ein kostenloses Gebäck und heißes Getränk im *Olsen's Bakery & Coffee Shop* auf der anderen Straßenseite bekommt.

Ich kann mir keinen schöneren Start in den Tag vorstellen, als diese blättrigen, gewundenen, leichten, strudelartigen, zuckerbepuderten Köstlichkeiten anzusehen. Ich wähle etwas aus, nehme meinen Kaffee und setze mich mit Bodie an einen der kleinen Außentische, in den Sonnenschein des neuen Tages.

Ich habe gerade einen zweiten Bissen von meinem Gebäck genommen, als das Telefon klingelt und ich mit klebrigen, marmeladigen Fingern über das Display fahre.

»Hallo!«

»Hallo!«

Ich lächle – nein, *strahle* –, als ich Nathans Stimme höre. Etwas hat sich verändert. Ich fühle mich nicht mehr bedroht – ich erkenne eine Wärme und Verspieltheit in seiner Stimme, die mich in unsere fröhliche frühe Zeit zurückversetzt. Und außerdem: Wie könnte etwas Schlimmes in Solvang passieren?

»Also, willst du mich vom Flughafen abholen?« Ich höre die neckische Selbstsicherheit in seiner Stimme. Er weiß, was ich antworten werde – wie kann ich dem Mann widerstehen, den ich liebe?

»Natürlich!« Mein Herz jubelt, alle Vorsicht und Sorge ist verpufft. »Sag mir einfach die Uhrzeit und das Datum, und ich werde da sein.«

Plötzlich scheint es so einfach – diese ganze Angst war umsonst, alles wird gut! Worüber habe ich mir Sorgen gemacht? Was für eine Dramaqueen ich nur bin! Und zu denken …

»Nur um das klarzustellen …«, beginnt er.

»Ja?«

»Es hat sich nichts verändert. Ich kann dir immer noch keine Versprechen machen. Meine Verpflichtung gilt der Marine – sie steht an allererster und allerwichtigster Stelle, und ich muss mich immer zur Verfügung halten.«

Ich merke, wie ich in einen Abgrund stürze. Obwohl ich sicher sitze, fühle ich den dumpfen Aufschlag.

»Es wäre einfach nur schön, dich zu sehen, ein bisschen Spaß zu haben …«

Da haben wir's: Das ist ein Anruf mit sexuellen Avancen. Ein geplanter Beuteanruf.

»Wenn du damit einverstanden bist?«, fragt er.

Da bemerke ich, dass Bodie mich am Knie anstupst, seinen Kopf seitwärtskippt, um die Gebäckflocken aufzulecken, die auf meinem Bein liegen.

Krümel – ich lasse mich wieder auf Krümel ein!

»Eigentlich …« Ich schwanke, gehe tief in mich. Ich muss das tun … Ich muss das sagen. »Tut mir leid, Nathan. Ich lag falsch. Ich werde dich nicht abholen können.«

»Willst du mich nicht sehen?«

»Doch, natürlich, und du weißt, dass ich es will, aber es wäre zu zerstörerisch, noch einmal alles durchzugehen.« Allein der Gedanke daran zerreißt mich schon. »Dich zu sehen und alles zu fühlen, und dann gehst du wieder ...« Meine Stimme zittert. »Ich schätze deine Ehrlichkeit, und ich denke, es ist schön für dich, wenn du deine Gefühle so aufteilen kannst, aber ich kann das nicht. Ich bin so nicht gemacht. Ich kann es einfach nicht.«

Schweigen.

Und dann: »Das ist also deine Entscheidung?«

»Ja«, sage ich. »Ich denke, es ist die richtige. Ich bin mir sicher, du kannst das verstehen?«

»Ja.« Er klingt jetzt kleinlaut.

Ich möchte durch das Telefon greifen können und ihn umarmen. Das ist lächerlich! Wir sollten zusammen sein – wir wollen zusammen sein! Was spielen wir denn für ein Spiel, wenn wir uns die Rücken zukehren?

»Okay, gut ...«

Wir verabschieden uns, und es klingt sowohl unsicher als auch endgültig.

Als ich auflege, taumle ich. *Was habe ich getan?*

Ich schnappe mir Bodies Leine, und wir gehen zurück zum Hotelzimmer, denn ich erwarte einen Tränentsunami.

Aber er kommt nicht.

Ich bleibe neben der Tür stehen und sehe mich um, als könnte ich einen Hinweis dafür in den alten Einrichtungsgegenständen finden. Habe ich einen emotionalen Kurzschluss? Ich schaue auf die Uhr. Wir müssen bald auschecken – wenn ich noch zusammenbrechen will, dann jetzt, denn es ist nicht mehr viel Zeit.

Immer noch nichts.

Vielleicht stehe ich unter Schock. Das passt nicht zu mir, nicht zu weinen. Ich weine immer.

Und dann kommt mir der Gedanke: *Fühlt es sich etwa so an, wenn man eine gute Entscheidung getroffen hat?*

Ist das die große Belohnung für den Verzicht auf sofortige Befriedigung im Gegenzug zu langfristigem Wohlbefinden? Ich fühle mich immer noch ein bisschen zittrig, aber mehr auch nicht.

Ich hätte nicht gedacht, dass ich Nein sagen könnte. Nicht nur zu ihm, sondern auch zu der Seite in mir, die immer nach Liebe strebt, egal wie schmerzhaft die Folgen sind. Natürlich verneine ich damit nicht für immer die Liebe. Es ist kein »Nie wieder!«– es ist nur ein Nein zu diesem Mann mit diesem Angebot. Ein Angebot, das dazu führen würde, dass ich mich schlechter fühle. Also muss ich mich jetzt nicht schlechter fühlen. Ich kann stattdessen etwas anderes fühlen.

Wow.

»Wir haben es geschafft!« Ich drehe mich um und umarme Bodie. »Wir haben genau das getan, was wir uns vorgenommen hatten: einen Ausflug zu einem besseren Ort!«

Plötzlich fühlt es sich nicht schlimm an, nach Hause zu gehen, denn wir haben jetzt ein ganz neues Leben zu leben.

Ich blicke Bodie von der Seite an, als wir das Auto packen.

»Wusstest du, dass es eine Stadt namens Bodie gibt? Sie liegt in der Nähe des Yosemite National Park.«

Er neigt seinen Kopf zur Seite. »Wirklich?«

»Es ist eine Geisterstadt, also kann man nicht wirklich dortbleiben, aber es ist nur ein paar Stunden vom Lake Tahoe entfernt. Dort wollte ich schon immer mal hin …«

Er lächelt. Ich lächle.

»Ich sag's bloß …«

Bodie und Belinda haben seitdem dreißig US-Bundesstaaten zusammen bereist und betreiben eine Hunde-Reisewebseite namens Bodie on the Road.

Über die Autorin

Belinda Jones ist Journalistin, Bestsellerautorin und preisgekrönte Bloggerin.

Sie hat über eine halbe Million ihrer eskapistischen Reiseromane verkauft, die die Leser auf romantische Reisen von Italien bis nach Tahiti mitnehmen. Die in Kuchenuntiefen vordringenden Recherchen für ihr Buch *The Traveling Tea Shop* hat sie sehr gemocht, aber ihr Karrierehöhepunkt war unter den ersten zehn Autoren auf der *Sunday Times*-Sachbuchliteraturliste zu stehen – neben ihrem Vorbild Bill Bryson, der sie zu ihrem ersten amerikanischen Roadtrip inspiriert hat.

Belinda und Bodie erkunden derzeit die schlammigen Wunder von Devon, aber ihre Herzen gehören der paradiesischen Insel Coronado in Kalifornien, wo sie bei ihren Morgenspaziergängen oft Delfine und nackte Navy-Einsatzkräfte sehen.

Belindas neueste Idee ist, eine Hundefarm in Colorado zu eröffnen, wo Hunde tagsüber frei herumlaufen, dann ein Abendessen am Lagerfeuer genießen, bevor sie von einem Cowgirl in den Schlaf eingelullt werden, das unter dem Sternenhimmel Melodien von Doris Day singt.

Über den Hund

Bodie wurde als Streuner in der Unterwelt von Los Angeles aufgegriffen, von Pryor's Planet (die von Richard Pryors Witwe Jennifer geleitete Organisation) gerettet und von der britischen Autorin Belinda Jones adoptiert.

Es gibt endlose Spekulationen über Bodies Zuchterbe – er hat die violette Zunge eines Chow-Chow, den Unterbiss einer Bulldoge, aber am ehesten ähnelt er einem Carolina Dog alias dem Amerikanischen Dingo.

Bodie liebt es, am Strand zu toben, Karotten zu zerknirschen und sich mitten auf der Straße fallen zu lassen, sich auf den Rücken zu winden und sich über jeden zu freuen, der ihn am Bauch kratzt.

Sein Ziel ist es, einmal im *Dog Bark Park Inn* in Cottonwood, Idaho, zu übernachten – ein neun Meter hohes hölzernes Gasthaus in Form eines Beagle.

Über den Blog

Der Blog »Bodie on the Road« ist ein Leitfaden für Hundereisen.

Neben einer Vielzahl von Fotos von dieser Reise durch Kalifornien und Oregon bietet der Blog:

- Hundefreundliche Reiseziele – zu malerischen Orten in den USA und Großbritannien.
- Mode für den Spaziergang mit dem Hund – inklusive Hundemotiv-Pullover und zusammenpassende Outfits für Hunde und Menschen.
- Bodies Bücherregal – Romane, Memoires und Reiseführer rund um Hunde.
- Unterwegs mit … – aufschlussreiche Interviews mit Internet-Hundestars und Prominenten aus der Haustierbranche.
- Hundeleckerli – Leckerlis, die man auf Reisen dabeihaben sollte!
- Hundetipps – einschließlich Autofahren mit Hunden und wie Sie die besten Fotos von Ihrem vierbeinigen Freund schießen.
- Plus viele lustige Posts wie »Die zehn süßesten Bernhardiner-Geschenke am Genfer Flughafen« und »Die zwölf schönsten Hundekotbeutel-Spender in Amerika«.

www.bodieontheroad.com
Instagram: @bodieontheroad

Top-Tipps rund ums Reisen mit Hund

Zehn Reisebegeisterte geben ihre besten Ausflugstipps:

Lucy Postins, Gründerin von *The Honest Kitchen*
Kleinere und häufigere Mahlzeiten können das Risiko, reisekrank zu werden, verringern. Wenn Sie ein bisschen getrockneten Ingwer oder Ingwertee einer leichten Mahlzeit vor der Abreise beimischen, kann das für Haustiere, die anfällig für Reisekrankheiten sind, von Vorteil sein. Für manche Hunde ist es besser, sie bekommen vor der Fahrt nichts zu fressen.

Dr. Roger Mugford, Tierpsychologe, Autor, Trainer der Corgis der Queen und Gründer von *The Company of Animals*
Wählen Sie die richtige Automarke – ein Porsche oder Lamborghini ist nicht hundefreundlich! Stellen Sie sicher, dass das Auto eine gute Klimaanlage hat und viel Platz, damit der Hund sich ausstrecken kann. Beginnen Sie früh mit dem Training eines Welpen, und bringen Sie ihm bei, dass das Autofahren (normalerweise) ein Happy End hat. Und schließlich: Achten Sie darauf, dass Ihr Hund sicher ist, entweder in einem geeigneten, dafür vorgesehenen Verschlag oder, bei größeren Hunden, mit einem eng anliegenden und robusten Gurt.

Nikki Star von @wtfrenchie
Halten Sie immer eine Wasserflasche und eine tragbare Wasserschüssel bereit, weil Hunde in Autos besonders durstig werden können. Ich habe auch immer etwas zum Kauen dabei, falls ihnen langweilig wird.

Carol Bryant von *Fidose of Reality & BlogPaws*

Heften Sie ein kleines Schild mit temporären Informationen wie die Hoteladresse und Ihre Handynummer an das Hundehalsband, damit Sie schnell erreicht werden können, falls er/sie mal verloren geht. Sie können das Schild ganz einfach selbst basteln: Es besteht aus einer durchsichtigen Hülle und einem auswechselbaren Einsatz. Die Utensilien finden Sie in jedem Bastelladen. Der Vorteil: Sie können die ganzen Schilder einer Reise sammeln und haben dann zur Erinnerung die zusammengestellte Reiseroute.

Teresa J. Rhyne, Bestsellerautorin von *Mein Hund hat überlebt und das werde ich auch*

Wenn es eine lange Reise wird, legen Sie die Stopps vorher fest. Dies ist besonders wichtig für Percival, der schnell reisekrank wird, aber auch Daphne schätzt es sehr, ein bisschen herumzulaufen und neue Dinge zu erschnüffeln – das ist sehr wichtig für einen Beagle!

Rachel Oates, Fotografin @winnythecorgi

Meine Kamera hängt immer um meinen Hals. Hunde können sehr unberechenbar sein, und es kann herzzerreißend sein, wenn man die Situation nicht dokumentieren kann! Ich empfehle auch, sich beim Fotografieren auf die Höhe Ihres Hundes zu bewegen und ihn nicht von oben abzulichten – so beziehen Sie auch die Umgebung besser ein!

Crusoe der Promi-Dackel

Ich habe drei Hundetaschen, die ich auf jede Reise mitnehme: eine für das Flugzeug, eine Umhängetasche, um bei Wanderungen oder langen Spaziergängen, wenn ich müde werde, getragen werden zu können, und eine kleine Umhängetasche, in der ich mich verstecken kann, wenn wir irgendwo sind, wo es nicht so hundefreundlich ist!

Seth Casteel, Fotograf von *Underwater Dogs*
Nehmen Sie sich Zeit und halten Sie auf dem Weg öfter mal an, um die Landschaft zu genießen und Abenteuer zu erleben. Ich finde auch, dass es Spaß macht, viele fremde Leute zu fragen, ob sie nicht mit Ihrem Hund für ein Foto posieren wollen – dieses Foto zu Hause ausgestellt, beflügelt die Konversation!

Monique G. Nerman, Autorin von *King Tommy*
Ein Weg, um dem Hotelpersonal zu zeigen, dass sie ihr Vertrauen in Hundebesitzer beibehalten sollen, ist, ihnen zu vermitteln, wie brav unsere Hündchen sind! Wenn Ihr Hund gerne auf dem Bett schläft oder sich auf die Couch legt, dann bringen Sie von zu Hause eine Decke mit, um das Bett oder das Sofa damit abzudecken. Ich bringe auch immer ein kleines Handtuch mit und lege es unter den Wasser- und Futternapf, um Flecken auf dem Fußboden zu vermeiden. Und wenn es regnet (oder wenn man vom Strand zurückkommt), trocknen Sie seine Pfoten ab, bevor Sie die Lobby und Ihr Zimmer betreten, um Spuren auf den Teppichen zu vermeiden.

Maria Himmich vom Blog *The Tropical Dog*
Das Schlüsselwort ist *Plan*. Mit einem Hund zu reisen ist nicht so einfach, wie alleine zu reisen, logisch. Man muss tierfreundliche Transportmittel, Unterkünfte und Sehenswürdigkeiten finden ... Meine Hündin hat meine Art zu reisen verändert, aber auf eine positive Weise. Dank ihr suche ich jetzt nach Orten abseits der ausgetretenen Pfade. Ich ziehe die Natur den Städten vor, weil sie es tut. Was am Ende des Tages wirklich zählt, ist die Befriedigung, ein unvergessliches Abenteuer geteilt zu haben!

Hundeappetit! Belindas Tipps für einen Restaurantbesuch mit Hund

1. Suchen Sie nach einer Hundeschüssel und/oder einem Napf außerhalb des Restaurants – das ist ein sicheres Zeichen, dass der Ort Hunde willkommen heißt, da sie aktiv angelockt werden!

2. Bevor Sie das Restaurant betreten, überprüfen Sie den Abstand der Tische zueinander. Wenn sie zu dicht nebeneinanderstehen und später ein weiterer Hund dazukommt, kann es zu Streit kommen und stressig werden. Bodie versucht, immer wieder aufzustehen, um Teller, die an ihm vorbeigetragen werden, zu beschnuppern, sodass es besser ist, wenn der Kellner nicht ständig über ihn drübersteigen muss.

3. Wenn Sie das Glück haben, ein Restaurant mit einem Hundemenü zu finden, lautet mein Tipp, nicht die ganze Schüssel auf den Boden zu stellen, da er/sie die gesamte Mahlzeit in einer Mikrosekunde verschlungen haben wird. Es ist besser, sie füttern ihn/sie Stück für Stück. Es hilft auch, um seine/ihre Aufmerksamkeit zu halten und ihn/sie schön sitzen zu lassen. Wann das letzte Stück weg ist, mache ich immer eine »Alles weg«-Bewegung mit den Händen, damit Bodie weiß, dass er sich hinlegen und entspannen kann.

4. Bringen Sie Ihre eigene Wasserschale mit. Wir haben eine faltbare aus Stoff, die passt in meine kleinste Tasche. Das bedeutet, Bodie kann trinken, sobald wir sitzen, und er trinkt nicht aus

Schalen, aus denen schon andere Hunde getrunken haben. (Oder in die Fliegen gefallen sind.)

5. Überprüfen Sie, dass Ihr Hund sicher angebunden ist, wenn Sie ihn mal kurz draußen alleine lassen. Es ist ganz selten, dass ich Bodie mal außerhalb eines Geschäfts anbinde, und meistens wartet er da auch ganz brav auf mich. Aber … Es gab dieses eine Mal vor Starbucks in Virginia. Da huschte eine Katze vorbei, Bodie nahm die Verfolgung auf und zog einen schweren Metallstuhl mit sich. Ich bevorzuge jetzt immer ein Geländer oder einen stabilen Pfosten. Lieber sicher, als dass Möbel durch die Straßen gezogen werden.

6. Stellen Sie Ihren Hund dem Kellner und allen anderen Beteiligten vor. Wenn ich merke, dass jemand Angst oder Bedenken hat, kündige ich fröhlich an, dass er sehr freundlich ist und keinen Ärger machen wird. Oder ich nehme ein kleines Trainingsleckerli heraus, damit sie sehen können, dass er es ganz sanft aus meiner Handfläche aufnimmt (und mir dabei nicht den Arm ausreißt), und dann stellt sich ein Gefühl von Frieden ein, und alle widmen sich glücklich ihrem Essen zu!

Dank

Obwohl das gesamte Buch ein vor Dankbarkeit strotzender Liebesbrief an Bodie ist, muss ich mich zuerst bei meiner pelzigen Muse bedanken. Er war der Anfang, die Mitte und das Happy End dieses Buches. Und der ultimative Reisebegleiter.

Ohne Jennifer Pryor und das Team von Pryor's Planet hätten Bodie und ich dieses Abenteuer nicht erlebt, ich werde ihr und jeder Tierrettung, jedem Tierheim, jedem Freiwilligenverein et cetera immer zutiefst zu Dank verpflichtet sein.

Molly Hayden ebnete uns den Weg nach Portland und war ein tolles Vorbild für ein Frau-und-Hund-Team. Obwohl Winnie (der dieses Buch gewidmet ist) in der Zwischenzeit verstorben ist, fühlen wir deine ewige Liebe für sie.

Ich möchte Leslie Melvin dafür danken, dass sie mich Molly vorgestellt hat, und dafür, dass sie die Traumnachbarin in Los Feliz ist.

Andere in Kalifornien zu vergebende Dankeschöns gehen an Bodies Spielkameraden (Menschen und Hunde) im Camp Bow Wow und im Camp Run-A-Mutt in San Diego und an mein liebstes Lunchdate Tony Horkins, der mich, ähnlich wie Bodie, immer zum Schmunzeln bringt. (Danke, dass du uns im Honda fotografiert hast.)

In Großbritannien wäre dem Liebespaar Sam und Marcus zu danken, die nun glückliche Mr. & Mrs. sind, immer großzügige Gastgeber und unterstützende, ermutigende Freunde. Und James, ein eingefleischter Katzenmann, der sich als absoluter Hundeflüsterer erwies, als es um Bodie ging. Sofortige gegenseitige Anbetung. James ist und war schon immer mein Fels in der Brandung, mein Rock (Hudson).

Was uns zu Doris Day führt – eine inspirierende Kämpferin für die Rechte der Tiere, die puren Sonnenschein ausstrahlt. Sie hat uns nach Carmel und zum landschaftlich schönsten Hundestrand im Land gelockt. (Bodie dankt Ihnen.)

Von Sonnenschein zu Summersdale, meinen außergewöhnlichen Verlegern – so fürsorglich, empfänglich und enthusiastisch bei jedem einzelnen Schritt. Zuerst war da meine wundervolle und warmherzige Lektorin Debbie Chapman, dann die freundliche und gewissenhafte Redakteurin Daniela Nava, die superclevere Publizistin Lizzie Curtin und, den ganzen Prozess beaufsichtigend, der sorgfältige und weise Robert Drew. Es ist ein großes Vergnügen, mit einem so fleißigen und harmonischen Team zusammenzuarbeiten.

Die Grafikerin Jarmila Takač, die das Cover entworfen hat, ist einer der schönsten und talentiertesten Menschen der Welt. Danke, dass du immer noch ein Stück weitergehst – deine Entwürfe bereiten mir Herzsprünge!

Zum Schluss danke ich wie immer meiner Mutter Pamela, die diesem Projekt jahrein und jahraus zugejubelt hat. Und die ich, obwohl sie behauptet, keine große Tierfreundin zu sein, schon oft neben Bodie auf dem Teppich liegend und mit ihm flüsternd vorgefunden habe …